现代社区治理：和睦实践

饶文玖　主编

中共杭州市拱墅区和睦街道工作委员会　　组织编写
杭州市拱墅区人民政府和睦街道办事处

中国建筑工业出版社

图书在版编目（CIP）数据

现代社区治理：和睦实践 / 饶文玖主编；中共杭州市拱墅区和睦街道工作委员会，杭州市拱墅区人民政府和睦街道办事处组织编写 . -- 北京：中国建筑工业出版社，2024. 10. -- ISBN 978-7-112-30533-9

Ⅰ．D669.3

中国国家版本馆CIP数据核字第2024HT7009号

本书分为和睦总览、花漾和睦、颐乐和睦、幸福和睦、开放和睦、数字和睦六个章节，结合和睦社区基层治理的工作经验，从治理特色、城建城管、党建引领、民生服务、群众自治、产业发展、智慧治理等方面对和睦实践进行全方位的阐述和总结。具体来说，一是旧城改造有力推进，二是社区服务全面升级，三是社会治理提质增效，四是产业发展转型升级，五是数字建设有效赋能，内容详实、语言生动，具有较高的阅读价值。

责任编辑：朱晓瑜
责任校对：张惠雯

现代社区治理：和睦实践

饶文玖　主编

中共杭州市拱墅区和睦街道工作委员会
杭州市拱墅区人民政府和睦街道办事处　组织编写

*

中国建筑工业出版社出版、发行（北京海淀三里河路9号）
各地新华书店、建筑书店经销
北京光大印艺文化发展有限公司制版
北京市密东印刷有限公司印刷

*

开本：787毫米×1092毫米　1/16　印张：19　字数：317千字
2024年11月第一版　　2024年11月第一次印刷
定价：109.00元
ISBN 978-7-112-30533-9
（43640）

版权所有　翻印必究

如有内容及印装质量问题，请与本社读者服务中心联系
电话：（010）58337283　QQ：2885381756
（地址：北京海淀三里河路9号中国建筑工业出版社604室　邮政编码：100037）

序言 ▶

我国城市化进程持续推进，城市形态日新月异，整体功能愈发完善，人民对美好生活的向往也与日俱增。在城市化快速发展的同时，城市的局部地区也存在设施老化、功能衰退的问题，无法适应现代社会发展的需要，特别是居住品质差的社区严重影响了广大市民的幸福感和获得感。城市是人民实现美好生活愿望的依托，社区是城市社会结构的基本单元，完善城市现代化功能、改善老旧小区的居住环境成为新时期党和国家的重大战略方向。中央层面先后提出"推进以人为核心的新型城镇化""实施城市更新行动，推进城市生态修复、功能完善工程，统筹城市规划、建设、管理""深化城市安全韧性提升行动"等重大战略行动，并实施"建设嵌入式公共服务设施""建设完整社区""全域数字化转型"等举措，为未来城市工作指明了发展方向和行动指南。

全面贯彻习近平新时代中国特色社会主义思想和党的十九大、二十大以及历届全会精神，坚持"八八战略"再深化、改革开放再出发，着眼高水平推进浙江省现代社区建设，紧扣高质量发展、高标准服务、高品质生活、高效能治理、高水平安全的特征内涵，突出为民、便民、安民功能，推动全省社区个个提升、整体建强，着力构建"舒心、省心、暖心、安心、放心"的幸福共同体，将城市发展模式从传统粗放扩张型转变为内涵提质型，注重人本关怀，让治理与服务同行，让城市在有序更新中留住乡愁记忆和在地文化。如何破解这一难题并形成可复制、可推广的"浙江经验"极具价值。杭州市拱墅区和睦街道和睦社区贯彻以人民为中心的发展思想，以基层党建为统领、政府治理为主导、居民需求为导向、改革创新为动力、共建共治共享为遵循，建立自治、法治、德治相结合的社区治理体系，改造老旧小区，建设未来社区、现代社区，经过五年多的持续发力，打造出人民安居乐业的幸福共同体，走出了一条通过老旧小区提升改造，未来社区"一统三化九场景"创建，现代社区强化基层治理与优化服务共进，体现高质量发展共富基本单元的新路，为城市有机更新和老旧小区改造提供了实践样本，也为新时期共同富裕示范区杭州城市范例提供和睦经验。

"安居"是人民群众幸福的基点，推进好房子、好小区、好社区、好城区"四好"建设是高品质生活的基本保障。和睦社区是一个20世纪80年代建造的老小区，老龄化、老国企退休工人聚居地，在改造之前，基础设施缺失，居住环境简陋，配套功能缺乏。启动老旧小区改造后，面对众多缺项和不足，在有限的政府资金中，如何选择细分改造内容和工序是决定项目绩效之首要。

要满足人民群众美好生活需求，就必须坚持人民至上，走好新时代党的群众路线，问需于民、问计于民、问效于民，充分发挥居民积极性、主动性、创造性，在推动共建共治共享中把好事办好、把实事做实。和睦社区以老百姓需求为导向，从老百姓需求最强烈、困难最明显、改造最迫切的项目入手，提出老旧住宅"顶层不漏、底层不堵、管线不乱、楼道不暗、上楼不难"的"五不"目标，公共空间"安全保障好、停车秩序好、绿化环境好、养老托育好、特色文化好"的"五好"目标，就体现了以人民为中心的发展思想。

习近平总书记指出，城市的核心是人，关键是十二个字：衣食住行、生老病死、安居乐业[①]。社区是城市治理的最后一公里，要及时感知社区居民的操心事、烦心事、揪心事，一件一件加以解决，为社区居民提供家门口的优质服务和精细管理，让群众生活更方便、更舒心、更美好。坚持问题导向，紧盯政策落实中的"堵点"、民生领域的"难点"、群众关注的"热点"，在老旧小区改造的同时，嵌入式建设养老、托育设施，很好地满足了群众对"一老一小"赡养照护的需求，有效解决了老旧小区的难点痛点。在改造顺序上，提出"先地下后地上，先里子后面子，先减法后加法，先硬件后软件，先雪中送炭后锦上添花"的"五先五后"做法，体现了民本思想和务实作风，具有一定的创新意义。

在老旧小区空间资源不足的情况下，提出"低小散脏乱差业态能退就退，散落在小区内的国有闲置房产空间能借就借，边角闲置地块能建就建"的三条资源整合方法，也值得资源稀缺的老旧小区借鉴。

习近平总书记提出，有事好商量、众人的事情由众人商量，找到全社会意愿和要求的最大公约数，是人民民主的真谛。坚持运用协商议事的治理方式，全过程人民民主在和睦社区改造中得到真实体现。在改造过程中，注重动员和凝聚群众的力量，成立"六和议事港""工程督导团""现场投诉办""加装电梯办"等群众议事办公的载体，听取

---

① 源自：习近平总书记《在中央城市工作会议上的讲话》（2015年12月20日）。

民意"三上三下",保障群众"四问四权",既尊重民情民意,又巧妙地汇聚群众的智慧和力量,啃下几个硬骨头。

善于运用群众喜闻乐见的大白话作宣传,如"保笼拆光光,紧要关头可逃窗""全域监控有依靠,保笼防盗没必要""告别铁笼子,才算好房子""拆除保笼改善颜值,美化环境房价升值"等宣传语,说动人心,6500多个保笼无偿平稳顺利拆除。

善于发挥群众积极性办事,如邀请已经成功加装电梯的四位楼道长现身说法,现场办公,上门动员,以"党员带动群众,群众做群众工作"的方法,成功加装电梯60多台,占可装楼道数的一半以上。在老旧小区内,电梯加装比率最高。

善于把党的优良传统和新技术新手段结合起来,创新组织群众、发动群众的机制,创新为民谋利、为民办事、为民解忧的机制,让群众的聪明才智成为社会治理创新的不竭源泉。

让老百姓过上好日子是我们一切工作的出发点和落脚点。创新社会治理,要以最广大人民利益为根本坐标,从人民群众最关心最直接最现实的利益问题入手。和睦社区就是一个基层善治的样本。

习近平总书记强调,城市治理是国家治理体系和治理能力现代化的重要内容。一流城市要有一流治理,要注重在科学化、精细化、智能化上下功夫。和睦社区善于运用现代科技手段实现智能化,通过绣花般的细心、耐心、巧心提高精细化水平,绣出城市的品质品牌,从而推动城市管理手段、管理模式、管理理念不断创新,面向未来。

正如:

以全意全心之力,克两全其难,求两全其美。

在半新半旧之间,留一半如朴,换一半如华。

浙江财经大学公共管理学院教授、博士生导师
浙江财经大学地方政府与城乡治理研究院副院长

前言

习近平总书记曾指出：基层强则国家强，基层安则天下安，必须抓好基层治理现代化这项基础性工作。[①] 党的十八大以来，党中央、国务院高度重视基层治理，对基层治理的认识不断深化。《中共中央 国务院关于加强基层治理体系和治理能力现代化建设的意见》指出：基层治理是国家治理的基石，统筹推进乡镇（街道）和城乡社区治理，是实现国家治理体系和治理能力现代化的基础工程。在党中央的坚强领导下，我国基层治理的方式和手段不断创新，基层治理体系日益完善，基层治理能力不断增强，有效提升了人民群众的获得感、幸福感、安全感，为以高质量发展推进中国式现代化打下坚实基础。

杭州市拱墅区和睦街道紧紧围绕基层治理现代化，在老旧小区改造和未来社区打造过程中，紧扣"开放、花漾、颐乐、幸福"主题，发挥数字技术的赋能效应，在总结和睦社区实践经验的基础上，学习其他地区相关成果，"全景式"呈现出一个相对完善的治理模式——和睦实践。和睦街道坚持以人民为中心，以"党建统领、党心凝聚、党群融合、党风清朗"为灵魂，以"发挥民智、尊重民意、健全民主、改善民生"为宗旨，以提高基层治理社会化、法治化、智能化、专业化水平为要求，建立起党组织统一领导、政府依法履责、各类组织积极协同、群众广泛参与，自治、法治、德治相结合的基层治理体系，健全常态化管理和应急管理动态衔接的基层治理机制，构建网格化管理、精细化服务、信息化支撑、开放化共享的基层管理服务体系。各主体协同联动、多措并举，实现基层治理机制全面完善，基层政权坚强有力，基层群众自治充满活力，基层公共服务精准高效，党的执政基础更加坚实，基层治理体系和治理能力现代化水平明显提高，

---

① 来源：人民网. 总书记的温暖牵挂. 2023-1-22.

开辟了一条独特又可复制借鉴的基层治理道路——像和睦这样的老小区，在全国各城市都有广泛分布，其实践模式具有代表性和普适性。

和睦街道及和睦社区在养老、托育、老旧小区改造与未来社区建设方面获得诸多荣誉，争创老旧小区改造全国样板、全国智慧健康养老示范街道、中国婴幼儿照护示范实施点、全国适老化改造示范项目，获得浙江省未来社区、现代社区、红色根脉强基示范社区、民主法治社区等荣誉，展现出综合性、复合性、示范性成效。近年来，全国各地前来和睦社区的考察团络绎不绝，深入体验和睦社区的建设成果，学习和睦社区的旧改经验。2021年，住房和城乡建设部主导课题"城镇老旧小区改造组织实施机制研究"在京召开课题验收会，邀请和睦街道党工委书记饶文玖作为全国唯一基层单位代表参与专家组评审并介绍相关做法及成效。《人民日报》、人民网、新华网、《半月谈》《浙江日报》《杭州日报》等各级权威主流媒体也聚焦和睦旧改，刊发或转载相关报道达百篇。今后，和睦社区还将不断实践创新，吸收各地的先进经验，争创中国式现代化基层治理的窗口，打造共同富裕现代化基本单元和睦样本。

本书分为和睦总览、花漾和睦、颐乐和睦、幸福和睦、开放和睦、数字和睦六个章节，结合和睦社区基层治理的工作经验，从治理特色、城建城管、党建引领、民生服务、群众自治、产业发展、智慧治理等方面对和睦实践进行全方位的阐述和总结。具体来说，一是旧城改造有力推进，二是社区服务全面升级，三是社会治理提质增效，四是产业发展转型升级，五是数字建设有效赋能，内容翔实、语言生动，具有较高的阅读价值。

希望通过本书能够将和睦社区的实践经验进行更好地推广，为广大政府管理者、基层工作者以及其他省市开展基层治理工作提供借鉴和参考，从而为探索中国式现代化基层治理路径、助推浙江省新时代基层治理现代化建设贡献力量。

受知识面和实践经验的限制，本书尚存在不完善和有待商榷之处，敬请读者朋友们不吝提出宝贵意见。

目录 CONTENTS

■ 第一章 和睦总览——蓝图渐进式呈现

002 第一节 和睦画像，从"老破小"到现代社区新篇章

009 第二节 和睦理念，克难攻坚"和合新生"向未来

022 第三节 和睦策略，充分释放"人财物"三要素潜能

030 第四节 和睦征途，"八八战略"基层实践再深化

039 第五节 和睦党建，精细治理、精准服务的"压舱石"

■ 第二章 花漾和睦——全域绣花式管理

050 第一节 精心旧改，老旧小区改造创全国示范样板

064 第二节 拆迁拆违，社区面貌井然有序、焕然一新

081 第三节 科学治水，截污纳管、雨污分流、水清岸绿

084 第四节 加装电梯，有效破解群众上下楼难题

093 第五节 更新观念，从准物业到市场化专业物业

096 第六节 倡导环保，从垃圾分类到改变生活理念

第三章　颐乐和睦——民生普惠式服务

- 102　第一节　老有康养，街区式养老的首创与推广
- 113　第二节　幼有善育，普惠式托育的首创与推广
- 118　第三节　劳有所得，实现小区居民充分就业
- 123　第四节　病有良医，普惠式市场化医疗的有益尝试
- 128　第五节　弱有众扶，筑牢特殊群体民生保障底线

第四章　幸福和睦——社会融合型共治

- 132　第一节　社区共治，众人的事情由众人商量
- 143　第二节　社团共建，群众的风采要多靓有多靓
- 148　第三节　文化共融，群众的心情要多嗨有多嗨
- 188　第四节　资源共享，群众的需求多方来保障

第五章　开放和睦——经济高质量发展

- 196　第一节　筑巢引凤，招引不占资源的金凤凰
- 202　第二节　构筑平台，树立城北商业新标杆
- 205　第三节　化茧成蝶，推进西塘河畔业态变迁
- 209　第四节　跨越发展，传统产业向现代产业转型

第六章　数字和睦——社区数字化赋能

214　第一节　未来已来，新型城市功能单元完美呈现

221　第二节　循序渐进，跨越鸿沟数字社区"建起来"

223　第三节　遵循原则，推进"健康、快速、科学"建设

232　第四节　数字动力，小举措赋能社区大治理

附录

244　附录1　2019—2023年和睦街道各项经济指标情况

245　附录2　和睦重点企业简介

254　附录3　"和睦红"党建联建名录

257　附录4　近年来街道重要考察来访

267　附录5　和睦街道荣誉清单

269　附录6　和睦近年重要新闻报道

283　附录7　和睦社区大事记

289　后　记

第一章 和睦总览

——蓝图渐进式呈现

现代化基层治理对于增强人民群众获得感、幸福感、安全感，夯实党长期执政和国家长治久安的基层基础，巩固和发扬中国特色社会主义基层治理制度优势具有重要意义。党的十八大以来，习近平总书记围绕加强和创新基层社会治理作出了一系列重要论述和指示批示，为进一步完善社会治理体系提供了根本遵循。本书以习近平总书记关于基层治理的论述为引领，结合和睦社区基层治理工作实践，从治理特色、城建城管、民生服务、群众自治、产业发展、智慧治理几个方面，将和睦社区"花漾、颐乐、幸福、开放、数字"的社区治理实践经验进行分析和总结，探讨基层治理现代化实践路径。

第一节 和睦画像,从"老破小"到现代社区新篇章

和睦社区贯彻以人民为中心的发展思想,以基层党建为统领、政府治理为主导、居民需求为导向、改革创新为动力、共建共治共享为遵循,建立起自治、法治、德治相结合的社区治理体系,改造老旧小区,建设未来社区、现代社区,坚持党建统领,突出为民导向,突显现代特征,强化关键牵引,从高质量发展、高标准服务、高品质生活、高效能治理、高水平安全"五高"维度发力,打造出人民安居乐业的幸福共同体。"老破小"已成"老黄历",属于老旧小区的现代化道路已经开启。

一、基本概况

和睦街道①位于拱墅区西翼,"千年运河、百年国道"交相辉映,辖区东起西塘河、西至莫干山路、南临赵家浜河、北接汽车北站,街域总面积约1.66平方公里,总人口约2万人,下辖和睦、华丰、李家桥、化纤4个社区(图1-1)。

和睦社区隶属于拱墅区和睦街道,地处杭州市拱墅区西北城郊接合部,建于20世纪80年代初,南至登云路,北至萍水东路,东至和丰路,西至莫干山路,占地约0.32平方公里,总建筑面积197437平方米,共有54幢楼房,小区内共有住户3566户,总人口9757人,是杭州市城北工业区产业工人集聚地。和睦社区目前呈现出老旧小区集中、老龄化程度高、老国企退休职工多的"三老"特征,在近万名居民中,60岁以上的老龄人口占33.2%。社区老年居民大

---

① 和睦社区的治理工作在中共杭州市拱墅区和睦街道工作委员会以及杭州市拱墅区人民政府和睦街道办事处(本书中简称"和睦街道")的统一领导下进行。

◆ 图 1-1　和睦社区鸟瞰图

多对集体生活有一定的感情和依赖,让老人群体幸福安康、快乐生活,是社区工作的重中之重。

和睦现时印象。走近和睦新村①南大门,一股新潮现代的后工业文明的时尚之风扑面而来。南大门是和睦新村的主入口,改造前较为逼仄,在人来车往之下显得拥挤和局促。和睦社区借助打造大运河幸福家园的契机,对南大门与其相邻的入口小广场进行了提升改造,腾空原来的生活垃圾集置点,建成带水雾的风雨连廊,并与南大门门头首尾相接,形成了循环通道,改善为人车分流,缓解了局部交通压力。将门楣与老香樟树巧妙结合,开阔了门面,拓宽了门厅视野,改变了南大门原来逼仄局促的空间格局。汽车从登云路上自东向西行驶,远远就能看到和睦社区的标志性景观——南风印象,南门广场上一个柠檬黄的"大相框",梁上悬挂着"大运河幸福家园"7个字,寓意和睦之门、幸福之家、希望之窗、未来之路、世界之桥(图1-2)。

---

① 和睦新村,其范围等同于和睦社区,为和睦社区所在的住宅小区名称。

◆ 图 1-2　和睦社区南大门景象

走进和睦社区，党群服务街区、新时代文明实践街区、养老服务街区井然有序，依次呈现。养老、医疗、护理、教育、托育、体育、文化、娱乐、休闲、助餐、助浴、助洁等生活服务设施一应俱全，且人气兴旺、充满活力。谁也无法相信，这是从始建于 20 世纪 80 年代的脏乱差老旧小区演变而来的未来社区、现代社区。

和睦烟火气息。从和睦新村南大门进来，和东路两侧是鳞次栉比的商铺，烧烤、油条、面条、香烟、饮料、酒类、茶叶、蔬菜、水产、肉类、修锁等商品和服务琳琅满目，满满的都是人间烟火气。入口东侧的墙上一幅巨大的卡通式手绘地图，展示着和睦社区 5 个网格、54 幢住宅楼的分布格局，党群服务中心、爱心养老街区、托育中心、双创中心等公共服务设施一目了然（图 1-3）。此外，和睦社区标志性成果 20 项，党群服务 28 项，各类文体艺术社团 18 个，充分彰显了大融合、大复合、大综合、一体化、集群化、现代化的服务特色。

◆ 图1-3 和睦社区15分钟生活圈

和睦党群服务。位于和睦社区中心区域的党群服务中心（图1-4），以党组织和党员服务群众为基本定位，以党建、治理、服务为主体功能，立足于方便群众，坚持服务空间最大化、空间利用最优化，构建15分钟党群服务生活

◆ 图1-4 和睦街道党群服务中心

圈，成为和睦社区建设大运河幸福家园的标志性成果。和睦街道党群服务中心外立面时尚、现代，充满活力，营造了简约、协调、温馨的整体环境。一层为便民服务窗口和百姓健身房；二层为和睦印象展厅、综合文化活动中心、舞蹈瑜伽室、乒乓球室、非遗文化活态长廊；三层为多功能会议厅、红茶议事厅、社区办公区。和睦街道党群服务中心分为接待办事区、会议培训区、咨询议事区、文体活动区、休闲社交区五大基本功能区块，具体包括党建服务、办公议事、便民办事、基层治理、关爱帮扶、助力发展、志愿服务、文体休闲、应急保障、宣传展示共十项功能。

二、瓶颈挑战

和睦社区作为 20 世纪 80 年代初期建成的小区，本身存在经济底子不足、基础设施缺失、生活环境简陋、新型人才缺乏等问题，为老旧小区改造、未来社区建设、现代社区建设带来诸多阻碍与挑战。

经济底子不足。和睦街道面临辖区小、资源少、老人多、企业少、底子薄、经济弱的现实，经济发展的载体和平台——华丰地块商业综合体尚在建设施工中，企业集聚效应尚未形成，街道可用财力与城市基层运行的刚性支出不匹配，在民生保障各项事业发展中经常遇到经费短缺的问题，需要统筹兼顾、合理安排、保证重点、照顾一般。因此，在具体执行中非常考验基层工作人员的治理智慧。

基础设施缺失。作为几十年的老小区，社区内空间规划以居民楼为主，可利用改造空间极其有限，市政基础设施残缺不齐，公共服务设施配套不全，带来活动场所欠缺、生活交通不便利等问题，这些问题时刻困扰着社区居民生活，无法满足居民现代化、多样化的需求，给居民生活带来不便。

生活环境简陋。和睦社区内本地产业工人和外来务工农民混居，人员复杂，社区管理较为混乱；历经四十年的风雨侵蚀和时代变迁后，建筑立面陈旧简陋、屋顶漏水、楼道昏暗；原有雨污管网流通不畅，旁边的西塘河及社区内部的李家桥河污水横流；部分强电及全域弱电管线未实行埋地措施，空中飞线杂乱无章……当时的和睦社区，无论是居住条件还是周边环境，都无法满足社区居民的要求，因此居民改造愿望强烈。

新型人才缺乏。随着社会的发展和进步，社区已经成为社会治理的重要组成部分，社区人才队伍的建设也愈加受到重视。和睦社区在人才队伍建设方面存在年龄结构老化、知识结构老化等问题，缺乏新型人才来改造老旧小区、建设现代社区。

与集舒心、省心、暖心、安心、放心于一体的现代社区不同，20世纪的和睦社区是典型的"城中村"，这给和睦社区的基层治理带来了巨大的挑战，同时也为和睦社区能够抓住各种历史机遇、迎接各类困难挑战、破除各项治理难题增添了几分传奇色彩。

三、历史机遇

和睦街道审时度势，扬长避短，面对现实，认真谋划，及时抓住城市经济和社会发展的各种机遇，乘势而上，赢得先机。

城市发展机遇。随着区域的发展、整治、区划更改，以及城市更新脚步的加快，和睦街道所处地理位置由旧时的城乡接合部转变成了中心城区，城市、经济、人口等的持续发展与迭代升级为和睦社区建设与治理带来绝佳历史机遇。和睦街道紧跟国家政策，加快人才导入与产业升级，推动工业企业拆迁搬迁，完成从以传统制造业为主到以现代服务业为主的经济发展模式的蜕变。随着华丰地块开发建设的陆续开展，城市更新、产业升级、人才导入也将同步推进，一个现代化的城市综合体和一个开放型的产业发展平台即将冉冉升起。

社区建设机遇。随着国家经济发展与基层治理现代化的推进，一系列推进社区建设的政策也随之颁布，这为社区建设与治理奠定了良好的政策基石。《浙江高质量发展建设共同富裕示范区实施方案（2021—2025年）》中提出，"要全省域推进城镇未来社区建设"，浙江"未来社区"建设从试点先行迈向全域推广，肩负着"共同富裕现代化基本单元""示范区建设标志性工程"的时代使命。2022年8月，《浙江省人民政府办公厅关于印发浙江省城乡现代社区服务体系建设"十四五"规划的通知》要求，到2025年，城乡现代社区服务机制、服务手段、基础保障、队伍素质明显提升，政府、市场、社会三大主体协同更加有力，数字技术支撑作用更好发挥，基本实现全人群、全周期、全链条城乡现代社区服务智慧便捷、优质共享。一系列相关政策为和睦社区建设未来社区、现代社区提供了依据。

养老托育政策机遇。2020年底,《国务院办公厅关于促进养老托育服务健康发展的意见》(国办发〔2020〕52号)发布,提出四个方面23项举措促进养老托育服务健康发展,并要求地方各级政府建立健全"一老一小"工作推进机制。社区是基层社会治理的基本单元,直接关系居民的获得感、幸福感、安全感,养老托育相关政策为和睦社区推进养老托育一体化建设,打造"阳光老人家""阳光小伢儿"两大品牌奠定了政策基石。

数字化建设机遇。2003年1月16日,新落成的浙江省人民大会堂内,省十届人大一次会议开幕。时任省委书记、代省长习近平同志在会上作政府工作报告,全面阐述了"数字浙江"的构想,浙江由此进入数字化建设的新赛道。2018年8月1日,浙江省人民政府办公厅印发《浙江省数字化转型标准化建设方案(2018—2020年)》。2021年4月20日,时任省委书记、省数字化改革领导小组组长袁家军在全省数字化改革第一次工作例会上强调要解放思想,大胆探索,高质量推进数字化改革;同时强调,要进一步准确把握"1+5+2"体系构建的重点任务。2022年,国家发展改革委发布的《"十四五"新型城镇化实施方案》重点提出推进智慧化改造,丰富数字技术应用场景。2022年2月28日,袁家军在全省数字化改革推进大会上强调要把数字化改革推向纵深,为高质量发展建设共同富裕示范区提供强劲动力;要迭代升级数字化改革体系架构,整合形成"1612"体系构架。和睦街道以数字化赋能社区治理,减少事务性工作对基层社工的负担,集中精力服务居民,提高基层治理和服务效率。在和睦社区数字化建设中,以"1N93"为总体框架,建设一个数字底座,落地智能守护、数字孪生、智慧通行、环境监测等N项服务应用,打造未来健康、未来教育、未来服务、未来治理、未来邻里、未来创业、未来建筑、未来交通、未来低碳九大场景,融合治理端、运营端、服务端三端入口,实现民生服务与基层治理数字赋能。

第二节 和睦理念，克难攻坚"和合新生"向未来

党的十八大以来，以习近平同志为核心的党中央坚持和加强党对基层治理的领导，把服务群众、造福群众作为出发点和落脚点，坚持系统治理、依法治理、综合治理、源头治理，加强基层政权治理能力建设，构建共建共治共享的城乡基层治理格局，激发基层活力，提升社区能力，形成了群众安居乐业、社会安定有序的良好局面[①]。和睦街道以高质量党建引领高水平现代社区建设，以群众满意度衡量现代社区建设成效，以"党建统领、党心凝聚、党群融合、党风清朗"为灵魂，以"发挥民智、尊重民意、健全民主、改善民生"为宗旨，以提高基层治理社会化、法治化、智能化、专业化水平为要求，建立起党组织统一领导、政府依法履职、各类组织积极协同、群众广泛参与，自治、法治、德治相结合的基层治理体系和网格化管理、精细化服务、信息化支撑、开放化共享的基层管理服务体系。

党的二十大报告指出，"以中国式现代化全面推进中华民族伟大复兴"，基层治理现代化为中国式现代化建设奠定重要基础、筑牢坚实底盘。习近平总书记强调，我们正在向第二个百年奋斗目标迈进，适应我国社会主要矛盾的变化，更好地满足人民日益增长的美好生活需要，必须把促进全体人民共同富裕作为为人民谋幸福的着力点。实现共同富裕不仅是经济问题，也是关系党的执政基础的重大政治问题。共同富裕现代化基本单元是浙江加快实现共同富裕、打造中国式现代化和美城乡的重要载体。浙江省认真贯彻落实习近平总书记指示精神，把未来社区、未来乡村、

---

① 中央党史和文献研究院. 推进基层治理现代化的根本遵循和科学指南——学习《习近平关于基层治理论述摘编》. 人民日报. 2024-1-12.

城乡风貌样板区分别确定为共同富裕城市基本单元、乡村基本单元和城乡融合基本单元，让现代化建设成果更多、更公平地惠及全体人民。和睦街道立足浙江省未来社区、现代社区创建，以探索中国式现代化基层治理和睦实践、争创共同富裕现代化基本单元和睦样本为使命，历经多年基层探索，逐步形成一套独特的实践模式和治理理念。

一、人民至上："民生无小事，枝叶总关情"

习近平总书记强调："要推动社会治理重心向基层下移，把更多资源、服务、管理放到社区，更好为社区居民提供精准化、精细化服务。"[①] 和睦街道以和睦社区为支点，紧扣"人民对美好生活向往"的主题，建设未来社区；紧扣高质量发展、高标准服务、高品质生活、高效能治理、高水平安全的特征内涵，建设现代社区。和睦呈现未来社区、现代社区并存的社区形态，以"小单元"撬动"大民生"，打造具有浙江味、未来味、共富味的现代社区治理范式。

老旧小区改造——综合改造提升。 和睦社区在老旧小区改造全国样板基础上迭代升级，通过多方统筹、科学规划，由"硬件"向"软件"延伸，建设包括完善的基本公共服务设施、健全的便民商业服务设施、完备的市政配套基础设施、充足的公共活动空间、全覆盖的物业管理以及健全的社区管理机制的完整社区。完善社区功能，将服务和资源延伸到居民家门口，推动单一老旧社区向完整社区转变，以"花钱花在刀刃上，旧改改到心坎里"为指引，以"小空间换取大环境、小投入获得大绩效、小干预呈现大变化"的"三小三大"为特色，以"改基础设施、改居住环境、改服务功能"的"三改"为改造内容，以顶层不漏、底层不堵、管线不乱、楼道不暗、上楼不难为单体住宅改造目标，以安全保障好、停车秩序好、绿化环境好、养老托育好、特色文化好为公共区域改造目标，以"先地下后地上、先里子后面子、先减法后加法、先硬件后软件、先雪中送炭后锦上添花"的"五先五后"为改造顺序的老旧小区改造方法，在住房和城乡建设部相关会议上进行交流介绍经验。和睦社区也被列入住

---

① 来源：人民网. 习近平：切实把新发展理念落到实处　不断增强经济社会发展创新力. 2018-6-15.

房和城乡建设部第一批旧改范例,相关经验被《人民日报》、新华社等主流媒体多次报道点赞,旧改"和睦方式"输出至新疆阿克苏、云南昆明等全国多地(图1-5)。

◆ 图1-5 《中国改革报》相关报道

未来社区——新型城市功能单元。"未来社区"一词由浙江省政府于2019年首次提出,在同年3月正式出台的《浙江省未来社区建设试点工作方案》(浙政发〔2019〕8号)中,未来社区被明确定义为:"以人民美好生活向往为中心,以人本化、生态化、数字化为价值导向,以和睦共治、绿色集约、智慧共享为基本内涵,构建未来邻里、未来教育、未来健康、未来创业、未来建筑、未来交通、未来低碳、未来服务和未来治理九大场景,打造具有归属感、舒适感和未来感的新型城市功能单元。"

和睦街道立足人本化、生态化、数字化建设,实施"139"体系,即"一统三化九场景",构建包含未来邻里场景、未来教育场景、未来健康场景、未来服务场景、未来治理场景、未来创业场景、未来交通场景、未来低碳场景、未来建筑场景在内的"九大场景",绘制现代化新型基层社区治理"蓝图"。力图提升社区归属感、舒适感与未来感,让"我们的和睦我们的家"充分深入人心,让"从老破小到新富美"得到普遍认同,让"从手工操作到数字赋能"实现广泛应用。

现代社区——大运河幸福家园。建设现代社区是贯彻习近平总书记关于中国式现代化和城乡社区建设的重要论述的实际行动。和睦街道以构建"564"体系为抓手,即深刻领悟"高质量发展、高标准服务、高品质生活、高效能治理、高水平安全"五大内涵,深切把握"活力十足、全面融合"的发展体系,"智慧便捷、优质共享"的服务体系,"高效协同、整体智治"的治理体系,"平战一体、实战实效"的应急体系,"提质增效、充满活力"的社会组织发展体系,"引领有力、覆盖全面"的党建统领体系等六大体系,牢固把握"组织领导机制、争先创优机制、政策保障机制、队伍成长机制"四项机制,推动社区更富现代感、更有烟火气、更显标识度,真正成为让人民群众舒心、省心、暖心、安心、放心的大运河幸福美好家园。与此同时,和睦街道通过"上统下分、强街优社"改革、强村富民乡村集成改革、"强社惠民"集成改革、社会组织发展体系改革、社区应急体系改革、城镇社区公共服务集成落地改革等六大改革,全面推进中国式现代化基层社区建设。

二、求真务实:"路虽远,行则将至;事虽难,做则必成"

习近平总书记指出,保障和改善民生没有终点,只有连续不断的新起点,要采取针对性更强、覆盖面更大、作用更直接、效果更明显的举措,实实在在帮群众解难题、为群众增福祉、让群众享公平。辖区小,资源少,老人多,青年少,底子薄,经济弱,企业集聚效应尚未形成,可用资源与城市基层运行的刚性支出尚不匹配,这是和睦街道在基层治理中必须直面的现实。秉承"小街道大作为"的理念,遵循"差异化发展,错位式竞争"策略,和睦街道以求真务实的作风另辟蹊径,聚焦"一老一小"民生服务重点,打造"阳光老人家""阳光小伢儿"两大品牌,探索形成了"党建统领、整合资源、社企合作"的运行模式,积极对接联建企业、社会组织、公益团体参与社区治理,成立"共富集市"联合会和各类品牌工作室，建立"时间驿站"，一体化构建"全龄友好"服务共同体，从托育、教育、就业、住房、养老、医疗、帮扶等七个方面落实推进公共服务"七优享"工程，推行基本公共服务均等化和普惠化，让幼有善育、学有优教、劳有所得、住有宜居、老有康养、病有良医、弱有众扶可感可知。

阳光老人家：街区式养老，没有围墙的养老院。

和睦街道在调查摸清社区每位老人的文化程度、退休前工作、具体需求等数据资源的基础上开拓服务场景，满足众多老人旺盛的居家养老需求，全面升级"阳光老人家"居家养老服务体系，打造可休可健、宜乐宜养的"一平台二厅堂三中心"；引进慈继医疗[①]、公羊会等组织参与老旧小区养老设施提升服务；改造老旧小区、丰富养老内容、提升服务品质；医养护、吃住行、文教娱，养老服务设施多功能、全方位、一体化，充足完备、应有尽有。养老管家队伍、专业医生队伍、志愿者队伍、社会组织队伍共四支队伍为老年人提供服务。同时，通过时间银行阳光积分机制，鼓励低龄健康老人为年迈体弱老人服务，实现睦邻友好的互助式养老。养老不离家，老人生活在熟人社会；养老很方便，构筑15分钟养老生活圈，物质生活和精神生活需求都能满足；养老负担轻，以公益性和普惠性为主导，减轻了养老对家庭的负担。

阳光小伢儿：普惠式托育，没有顾虑的托育园。

和睦街道创新"阳光小伢儿"0~3岁婴幼儿照护服务机构（图1-6），结合未来社区概念，引进社会资本，将原先较为杂乱破旧的小区内店面房20-1打造为国家级托育设施，建设和睦剧场、和睦书阁、文化展示廊、婴幼儿托管、"四点半课堂"等多项功能设施，为未来社区的未来教育场景建设打好基础。托育中心实行普惠价格，降低生育养育教育成本，普通家庭托得起；家门口的托育园，15分钟托育生活圈，托得方便；托育园的老师、养育员都经过严格规范的专业培训，具有相应的资质证书，持证上岗，质量可靠，托得放心。同时，依托和睦社区现有的和睦幼儿园、和睦小学、启航中学，保障社区不同年龄阶段孩子的教育，并且通过社会第三方资源，定期举办亲子活动和课程培训，拓展"在家门口上学"的社区教育圈。

---

① 全称为浙江慈继医院管理有限公司

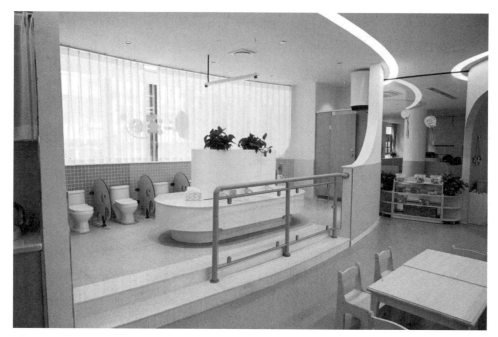

◆ 图 1-6 "阳光小伢儿"托育中心

筑牢民生底线：充分保障就业医疗。

针对就业难问题，和睦街道建设完善双创空间、超级办公、创客学院、数字化展厅等就业服务设施，定期举行职业介绍和培训，营造居民创业、全民就业浓厚氛围，为创业人员提供舒适的办公空间，以及人才、培训、金融、销售、法务等企业服务。打造双创中心，拓展共享创业空间，构建项目申报、企业服务、就业培训、人才申报、企业沙龙等一站式创业就业服务，构建"居住无忧、产业多样、机制健全"的创业场景。不断夯实社区就业服务水平，提高就业服务力度，着力创造"人人有事做，家家有收入"的局面，助力社区居民实现高质量充分就业。

与此同时，街道建设和睦医院、慈继医疗、互联网医院，建设乐养中心、健养中心、休养中心，打造"治疗—康复—长期护理"服务链，通过链接全科诊疗，将党建联建单位发展为"健康顾问"、一站式智能健康小屋等，延长分级诊疗服务半径，线上线下便捷就医，实现医养护康一体化服务。配备专业的医疗队伍，着重为辖区失能失智老人、养老自理及半自理老人等服务对象提供生活照料、基本医疗、老化预防、康复护理、心理慰藉等全方位服务。

三、开拓创新:"苟日新,日日新,又日新"

习近平总书记强调,要深入推进社区治理创新,构建富有活力和效率的新型基层社会治理体系。身处信息社会,创新是各行各业安身立命的法宝,对于和睦街道来说也是如此。面对辖区居民日益增长的物质和文化需求,如何持续提高群众的满意度和获得感?和睦街道经历长期的探索和实践,切实体会到唯有创新才能汇聚起多元力量,激发基层治理的内生动力,推动社区治理改革走深走实。

1. 党建引领创新

作为人民生活的基本单元,社区是党建引领基层治理的重要场域。和睦社区围绕"两支部一社团"建设,紧扣区域党建共驻共建共享机制,整合党建联建服务资源,充分发挥党组织战斗堡垒和党员先锋模范作用,将党的领导优势转化为社区发展优势,汇聚起多元力量,推动治理资源、力量、技术等下沉社区一线,激发社区内生发展动力,增进民生福祉(图1-7)。

◆ 图1-7 和睦街道党群服务中心

创新成立"和睦红"区域党建联建委员会，合力推出共建共享阵地。和睦社区通过挖掘社区空间为居民提供多场景的软服务，以"引领、共建、暖心"为核心定位，建设"运河城市驿站"，形成群众家门口党建的"微阵地"，是"和睦红"党建联建拓展服务的有力窗口。"运河城市驿站"提供共建议事、支部活动、政策宣传、临时休憩、民情采集、基层治理、矛盾化解、文化传播等"看得见"的服务项目，零门槛向党员群众开放，为周边群众提供基层服务，以小驿站托起大民生。人民网、新浪网、凤凰网、《浙江日报》、今日浙江等媒体相继做了专题报道，成为全区"运河城市驿站"建设运行样本。

和睦社区坚持党建引领破解多年顽疾和难题，重塑服务流程，变革治理模式，协调统领小区治理、调解矛盾，把每个人都配置到最合理的岗位上，贯彻落实"为老百姓服务"，推进社区治理，实现共建共治。

2. 群团建设创新

群团工作必须坚持以群众为中心、让群众唱主角，从群众中来到群众中去，切实解决群众困难和问题。随着社会的不断发展，群团工作也必须跟上时代，不断创新发展，更好地为群众服务。

开展重点群体就业帮扶。区总工会、残联、妇联等群团组织加大对重点群体的就业帮扶力度，实行就业困难人员动态清零。聚焦全职妈妈群体，打造全职妈妈俱乐部，建立了"潮妈商场""潮妈公益""潮妈课堂"等多个服务平台，给全职妈妈展现才能的机会和平台。聚焦残疾人，落实"就创惠企"政策，配合开展"就业援助月"等专项活动，不断开发就业岗位，热情关怀残疾人等重点群体。

开展社区常态化文化活动。和睦街道一直坚守茶艺竞技的发展，引入区总工会和高校资源，并以项目化组团的形式助推拱墅茶文化事业的发展，逐步推进茶香进社区、茶艺进家庭，丰富了居民的文化生活，将茶文化融入社区治理，促进社区文化建设（图1-8）。

作为杭州市中心唯一水上皮划艇运动赛点，多次承办国家级、省级、市级皮划艇、桨板、龙舟等水上运动赛事，通过承办和参加比赛，强健群众体魄，增加团队凝聚力。与此同时，为宣传拱墅、弘扬运河文化作出了实际贡献。

◆ 图 1-8　茶文化

3. 城建城管创新

和睦街道工作人员发扬连续作战精神，主动作为、齐心协力、下沉一线，创新拆迁工作打法，以自身行动总结出了一套属于和睦的拆迁经验。

和睦街道领导与拆迁办对搬迁政策进行全面梳理，将方案、要求、政策、精神了解透彻，及时组建拆迁团队，包括街道领导、社工、第三方、专业人员等多方参与合作，发挥骨干的带头作用，将拆迁对象分类、拆迁工作分批次推进。

和睦社区始终坚持把"无违建"创建工作作为建设花漾和睦的重点工作之一，经过文明拆违行动，做到新建违建零发生、实时动态管理零缝隙、群防群治零事故、应拆尽拆零违建、拆违惠民零浪费，完善组织架构，注重队伍建设，开展执法支撑阳光化，推行拆违执法"一到位三公开"，强化分工协作，抓好责任落实，建立"防违控违综合管理系统"——和睦红，创新工作方式，开拓"三步法"特色做法，建立严格的问责制度，提高工作效能。违法建筑和老旧防盗窗拆除后，陈旧落后面貌一去不复返，建筑立面焕然一新（图1-9）。

此外，河道污水治理、阳台水雨污分流、零补偿拆除6000多个防盗窗（保笼）、垃圾分类、物业管理等工作都有很多创新举措。

◆ 图1-9　改造前后对比图

4. 民生服务创新

首创街区式养老，将自行车棚腾挪改建为养老服务设施，建成休养、乐养、康养中心和阳光餐厅，实现养老不离家。推行时间银行阳光积分机制实体化运营，形成人人为我、我为人人的互助养老浓厚氛围。

首创没有忧虑的托育中心。家门口出发，5分钟到达，托得方便；普惠价收费，托得起；规范运营，加强师资力量，保证持证上岗，托得放心。相关工作得到第九届全国人大常委会副委员长彭珮云的高度肯定。

5. 数字治理创新

社区作为行政管理的最末端，数字化水平较低，缺少建设复杂应用系统的能力。在数字化改革方面，和睦社区充分利用大数据、云计算、物联网等先进技术手段，构建起全方位、立体化的智慧街区治理体系，围绕"四横四纵两端"的总体架构规划，按照"共建共享共用"的原则，以集约化、一体化的思路，建设和睦未来社区全域数字平台，涵盖基础设施体系、数据资源体系、应用支撑体系、业务应用体系等。

通过打造包括物联引擎、数据仓、社区空间数据资产和应用能力中心四大能力模块在内的统一数字底座，完善社区智慧服务平台，实现数字社会八大领域的公共服务和协同服务落地，推进数字化改革成果赋能社区整体数字治理和民生小事。和睦街道不断创新数字化建设，既推动了社区发展，又改善了民生,一举多得。

和睦社区数字化项目在建设时,摸排出社区在用的省区市应用系统52个,梳理出了近千项社区业务相关的数据,并依托省一体化智能化公共数据平台,申请将这些数据共享回流至社区。目前,和睦社区驾驶舱的1000多项数据实现了自动采集、自动更新,保持了数据的鲜活度和时效性。对于上级部门已建的系统、应用、组件、功能模块等,社区一律不再建设,而是采取数据对接、功能复用、系统集成等方式,打造一个多系统集成的社区管理服务平台,最大限度避免重复建设。通过以上措施,不断为社区数字化工作降本增效、提质赋能。

四、担当有为:"功成不必在我,功成必定有我"

习近平总书记强调,共建才能共享,共建的过程也是共享的过程。在共建共享过程中,城市政府应该从"划桨人"转变为"掌舵人",同市场、企业、市民一起管理城市事务、承担社会责任,把市民和政府的关系从"你和我"变成"我们",从"要我做"变为"一起做",真正实现城市共治共管、共建共享。面对错综复杂的基层治理格局,和睦街道深刻意识到,推进经济社会持续高质量发展,需要当仁不让、舍我其谁的责任感,责无旁贷、义不容辞的使命感,时不我待、只争朝夕的紧迫感,不进则退、居安思危的危机感。秉承创新、协调、绿色、开放、共享的新发展理念,和睦街道充分发挥主观能动性,以愚公移山的精神,通过取得的一系列优异成绩,充分展现和睦人的担当作为。

筑牢安全防线。和睦街道坚持问题导向,兜牢安全底线,不断完善城市管理各领域工作机制,形成工作闭环,不断提高城市管理科学化精细化水平。依托视频监控、烟感、气感等物联感知设备,对社区设施运行、生活环境、安全秩序等进行监测分析,创造稳定安全的社区环境。增设微型消防站、全域安防监控、入口道闸等智能设备,为社区提供更加精准高效的可视化管理。聚焦片区近千名老年人及大批量的流动人口,设立消防体验和平安宝典,完善消防设施,加强对流动人口规范管理的宣传,推进社区平安建设。

优化生态环境。和睦社区坚持"新建+旧改",把有限空间用到淋漓尽致，把空间效益反哺给群众。首先从旧改开始"改基础、改设施、改环境"，完善最基本的硬件设施，通过边角零星地块整合利用、危旧房翻修改建，盘活"碎片"空间，增加实际可用建筑面积；聚焦美丽环境建设，改造硬件设施，抓实环境绿化、房屋美化，对室外公共区域进行绿化补种，对楼道进行粉刷出新，对房屋外立面材质、色彩进行统一规划设计，实行全域零补偿拆保笼行动，统一规范安装雨棚、保笼、晾衣架、空调架等"四件套"，实现旧改群众满意度99%。从2013年开始，和睦社区以庭院改造工程为契机进行了集中改造，提出了"用实干扮靓城市风景，用智慧建设生态小区"的理念，通过建设环保生态实践园、开展生态日志愿者活动等方式，践行"绿水青山就是金山银山"理念，打造生态美社区（图1-10）。依托和睦社区特有的自然资源，面向"小街区，密路网"未来社区的发展趋势，通过幢间、房前的绿化景观提升，合理布局，打造景色宜人的宅间花园，增强景观的功能性和观赏性。此外，和睦社区遵循党和国家的方针政策，积极实施社区垃圾分类，创新社区垃圾治理新模式，既促进了资源的有效利用和循环经济的发展，也提升了社区的环境质量和居民的生活品质。

◆ 图1-10　和睦十景——水杉林步韵

构建和谐社区。和睦街道以"家庭和顺、邻里和睦、环境和美、民风和善、百姓和合、社会和谐"为基调,打造社区"六和文化",促进未来邻里场景营造,塑造"和文化"、推行"和新风"。通过腾挪空间、整合资源,打造了一批倾听民声、搜集民情、反映民愿、沟通民意的"连心桥""联络站",构建发展充分、便捷可及、群众有感的社区服务体系。小区居民、居民区"两委"和街道干部利用社区议事平台"六和议事港"征集居民意见,保障人民群众的意见能够畅通表达。挖掘社区空间给居民提供多场景的软服务,以"引领、共建、暖心"为核心定位,建设"运河城市驿站",汇聚辖区各方资源,发挥党建引领作用,形成群众家门口的党建"微阵地"。同时,在街道、社区两级,建设一支善做群众工作、会做群众工作的高素质信访调解工作队伍,通过把综治专干、信访专干、司法专干等专职力量与熟悉社情民意的社区"两委"干部、先锋党员、先进楼道长、退休教师等自治力量统筹起来,组建"和事佬"队伍,让矛盾纠纷在家门口化解。

第三节 和睦策略,充分释放"人财物"三要素潜能

和睦社区深挖潜力,统筹"人财物"三要素,人尽其才,财尽其利,物尽其用,各尽其能,打造完成"花漾、颐乐、幸福、开放、数字"五大社区建设主题,完善差异化发展与错位式竞争,全面推进社区治理。

一、人尽其才,发挥最大的潜能

和睦社区遵循法治思维、德治引导、系统构架、网格治理的理念,积极探索老旧小区改造、未来社区建设、现代社区建设新路子,以"充实小区、提升社区"为路径对治理模式进行迭代式改革。和睦社区坚持党建引领,破解多年顽疾和难题,重塑服务流程,变革治理模式,协调统领小区治理、调解矛盾,把每个人都配置到最合理的岗位上,贯彻落实"为老百姓服务",推进社区治理,实现共建共治。

发挥群众作用。和睦社区坚持"居民至上,群众为大"的理念,始终将老百姓的需求放在首位,相信居民利益无小事;相信群众,依靠群众,从群众中来,到群众中去;访民情,听民意,多为群众办好事、办实事。和睦社区构建"群众动员"基层民主格局,优化基层治理队伍结构;走好新时代群众路线,向群众讲透路线方针政策;推动党员干部进村入户,围绕民生、治理等领域的堵点痛点,倾听群众心声,实现民生实事推进;激发群众主人翁精神,汲取群众智慧,依靠"群众工作靠群众推"的自治力量,发挥群众在基层治理中的主体作用。正是因为和睦社区群众工作方法到位,才能连续不断攻克多项基层治理的难题:在拆除违章建筑中没有发生群体性上访,800多处违章建筑平稳拆除;6000

多个保笼没有任何补偿，全部平稳拆除；60多台电梯安装成功，安装比率全杭州最高；物业管理实行专业化、市场化管理后，物业费从每平方米每月0.15元提升到0.56元，物业工作得到认可，物业费收缴率当年达到85%，等等。

议事协商推动居民自治。党的二十大报告提出："协商民主是实践全过程人民民主的重要形式。"和睦街道结合实际、因地制宜，运用法治思维，依靠党建引领，坚持民需导向，打造以"和"为理念的"和睦议事港"，为居民提供有温度的基层协商议事平台，邀请居民代表、党员和社区老年人参与讨论小区建设，充分征求居民的意见建议，保障人民群众的意见畅通表达，促使居民走出小家、融入大家，激发居民的家园共建意识，积极参与家园自治。

和睦新村老旧小区加装电梯引路人葛秀英（图1-11），几乎将所有的时间都放在"加装电梯"这件事上，紧盯电梯加装全过程，一遍一遍地做着邻居的思想工作，成立"加梯工作室"，在她的努力下，和睦新村目前已经完成60台家用电梯的加装，遥遥领先于周围其他老旧小区，社区居民幸福感也进一步提升。和睦新村调解员孙章才，坚持以身作则，以理服人，主张换位思考，创

◆ 图1-11 和睦好人墙

新调解思路，在他数十年如一日的努力下，和睦社区很多疑难杂症都迎刃而解，一些邻里之间的小矛盾都能很快得到解决。

发挥社工作用。和睦街道从共驻共建共享机制建设、发挥基层党组织先锋堡垒作用、满足人民群众对日益增长的美好生活需求等方面入手，积极发挥辖内社工作用，汇集多方资源合力打造"运河城市驿站"，推进城市基层治理。截至2023年12月，累计接待群众5000余人次，解决问题210个，提供便民服务270次，开展支部活动70余次，帮助实现"微心愿"45个。在社工群体中也涌现出一批代表，展现着头雁风采，彰显务实肯干作风。

如凡事亲力亲为的和睦居民区原主任李奉贞，和睦新村的居民经常能在楼道和小区里见到她捡垃圾、倒垃圾的身影。作为一名退休医生，李奉贞积极发挥余热，不仅经常上门看望生病的居民和孤寡老人，还主动拉赞助算好社区"经济账"。在她的带领下，在1999年第四次国家卫生城市创建中，和睦居民区成为整个拱墅区的第一名，她也在同年被评为先进个人。

和睦社区原党委书记李秀娟，从工厂骨干转岗到社区党委书记，克服社区大、资源少、老人多、社工少等重重困难，率先垂范、身先士卒，经常亲自动手疏通污水管道，帮助群众排忧解难，深得群众认可并为其点赞。

化纤社区原党委书记秦红英从化纤厂转岗到社区工作，带领社工们尽心尽职做好群众服务工作。从社区党委书记退下来后，到街道综治岗位发挥余热，保障一方平稳和谐。

李家桥社区原党委书记夏园弟、汪国平从社区党委书记岗位退下来后，在街道城建城管岗位从事老旧小区改造、未来社区建设工作，为美丽家园建设添砖加瓦。刘斌、谢霞艳、宋映红、章志群等社工从社区领导岗位退下来后，换个岗位又发挥了重要作用。

现任和睦社区党委书记周呈，带领广大社工攻坚克难，开拓奋进，取得一个又一个成绩。这些事例充分说明社工是基层治理的中坚力量。

发挥机关人员作用。和睦街道深入挖掘机关工作人员的潜能，根据每个人的特点，分配不同的工作，充分发挥机关工作人员的作用。一方面，发挥机关老党员的作用。在和睦街道基层管理的过程中，涌现出许多有责任有担当的老党员，他们用自己的行动践行初心使命，让无数年轻干部在他们身上看到作为一名共产党员应当具备的精神和素质。另一方面，发挥老干部、退居二线同志的作用。在和睦街道看来，这些退居二线的老干部工作经历丰富，对和睦熟悉度高，一旦能够动员起来，将对和睦基层治理产生巨大的推动作用。于是街道党工委书记开始跟这些老干部进行谈心谈话，让这些老干部转变思想认识。在街道拆迁工作中，一大批退居二线的老干部表现优异，用他们老练成熟的工作作风，协助街道圆满完成拆迁工作。

街道人大工委原主任宋月明牵头加装电梯工作，在他的带领下，团队人员深入群众积极动员，找厂家商谈优惠，促成和睦社区电梯加装零的突破并节节开花。调研员葛汉忠，主动担当强电"上改下"任务，并负责牵头华丰社区的老旧小区改造工作；调研员王有忠主动担当弱电"上改下"任务，并负责牵头化纤社区的老旧小区改造工作；他们都圆满完成任务，深得老百姓的敬重。和睦农贸市场负责人朱志强，在城建方面有一定工作经验，2017—2018年街道阶段性拆迁任务来临时，派他承担拆迁办主任的职责，他不负使命，圆满完成工作任务。正是因为和睦有一批党性强、觉悟高、不计名利、不计得失的机关干部在积极发挥作用，和睦才能在差异化发展、错位式竞争中屡战屡胜。

发挥社会力量作用。和睦社区强化统筹协调，成立未来社区工作领导小组、专班、指挥部，明确职责分工和工作任务，坚持"日碰头周商议月复盘"工作制度，举全街之力抓好推进落实。社区与69家"和睦红"党建联建单位签订协议，创新"旧改红色联盟"载体，开展常态化合作，解决民生实事，化解矛盾纠纷，通过辖区共建撬动社会力量。社区成立"老娘舅工作室"，经过排摸找到3名"爱管闲事、能管闲事"的"关键人"——老党员孙章才、黄阳生、周群，由他们出面担任老娘舅，开展邻里纠纷、矛盾调解工作，共化解纠纷300余件，处理信访投诉200余件。

"众人拾柴火焰高"，和睦善于整合调动社会资源，如引进公羊会参与乐养中心的日常服务运营，引进华媒一米国托育机构参与托育中心运营，引进慈继医疗（全日医康）参与康养中心运营，引进浙江省未来社区运营集团参与和睦社区总体数字化运营，引进葛慕白文化工作室参与文化团队运营。此外，还有和声艺术团等各种社会组织，汇聚成共建共治共享的洪流，从不同方位、不同维度为和睦各项事业建设添砖加瓦。

二、财尽其利，发挥最大的效益

和睦社区主张"务实事不张扬""花小钱办大事""花小钱办实事"的宗旨，把每分钱都安排到最需要的工作中；秉持精耕细作、精雕细刻、精磨细研、精打细算的原则，把有限的资源都匹配到最合适的地方。在经济建设上，让小空间实现大发展；在城建城管上，让小投入获取大提升。

招商引资盘活经济。和睦街道在复杂多变的宏观经济形势下，狠抓经济建设，坚持招强引优、扶大助小、筑巢引凤，推进产业转型，做稳经济底盘，实现经济逆势增长。和睦街道通过发展第三产业优化税源结构，促进产业转型，提高税收贡献率，为街道经济持续发展储备可持续动能；从优环境、调结构、促转型入手优化营商环境；通过主动上门"敲门招商"，借力以企引企、以商引商的"乘法效应"以及积极探索招商新模式加快招商引资。和睦街道财政收入在经历一系列由破转立的阵痛期后，依然连年稳步增长、屡创新高。2022年度，街道财政总收入首次突破10亿元，全年实现财政总收入10.26亿元，同比增长223.8%，一般公共预算收入4.79亿元，同比增长193.8%，均创历史新高。

务实建设巧用资金。和睦社区认真遵循"花钱花在刀刃上，旧改改到心坎里"的原则，投入务必遵守必须必要方可实施的原则，绝不乱花多花一分钱，千方百计提高投入产出的性价比。旧改工程既注重品质，又节约成本，改造主材以普通材料为主，不使用高档材料；绿化以点缀修饰补种小灌木为主，不更换乔木；墙面改造以楼道为主，外立面仅作修饰修补，不做大面积粉刷。此外，和睦社区扎实推进电梯加装工程，通过政府补贴、党建共建、单位扶持等手段，有效降低加装成本，每台电梯从50万元的费用降低到25万元左右。和睦社区总建筑面积20万平方米，利用政府投资的杠杆效应，带动社会资本，放大旧改的经济效应，改造总投入1.33亿元。经过改造后，旧房价格大幅提升，社区房产整体增值，产出与投入比超出预期，绩效显著。

三、物尽其用，发挥最大的效用

和睦社区实施普惠共享、均等服务、人性关怀、精准帮扶等策略保障民生，从群众呼声最强烈、困难最明显、改造最迫切的事项入手，因地制宜、提质升级来解决群众急难愁盼问题，为老小区、老龄化、老国企产业工人的晚年创造幸福生活。

盘活资源。按照城市单元控制性规划，将辖区内的一条两头堵塞的狭长形"死水河"李家桥河填埋，建起一座可容纳300多辆电动车的非机动车停车棚；将和睦新村6幢北边车棚里的自行车挪到新车棚后，将其拆除翻建成500平方米的乐养中心；将小区内店面房20-1的破旧商铺全部腾退商家，改建成1500平方米的建筑，新设托育中心、和睦剧场、和睦书阁；将文化站3楼破旧的彩钢板房拆除后，翻建成500平方米的建筑，用作社区办公区、多功能会议厅等；将混杂的出租房腾退后，改建成约900平方米的康养中心和200多平方米的阳光餐厅。通过一系列腾挪改造、盘活资源，和睦社区的公共服务配套才得以完善落地。

和睦社区充分尊重社区原有历史人文、空间资源、理念习惯等，针对和睦新村建筑整体风貌的协调性、文化风俗及居民日常生活需要，量身定制设计方案。在活化利用社区内已有绿化、场地、物件、文化等资源的同时，改善居住环境，完成屋面修缮、单元楼道整修、消防安防设施改造、绿化景观提升等基础设施改造提升，成为因地制宜改造老旧小区的样板。和睦社区以和东路南北轴线为主打造"花漾街区"，增加绿化面积达2万平方米，新增花卉景观面积500平方米，实现"开窗迎绿、出门见景"；同时，通过"保留+修缮"的形式，对小区廊架、洗衣台、水杉林等老场景进行主题设计（图1-12），并通过征集到的老物件、老照片、回忆寄语等塑造"幢间小品"，留住社区传统文脉和记忆。

◆ 图1-12　和睦景观

借用资源。和睦社区借用国有企业散落在社区的闲置资产,与拱墅区城运集团签订借用协议,将闲置涂料厂改造为社区数字化展示中心,打造未来共享空间;收回全部沿街店铺,并将所有自行车库进行易地扩建,从而腾挪出空间,改造提升总面积达1万平方米的"颐乐和睦"养老服务综合街区;与拱墅区住房和城乡建设局签订借用协议,将和睦公园140平方米的管理用房改建为0~3岁婴幼儿照护中心(一期);形成"四街三园"等多个口袋公园及户外活动空间,建设嵌入式体育场地、和睦剧场、和睦书阁、和睦托育中心等多项公共配套,丰富居民活动空间。

整合资源。和睦社区积极腾挪碎片空间与边角零星地块,整合利用辖区资源,深挖社区可利用的外部空间和内部空间,盘活"碎片"空间3430平方米。例如,将南门口原生活垃圾集置点腾挪后,改建为"南风印象公园",成为居民茶余饭后的休闲去处;将党群服务中心一楼原电动车停车棚,腾挪到室外化粪池顶上,在地面建成敞开式停车棚,党群服务中心一楼改为室内健身房;通过科学合理规划,增设室内室外公共服务、公共活动空间,打造体育中心(一站式邻里中心)、双创中心、社区管家响应中心;完善社区全生活链服务功能,合理布局运动健身房、运营服务中心、智能监控中心等空间,拓展社区居民生活、娱乐、学习、交流、健身等空间,满足居民5分钟、10分钟、15分钟的服务圈需求(图1-13)。和睦社区坚持因地制宜、合理规划,通过现有空间改造提升与部分新建的方式,实现空间功能复合利用、地上综合开发,在有限的空间内发挥无限的可能,改善居住环境、补齐基础设施、丰富活动空间、完善服务功能,致力于实现老旧小区既要"好看",又要"好住"的终极目标。

◆ 图1-13 小区空间利用

◆ 图 1-13　小区空间利用（续）

和睦社区通过空间腾挪、资源整合，将原本废弃或低效使用的空间场所，实现"螺蛳壳里做道场"，通过边角零星地块整合利用、危旧房翻修改建，社区增加实际可用建筑面积 2800 平方米，为社区公共事业的开展打下场地基础。

第四节 和睦征途,"八八战略"基层实践再深化

基层治理更加需要立足当前、着眼长远,立足实际、因地制宜,才能找准一条适合当地的发展之路。和睦社区坚持以人民为中心的发展思想,在社区工作中一切从实际出发,善于把握优势、努力补齐短板,从经济社会等多个领域进行全方位的改造提升,干在实处、走在前列,是"八八战略"思想在社区基层的新实践。

一、分析优劣,寻找自身发展机会

针对和睦现状,开展调查研究,认真查找短板,发掘优势,进行仔细的利弊分析。

和睦的**不利因素**是:辖区小、资源少;老人多、青年少;旧账多、财源少(图1-14)。

◆ 图1-14 提升改造前的和睦

辖区小、资源少。辖区面积仅 1.66 平方千米,是拱墅区和下城区合并前老拱墅区最小的街道,其中老国企、老小区、城中村各占三分之一,用于发展经济的平台和载体匮乏;辖区没有 300 平方米以上的商场,写字楼只有一幢几千平方米的利尔达大厦;商业街只有一条偏僻的和睦路,开设的西塘河美食街也基本上名存实亡,临莫干山路、登云路、湖州街的店铺都是一些个体杂货铺,经济总量微乎其微。

老人多,青年少。和睦辖区 60 岁以上老人占三分之一,老龄化程度相当高,是个典型的老年型社区,满足老年人多方面的养老服务需求是当务之急。辖区青壮年少,参军适龄青年不多,征兵难以找到合适的对象。社区服务与治理依靠的群体与针对的服务对象,主要不是年轻人,而是老年人。

旧账多、财源少。辖区建筑多数是 20 世纪 80 年代的,甚至有 20 世纪六七十年代的老建筑,基础设施缺失、居住环境简陋、配套功能缺乏、屋顶漏水、管网堵塞、道路积水、立面陈旧、空中管线杂乱、专业物业缺乏、流动人口混杂等等,老旧小区所有的"顽瘴痼疾"和睦社区应有尽有,历史欠账相当多,包袱相当重。同时,和睦社区缺乏大企业的税收贡献,财力支撑不足,导致一些"顽瘴痼疾"看得到却改不了,基层治理者心有余而力不足。

同时,和睦的**有利因素**是:地理位置好,商业成熟且交通方便;文化底蕴深,运河文化与工业文明交相辉映;居民素质高,国企退休产业工人同业聚居。

地理位置好,商业成熟且交通方便。和睦街道位于拱墅区中部,东临千年运河支流西塘河,西临百年国道莫干山路,地铁 5 号线与 10 号线在此交会,交通四通八达,周边都是成熟型的居民区,有稳定的消费群体,商业氛围成熟。

文化底蕴深,运河文化与工业文明交相辉映。和睦街道东面的西塘河是运河西线支流,一头连接着杭州西湖,一头连接着太湖,路过良渚古城遗址,是世界自然文化遗产的连接线,运河文化底蕴不言而喻。和睦辖区西塘河畔的华丰造纸厂,成立于 1922 年,是浙江省首家机械造纸厂,是近代工业文明的先锋。和睦居民见证了工业发展的变迁史,百年国企积累的工业文明在和睦居民身上留下了深深的烙印。

居民素质高,国企退休产业工人同业聚居。拱墅区在 2010 年之前一直是杭州城北的工业区，和睦街道是改革开放初期二三十家国有企业的宿舍区，如今是退休工人聚居地。退休工人虽然收入不高，但文化素质高，长期接受良好的管理和训练，普遍具有组织观念、集体观念和纪律观念。他们勤劳朴素，勤俭持家，党性强，三观正，家风好，家庭和睦，邻里和谐。具备这些美德和品质的社区居民，为社区服务与治理，提供了良好的群众基础。

二、扬长避短，确立适合自身的发展方向

经过利弊分析，发现和睦街道尽管有很多短板，但也蕴藏着适合和睦街道自身特点的发展机会。因此，需要避其所短、扬其所长，确定和睦的发展方向。

经济发展方面，和睦经济总量不大，发展载体匮乏，空间施展不开，与兄弟街道横向比较，暂时处于劣势地位，只需自身纵向比较即可。打经济牌不占优势，仅需多角度均衡用力，不必只顾一隅。

城市建设与管理方面，坚持精打细算、精雕细刻、精耕细作的原则，通过精细化管理、精准化服务，拿"精"字做文章，大街道范围广、人口多，不便进行细致管理，而小街道就可在此方面闯出一番天地。

民生保障方面，和睦街道老人占比高，养老需求大，居民素质高，文化底蕴深，可做养老的文章。居家养老工作是公认的重点工作，但是养老事业刚起步，养老模式不成熟，社会各界都在探索，暂时也未取得标志性的成绩。和睦可以在这个方面发挥优势，抢占一席之地。

社会治理方面，针对和睦老党员、老标兵、老工匠多的特点，可以搭建平台，让他们参与基层治理，通过资源统筹，借势借力，闯出基层治理的一片新天地。

因此，短期内和睦街道发展方向是寻求民生和城管工作的突破口，经济和治理板块亦需统筹兼顾；在华丰地块商业综合体开发启动后，工作重心需转移到经济工作上去。

三、因地制宜，制定明确的发展战略

根据上述分析，找准和睦经济、城建、民生、治理四个方面的发展方向，从而制定有针对性的发展战略。

经济发展上，立足资源现状，扬长避短，积极招商引资，努力增强财力；在城市更新进程中，同步抓好企业搬迁、产业转型、业态升级、人才导入工作，做好华丰地块商业综合体开发服务；拓宽全球视野，与国际接轨，积极发展开放型经济（图1-15）。因而，经济发展战略定为"开放和睦"。

◆ 图1-15 华丰"三合一"项目效果图

城市建设与管理上，对于老旧小区，实施精细化改造，推进未来社区、现代社区、完整社区建设，努力提升居住环境品质；对于工业企业与城中村，实施"腾笼换鸟""退二进三"策略，使未来的和睦社区新旧结合，相互反哺，四季花城，春风荡漾，实现全域未来社区。因而，城建城管战略定为"花漾和睦"。

民生保障上，积极应对人口老龄化，保持社会长期人口均衡，做好"一老一小"服务工作是当务之急。老人们需老有康养、颐养天年，婴幼儿需健康快乐、茁壮成长。因而，民生保障战略定为"颐乐和睦"。

社会治理上，宣传推广"社会主义核心价值观"，确保其深入人心，倡导"人人为我、我为人人"的传统美德，通过德治、法治、自治、数治"四治融合"，逐步形成"路不拾遗、夜不闭户"的社会风气，让居民群众有更充分的获得感、幸福感、安全感。因而，社会治理的战略定为"幸福和睦"。

四、因街施策,落实具体工作举措

面对和睦经济现状,和睦同志们不怨天,不尤人,不躺平,自力更生,奋发向上,激情创业,主动出击。华丰地块开发以前,主要精力放在无资源招商上,为企业服务,做好小企业培育。如鲜丰水果创始人韩树人,原先在和睦农贸市场的屋檐下,用一辆三轮车推着沿街叫卖,和睦街道将其引入农贸市场,给予摊位,慢慢做大,再给予门店,发展第一家连锁店,如今已成为全国水果销售大王。再如,利尔达科技集团股份有限公司(简称"利尔达科技集团")创始人陈贤兴,原先在杭州电子市场开摊位经营,后来到和睦购买写字楼,时任和睦街道党工委书记杨涤,多次带队招商,以优质的服务吸引了利尔达科技集团落户和睦(图1-16)。

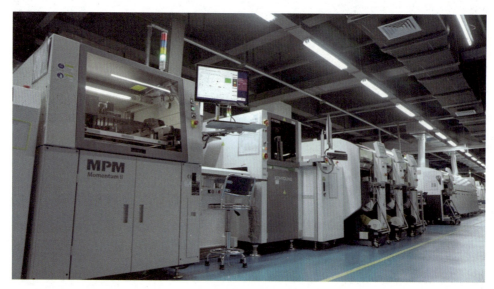

◆ 图1-16 利尔达科技集团工厂生产设备

做好"以企引企"工作。依托辖区内的加油站,引进华润电力浙江销售公司,2023年税收贡献超1000万元,成为和睦企业前十强。依托辖区华源文创园,引进诺迪福家居销售公司,也成为街道出口和纳税企业前十强。依托中天安装等大企业,引进上市公司"大连电瓷"的关联企业"浙江大瓷""超创"等大企业。

做好"服务引企"工作。帮助高管解决小孩的教育问题；引进浙江省安装行业领军企业浙江中天安装工程公司；帮助企业在拱墅寻求新发展空间，引进浙江华越设计公司。

做好"安商稳商"工作。帮助华丰造纸厂安全监管、平稳搬迁，华丰造纸厂生产基地转入外地后，研发和销售总部仍然留在和睦。白油深加工领军企业浙江正和流体有限公司，生产基地前几年已经转入外地，但企业需要一块地用于建设研发总部，街道帮助落实了地块，企业也安心留在和睦。

此外，和睦为企业拆迁搬迁、转型升级提供优质服务，提供一流营商环境，使企业感受到政府的真诚服务，从而扎根和睦持续发展。

华丰地块商业综合体开发后，经济工作主要着力点是为企业开发提供服务。如渣土外运、环保监测、安全监管、信访投诉、配合施工、协调周边关系、提供临时设施等，为加快产业平台建设积极做好准备。

经过持续不断地外招内引、安商稳商，和睦经济连年保持两位数以上的增长，2018年总税收超2亿元；地方税收超1亿元后，几乎每年持续增长。华丰地块开发后，2023年的总税收超20亿元，地方税收超10亿元，资源少、实力弱的现象已经彻底改变。一座现代化的商业综合体，一颗城北商业明珠即将冉冉升起。

城建城管上，敢为人先，善于破难，敢啃硬骨头。近年来，和睦街道已连续啃下几块硬骨头。

第一，和睦露天农贸市场与和睦夜市被取缔、平稳关停，终止了低小散脏乱差市场。

第二，和睦街道1000余处阳台违章建筑、100多处屋顶阳光房依法拆除，创建了拱墅区第一个无违章建筑街道。

第三，零补偿平稳拆除了6000多个"保笼"（防盗窗），老旧小区外立面焕然一新。

第四，华丰造纸厂等大型工业企业平稳拆迁，打破了大厂搬迁"逢搬必闹"的惯例。

第五，乡邻村和北赵伍村拆迁势如破竹，创出了3个月拆完的"和睦速度"。

第六，和睦治水经验在全省治水会议上推广，列入全省会议户外参观点。

首创拱墅区污水零直排街道。

第七，老旧小区改造成为全国样板，时任国务院总理李克强视察肯定。列入住房和城乡建设部旧改案例，旧改经验在全国会议中交流。

第八，加装电梯落地68台，占比54.8%，在全省会议中介绍经验。

第九，市场化专业物业管理全覆盖，物业费每月每平方米从0.15元提高到0.56元，物业服务品质显著提升。

第十，和睦社区成为浙江省老旧小区类未来社区的示范样板，是拱墅区第一个街道全域未来社区。

第十一，垃圾分类工作全域列入省级示范。

民生保障上，2012年开始发力，将棋牌房、自行车棚等辖区零星资源整合改造提升，建成居家养老日间照料中心。和睦街道和睦社区、华丰社区，双双列入全省五星级居家养老照料中心，当时拱墅区仅此两个社区入选。

居家养老服务工作也是步步领先。

第一代，日间照料中心。和睦率先建成居家养老日间照料中心，和睦街道和睦社区、华丰社区两个居家养老日间照料中心入选省级示范，全区唯二，领先于全区。

第二代，微型养老院。别人做居家养老日间照料中心时，和睦就已经开始探索居家养老夜间服务。床位24小时不间断服务，还有食堂、图书阅览室、室外活动区，并配有专业护理师。

第三代，养老服务综合街区。将拱墅区"阳光老人家"的"1234+X"养老体系完美落地，包括：一平台（养老信息平台）、二厅堂（阳光餐厅、阳光客厅）、三中心（休养中心、乐养中心、健养中心，图1-17）、四队伍（阳光好管家、阳光好帮手、阳光好小二、阳光好大夫）、X项个性化服务（康养、护理等）。这一体系推出后，在拱墅区年度工作大比武中，领导评价"眼前一亮、心头一震、耳目一新"。和睦养老服务已经实现了"医养护吃住行文教娱"全方位、全时段、全周期、全领域拓展。

在许多年轻人恐婚、恐生、恐育的情况下，为减轻生育、养育、教育负担，和睦街道在拱墅区第一个尝试建设婴幼儿照护服务中心，引进国有企业杭州日报报业集团下属的华媒—米国托育机构来运营，成为中国计生协0~3岁婴幼儿照护服务示范拱墅实施点。经过三年多的运营，已成为家长们托得起、

◆ 图 1-17　乐养中心

托得方便、托得放心的托育中心。全国人大常委会原副委员长彭珮云考察后，深情地说，这是一个非常温馨、非常有爱、非常放心的托育园，孩子们健康活泼、快乐成长。在这里看到了共同富裕后中国长期人口均衡问题的答案。

在就业方面，和睦街道积极帮助失业人员寻找工作岗位，帮助企业匹配合适的人才，使"人人有事做，家家有收入"，消除了零就业家庭，确保老百姓安居乐业，确保老有所得。

在医疗方面，线下有和睦医院，为老百姓提供日常医疗服务；线上有微医站——互联网医院，能够为老百姓提供健康档案、分类管理、远程诊疗、慢病随访等医疗服务。辖区内，设立了全日医康康复护理中心，为失能半失能家庭提供护理服务。2024年5月，幸之护理院开业，作为医养结合的机构养老设施，进一步丰富了和睦街道的养老服务供给，实现病有良医。

在困难帮扶方面，和睦街道对存在空巢、孤寡、困难、低保、残疾、失能、失智等情况的家庭积极提供帮助，让他们感受到社会主义大家庭的温暖，确保弱有众扶。

在社会治理上，首创"和睦红"党建联建工作机制，创新提出运河城市驿站，党群服务中心列入浙江省示范，在党建工作上走在全区前列。发挥党建统领群众工作优势，搭建了"六和议事港""工程督导团""现场投诉办""加梯帮帮团""加装电梯工作室""加装电梯临时党支部"等不同载体，让老百姓积极参与基层治理，实现共建共治共享。

此外，一键呼叫、一呼百应工作机制，也得到了拱墅区相关部门的认可与推广。和睦文化达人成立的各种文化社团，也为和睦的基层文化建设添砖加瓦。

在共同富裕道路上，和睦社区充分呈现出一幅国泰民安、安居乐业、邻里和睦、社会和谐的幸福美好生活新画卷。

第五节 和睦党建，精细治理、精准服务的『压舱石』

城市治理的很多工作要靠基层党组织这个战斗堡垒和社区这个平台去落实，要厘清城市社区职责事项，继续推动资源下沉、完善服务设施、强化网格化管理、信息化支撑，提高社区精细化治理、精准化服务水平。

和睦街道坚持以基层党建为引领，以数字化治理为支撑，充分发挥基层党组织战斗堡垒作用和党员先锋模范作用，注重统筹社区治理、激发群众智慧、引导社会参与，努力把社区治理做强，把居民服务做优，不断提升居民群众的获得感、幸福感、安全感。

一、统筹社区治理，让党员"当先锋"

坚持以党建为引领，以共建共治共享为导向，以完善体制机制为关键，在基层治理中让党组织"唱主角"，让党员"当先锋"，才能在社区治理中发挥全面领导、统筹兼顾、综合协调的作用，从而不断推进社区治理体系和治理能力现代化。

1. 党的基层组织建设

建立党建工作与现代社区治理互为一体的工作体系，推动党的政治优势、组织优势、密切联系群众优势转化为现代社区治理的动力支撑，以现代社区治理成效检验和体现党建工作成效。

构建"一核多堡"组织体系和"一核多元"工作机制，深化小区党支部、楼道党支部、群众性社团"两支部一社团"建设，形成"社区党组织—小区（网格）党支部—楼道（微网格）党小组—党员红管家"的微网格智治组织体系。

和睦社区党委下设17个党支部，共有党员443人。辖区内有学校、医院等多家党建联建单位。以社区党组织为核心,以人民对美好生活的向往为努力方向,健全"上下贯通、到边到底"的组织体系,提高塑造变革能力;健全"多方协同、共建共享"的治理体系,打造共治善治实景;健全"为老为小、便捷智慧"的服务体系,建设大运河幸福家园。

和睦社区创新"小区服务日"机制,推广"巧媳妇"志愿服务、"和睦议事港"基层协商议事平台,把基层党组织建设成为领导基层治理的坚强战斗堡垒。

依托"一核多堡"社区党组织体系,以网格为基本单元,加快配套设置网格党组织,理顺网格内党组织关系,推动功能型支部逐步向网格支部转变,确保每个网格都有支部、每个支部都入网格。按照工作有保障、活动有场所、作用有平台的要求,推进网格支部规范化建设。实施网格化管理、组团式服务、片楼户联系。和睦新村54幢住宅楼,划分5个网格,每个网格都有党员网格指导员,一个党员负责联系一幢楼,每个楼道都有党员楼道长。党组织建设延伸到小区的神经末梢,覆盖到基层治理的最小单元。

2. 社区居委会规范化及社工队伍建设

和睦社区是个万人小区,目前配备18名社工,其中6名为本土居民,平均年龄38.5岁,全部达到大专以上文化水平;11名持有社工证,持证率达到61%。社区党组织书记务实敬业、担当作为,社区"两委"班子凝心聚力、团结干事,专职社区工作者按要求配备,教育管理有效,服务群众和基层治理能力训练有素。社工职业化、专业化、本土化服务体系扎实有力。社区党组织引领,注重居委会规范化及社工队伍建设。

一是导师引航,倡导经验传承。开展社区党委书记述职,领雁争先,公开亮晒实绩、分享经验、互促共进。深化"导师传帮带机制",全覆盖落实新进社区工作者与领雁导师"一对一"结对,提高新入职人员工作实战能力。目前,街道社工年龄40岁以下占比54.4%。

二是系统培育,强化专业技能。结合工作实际,推出形式多样、内容丰富、实用性强的"社工耕耘计划"活动10余场,累计受益对象达300人次,培育一支属于和睦高水准、精服务的社会工作专职人才队伍。鼓励专职社区工作者参加社会工作者职业水平考试,现街道助理、社会工作师等持证比例达61.4%。

三是多岗锻炼,淬炼过硬本领。内练业务,外树形象,采取轮岗交流、跟岗学习等方式，有计划地组织社区工作者轮岗锻炼。业务打通办理，人员互换岗位，不定期选树最优"学习标兵"，不断提升社区工作者的业务能力和综合服务水平。

3. 党员队伍建设

强化党员教育，确保思想素质与时俱进。每年开展党员春训、冬训，组织党员学习党的路线方针政策，请党校老师来授课，或由街道党工委委员上党课，将党的最新理论成果传达贯彻落实到每位党员。

发扬党内民主，开好党员代表大会。每年"七一"和年终都要召开党员代表大会，基层党组织定期向广大党员报告工作，让党员代表参与基层治理重大事项的讨论和决策，听取党员心声，发扬党内民主，发挥党员智慧，接受党员监督。

注重党员示范，选树先进典型。对文明创建、平安巡防、城市更新、社会建设、环境维护等基层治理中涌现的先进典型及时予以表彰，弘扬正能量，倡导主旋律。注重党员发展，推进新陈代谢，不断将各条战线的先进人物和优秀代表吸收进来，永葆党的生机活力。

4. 法治和德治建设

创建民主法治社区，在社区党员群众中开展民主法治教育，抓好普法教育。在社区党员群众中开展最美人物评选，开展公益慈善活动，倡导邻里互助、守望相助、"人人为我、我为人人"的传统美德，弘扬绿色低碳、环保节能、垃圾分类等社会新风尚。

5. 家风和民风建设

和睦社区居民多数是国有企业退休工人，他们普遍具有勤劳智慧、心灵手巧、生活朴素、勤俭节约、心地善良、通情达理、热心公益、热爱生活等中华民族的传统美德，这是工人阶级最朴实无华的优秀品质。社区不遗余力地给予鼓励、倡导和宣传，希望这种美德一代代传承下去。在未来社区创建中，根据多数居民的特点，拟订了《和睦居民公约》，共20字："仁义礼智信，温良恭俭让，忠孝廉耻勇，诚悌勤雅恒。"一经推出，居民群众纷纷点赞，广泛认可。

6. 党风廉政建设

挑战面前敢担当，利益面前不伸手，群众需时有作为，风险之处不逃避，这才是共产党人应有的品质。群众利益无小事，手中有权不擅为。这是基层治理工作人员的基本底线和职业操守。和睦社区向来重视清廉文化建设，时时刻刻警醒和告诫干部员工，要想干事，能干事，干成事，不出事。

7. 智慧治理能力建设

数字化建设是提升基层治理能力和服务水平的重要途径和手段。和睦社区数字化建设成果，充分体现了"一统三化九场景"多跨协同、系统集成、综合应用。社区不断强化数字化培训，提高数字化认知，增强数字化能力，为基本实现基层治理体系和治理能力现代化积蓄力量、增强本领，逐渐展现中国式现代化基层治理的制度优势。

二、激发群众智慧，群众做群众工作

和睦社区在基层公共事务和公益事业中广泛实行群众自我管理、自我服务、自我教育、自我监督，拓宽群众反映意见和建议的渠道。在基层治理中，探索了一条适合和睦发展的群众工作经验——"党员带动群众，群众做群众工作"的党建引领群众工作法。

和睦社区积极培育扶持基层公益性、服务性、互助性社会组织，参与基层治理与公共服务。

群众是基层治理最坚强有力的依靠，要充分保障群众在社区治理中的知情权、参与权、表达权、监督权。

坚持以人为本，改善民生。 强调以人民为中心的发展思想，通过完善基础设施、解决群众盼望已久的难点问题、办实事好事等，始终立足于造福人民群众。例如，在老旧小区改造中，嵌入养老服务、托育服务设施建设，满足了"一老一小"群体最迫切、最直接的需求。同时迭代升级未来社区创建、加装电梯等民生工程，打造宜居生活环境，服务做到了老百姓的心坎上。

紧密联系群众，拓宽便民通道。 街道和社区干部深入基层一线，放下架子，扑下身子，坚持问需于民、问计于民、问情于民、问效于民，到群众中找办法，确保为民造福精准有效。通过上门到访、主动约访、及时回访、随时走访等方式，变被动为主动，密切联系群众。

注重群防群治，化解矛盾。 围绕社会稳定和长治久安的总目标，从源头上预防社会矛盾，探索和建立化解各种矛盾的机制，解决群众最关心、最直接、最现实的利益问题，维护群众的合法权益。

改进工作作风，凝聚人民智慧和力量。通过坚持和完善民主制度，充分发扬民主，广泛听取意见，集中群众智慧形成决策，实现党的主张和人民意愿的高度统一。

制定并严格实施村规民约、居民公约，这是居民群众参与社区治理的一种方式，但光靠这种方式还远远不够，和睦社区在实践中探索，成立了不少有效的群众参与治理的载体。

和睦社区党委以党建引领搭平台，积极推行"党员带动群众、群众做群众工作"的"群众工作法"，依托"六和议事港""工程督导团""加装电梯工作室"等特色工作机制，形成"加梯工作七步法"等经验，被住房和城乡建设部等多层面表彰推行。

六和议事港，是一个协商议事平台。邀请居民骨干、能工巧匠、原国企干部参加。发挥国企老厂长、老车间主任的全盘视野、全局观念、全面思维能力优势，商量决策社区的大事、要事、难事。

老娘舅工作室，是一个善于化解矛盾、调解纠纷的能人工作室。让老工会主席调解邻里纠纷、信访接待、解决家庭内部矛盾等，及时纾解基层社会矛盾。

工程督导团，是一个工程监督管理指导协调的团队。邀请懂工程监管、有责任心的同志参加，让他们监督工程进度、质量、安全生产、文明施工，化解旧改工程中的邻避效应，保障工程顺利实施。

加梯工作室，也称为加装电梯帮帮团。由陈海平、葛秀英、毛菊珍、孙章才4位同志组成。通过党员带动群众，群众做群众工作，老工匠帮帮团"传帮带"助力加装电梯民生项目，成功启动加梯项目60台，已达到可加装电梯楼道的50%。

青年突击队，由团员青年组成的一个克难攻坚行动队（图1-18）。他们在疫情防控、安全监管、应急处置等急难险重任务中冲在前、做先锋。

"和睦红"艺术原创工作室，是由青年曲艺演员葛慕白领衔的文艺团队。培育少儿演艺社团、银龄民乐社团、和声歌舞团、青年宣讲团，等等。

激发群众参与社区治理的热情，借助群众的力量：这几年，和睦社区在老旧小区改造、未来社区创建、现代社区建设过程中，解决了许多多年来一直想解决又解决不了的难题。

◆ 图 1-18　青年突击队

第一，平稳有序拆除了近 1000 处底层阳台违章建筑和屋顶阳光房。

第二，平稳有序并无偿拆除了 6000 多个防盗窗（保笼）。

第三，加装电梯推进顺利，已启动加装电梯 60 余台，占可加装楼道数超过一半。在杭州老旧小区中，加装比率最高。

第四，市场化专业化物业管理顺利推行。物业管理品质提升，伴随着物业费从每月每平方米 0.15 元提升到 0.56 元，居民普遍接受认同，成功收缴物业费 99.7 万元，同比上年增长 415%，物业费收缴率达 85%，基本实现物业管理收支平衡。

第五，生活垃圾分类投放准确率较高，成功创建省级垃圾分类示范社区。

提供广阔舞台，发展群众文化。和睦社区文化底蕴深厚，老国有企业文化达人藏龙卧虎。

杨式太极拳、气功健身队、瑜伽舞蹈队、时装模特队等社团，广泛举办"文、体、娱、艺"等群众性活动，引导居民群众从麻将牌桌走进文艺社团。开展和睦工业文化印迹、运河文化记忆、和睦童谣的收集整理，编印成册。成立和睦书画协会、诗社，深挖剪纸、风筝、雕刻、拼布、盘纸、编织、宫灯制作等非遗文化，不定期举办手工作品交流展示活动，丰富群众精神生活。

坚持久久为功，建立健全群众工作长效机制。这是培养群众感情、取得群众信任的根本保证。要探索新形势下群众工作的规律和特点，研究制定有利于做好群众工作的政策措施和制度机制，构建联系服务群众的长效机制。心中有群众，才能获得群众源源不断的支持！

三、动员社会参与，凝聚社会合力

社会共同参与是基层社区治理力量的不竭源泉。和睦在这方面又做了积极探索。

1. "和睦红"党建联建

和睦街道打破资源匮乏瓶颈，做深做实街道"大工委"机制，与58家"和睦红"党建联建单位开展常态化合作，深化"共富集市"，进一步探索"时间驿站"长效运行机制，实现社区居委会、街区商户、社区居民和银行多方共赢。这些联建单位对居民的日常生活提供各种各样的支持，特别是疫情期间，各联建单位出钱出力予以大量帮助。

在加装电梯工程中，辖区工商银行支持，提供每部电梯50万元左右的两年无息贷款给居民。与电梯公司签订联建协议，由厂家先行垫付政府补贴20万元，以减轻居民一次性支付的压力。广告公司承包了电梯广告，广告收入直接充当居民的电费。党建联建的监理单位、维保单位也提供了优惠价，让居民出最少的钱获得最大的优惠。

2. 社会组织的引进

和睦社区引进了各种社区组织参与运营和提供服务。引进华媒一米国托育机构高质量经营托育中心，为辖区居民提供家门口的托育服务；引进"公羊会"公益组织打造居家养老日间照护中心、乐养中心；引进"第二厨房"负责阳光食堂的普惠公益加市场化运营；引进全日医康慈继医疗负责康复护理中心日常运营；引进吉正龙公益理发、慈善超市等养老空间阵地，开展形式多样的为老志愿服务，满足周边居民各类日常需求。

2021年引进了专业物业公司，为居民提供系统化、专业化、精细化、精准化服务，建立长效管理工作体系机制，成立红色物管会，其中6名党员担任物管会主任、成员，党员比例占86%。

3. 志愿服务的发展

和睦党群服务中心提升改造后，成为浙江省级示范党群服务中心。深化"两支部一社团"建设，设立社团孵化中心，注重社团领袖培育，有效开展各类活动。积极探索"社会组织+社团自治"创新模式。制定有18项内容的《运行规范手册》，组织建立"社团自治联盟"，形成社区党委引领、社团团长落实管理、团员协作配合的"社团自治联盟组织体系"。目前，共孵化各类社团组织28个。

如今的和睦社区，已经从老小区、老龄化、老国企退休工人聚居地的"三老型"社区，逐渐演变为旧改好样板、养老好街区、托育好乐园的"三好型"社区。"一老一小"服务更加普惠，助餐、助浴、助洁、助行、助医、助急等服务普及覆盖，婴幼儿照护、课后托管等服务便捷可得。社会化服务专业多元，社会组织成熟活跃，群众积极主动参与活动，专业化物业服务住宅小区全覆盖。

网格智治高效灵敏，网格划分科学规范，"1+3+N"网格力量配备充实，网格职责明确，网格作用发挥较好。

社区居委会、业委会、物业服务企业三方协同机制健全，业委会、物业服务企业参与社区治理成效明显。群众自治充满活力，协商议事制度健全，社区重大事项"五议两公开"有效落实，居民公约、自治章程完备，已经创成省级民主法治社区。平战转换有序高效，工作机制完善、人员职责清晰，"分类定级、组团包联"有效落实，出现重大突发情况快速响应激活。应急体系成熟健全，突发事故应急处置预案完善，每半年开展1次应急演练，组建不少于30人的社区应急队伍，防台防汛工作有力，消防安全管理到位。除险安民成效明显，社区治安环境好，无刑事案件和安全生产事故发生，重点人群有效管理，调解组织健全、作用发挥明显，群众信访投诉和矛盾纠纷90%以上在社区化解。

和睦社区与党建联建单位浙江未来社区开发运营集团有限公司合作，数字赋能统合线下的运营单位，形成了1+6+N运营体系：即一个统筹运营商（浙江省未来社区运营集团），六大功能运营商（日间照料——公羊会，康复护理——

全日医康，阳光餐厅—第二厨房，婴幼儿托育—华媒—米国，剧场书阁—华数集团，物业管理—新南北物业），若干个社团力量，通过移动端点单数字派单，将"一老一小"服务的触角送进千家万户。

和睦社区呈现的幸福生活和美图，可以用"123456789"来描绘：

一个家园：大运河幸福家园。聚焦"一老一小"人本化，基本公共服务均等化，让共同富裕先行的阳光照进每一个角落，让现代化先行的雨露滋润每一户家庭。

两大品牌：阳光老人家、阳光小伢儿，"一老一幼"两大品牌。

三方协同：居委会、业委会、物业三方协同治理。

四维价值：崇尚和追求健康、安全、便利、快乐四个维度价值。

五位一体：经济发展，城市更新，民生改善，治理有序，生态美丽。

六和文化：家庭和顺，邻里和睦，环境和美，民风和善，百姓和合，社会和谐。

七优享：幼有善育，学有优教，老有所得，住有宜居，老有康养，病有良医，弱有众扶。

八应用：具备互助式养老、空间治理、安居守护、智慧停车、智慧运动、智慧医疗、环境监测、安全监护等八大类数字化特色应用。

九件事：医养护吃住行文教娱，百姓生活九件事能完美落地。

通过上下同心、多方支持、齐心协力、紧密配合，和睦社区已经成为老旧小区改造全国示范样板，全国适老化改造十大案例，先后荣获全国示范性老年友好型社区、中国计生协婴幼儿照护服务示范创建项目拱墅实施点；浙江省未来社区、现代社区、红色根脉强基示范社区、民主法治社区、文明社区、五星级养老综合体；杭州市五星示范社区、杭州市党建小区示范点等荣誉。

和睦的明天更美好！

第二章　花漾和睦
——全域绣花式管理

党的十八大以来，以习近平同志为核心的党中央坚持以人民为中心的发展思想，高度重视城镇老旧小区改造工作。2020年的《政府工作报告》指出，要支持城镇老旧小区管网改造、加装电梯等项目。相比20世纪八九十年代，城镇老旧小区改造已经迭代升级，具体表现为改造内容更综合、居民参与更主动、改造资金更多元。和睦社区积极开展更新改造工作，垃圾分类工作走在前列，加装电梯有力推进，公共服务空间适老化改造和无障碍改造较好完成，社区环境美丽宜居。不仅改出了老旧小区的新面貌，改出了扩大内需的新空间，也改出了广大群众的高品质生活。老旧小区适老化改造项目入选住房和城乡建设部城市适老化建设和改造典型案例。

第一节 精心旧改，老旧小区改造创全国示范样板

城镇老旧小区改造既有利于满足人民群众美好生活需要，又有利于促消费稳投资、有效扩大内需。2018年开始，和睦社区启动老旧小区改造工程，根据住房和城乡建设部指导意见，以美好环境与幸福生活共同缔造为宗旨，以人民对美好生活的向往为中心，做到"花钱花在刀刃上，旧改改到心坎里"。实现决策共谋、发展共建、建设共管、效果共评、成果共享；实现基础设施由差变好，居住环境由旧变新，配套功能由缺变齐，物业管理从无到有，服务人群从小到老，房产价值由低到高，特色文化由隐到显，群众参与从少到多，基层治理从散到聚，党建引领由弱到强（图2-1）。和睦社区旧改主要遵循以下原则：

◆ 图2-1 旧改过程

居民主导，群众自治，发挥居民主人翁作用；

政府引导，块抓条保，确保各项功能集成推进；

社会参与，借势借力，调动各方助力旧改积极性；

综合改造，务求长效，确保旧改社会效益最大化。

一、采用全面统筹方式

和睦社区依照先改地下，后改地上；先改里子，后改面子；先做减法，再做加法；先改硬件，后改软件的顺序，合理开展老旧小区的改造工作。

第一，群众工作方面。和睦社区积极成立居民监督小组，搭建沟通议事平台，保障社区改造工作的顺利推进。老旧小区的改造是民生工程，第一要义是惠民。和睦社区根据不同居民的诉求，通过"三上三下"、宣传引导、统一思想、边改边听、实时监督五步环环相扣，全面而深入地了解小区居民关心的热点问题，做到原因剖析、彻底解决、方案论证充分，增强了居民群众的主人翁责任意识和主体意识，让居民更加有参与感。

第二，资金筹措方面。和睦社区老旧小区改造工程共分为三期，计划投入资金为1.5亿元，户均改造成本4万余元，由中央、杭州市政府、拱墅区政府三级出资改造。此外，和睦街道积极撬动各方支持，引进民间资本，为和睦居民的养老、托幼、出行等各方面做出了贡献。例如，浙江慈继医院管理有限公司在和睦社区投建康养中心、健养中心，总投资近600万元，是全省首家民营康复医疗中心。在这里，老人不仅有"健康管家"，还能享受专业的康复护理服务，全面推进辖区"居家＋社区＋机构"养老进程。

目前，和睦社区老旧小区综合改造提升工程已吸引社会资本超千万元。例如，华越设计集团股份有限公司作为和睦社区老旧小区提升改造工程的EPC总承包单位，在和睦社区免费建设30个自行车停车棚，为解决老旧小区停车难问题做出了贡献。国网杭州供电公司、杭州市地下管道开发有限公司、杭州市水务集团有限公司、杭州天然气有限公司，都给予和睦社区旧改工作优惠和支持，优惠资金约2000万元。

第三，费用控制方面。在和睦社区旧改工程中，建筑主材以普通石材、木材等材料为主，不追求高档豪华，务求经久耐用、物美价廉。道路改造遵循统筹方法,地下管线有序铺排,实现最多挖一次、最多铺一次;屋顶改造遵循"哪里漏就补哪里"的原则,旧的坡屋顶不需要推倒重来;楼道改造遵循"哪里空鼓就铲哪里"的原则,旧粉刷层不需要全部铲除至基层;绿化改造遵循"大树乔木修枝剪叶,小草灌木适当梳理"的原则,严格控制造价,避免一切浪费。

第四,进度控制方面。为减少旧改施工对居民正常生活的干扰,和睦社区采取"分块推进、统筹安排"的方法,解决交通、停车、出行的困难。在局促的小区道路上从事地下管线填埋施工时,社区采取"交叉作战、立体施工"的方法,确保不重复开挖、缩短工期,有效避免了强电弱电、雨水污水自来水、管道煤气、监控、路灯等工种争抢工作面的矛盾。同时各施工单位、设计单位、监理单位、居民代表通过每日晨会保持及时沟通,确保小事不出社区、大事不出街道,问题不过夜、矛盾不上交。

第五,质量控制方面。和睦社区开展旧改工作时,推选居民代表成立工程质量监督小组,鼓励各施工班组互相检查点评、互相学习促进。在正式工程验收之前安排预验收,发现问题及时整改。监理单位每日巡查,旧改督导团全方位督查,甲方业主不定期抽查,确保施工质量过硬。

第六,安全控制方面。施工现场全域监控,发放阳台窗安全锁,脚手架设置防小孩攀爬围挡措施等,管沟开挖及时覆土回填,安装夜间照明灯,防撞防迷,做好各项安全控制措施,确保居民人身财产安全。

二、明确分类改造内容

和睦社区改造内容可分为三大类21项,分别是:基础类为水、电、气、路、洁、序、安;完善类为绿、梯、顶、底、内、外、门;提升类为医、养、护、托、娱、教、文。具体内容如下。

1. 基础类改造内容

第一,水:供水、排水(雨水、污水)。借着和睦社区老旧小区改造的"东风",杭州市水务集团有限公司无偿对和睦社区全域自来水管进行了更新,改造供水管网共计2.98千米,让和睦社区居民享受到纯净的水源。此外,和睦社区还完成了全域雨污水管改造,改造排水管网共计20.3千米,实现了雨水、污水的分流。

第二，电：强电、弱电（通信）、照明。高低密布的空中杂线，常年困扰着和睦社区居民，带来视觉污染的同时也存在着较强的安全隐患，和睦社区老旧小区改造工程将原本密密麻麻的线路统统移至地下，强电"上改下"工程拆除杆上变压器7台，拔除水泥杆124根，新开挖地下管线2900余米，敷设高压电缆2800余米，低压电缆11000余米，新设箱变8台，开关站2座，彻底消除了火险隐患；在杭州市地下管道开发有限公司、杭州市电力局路灯管理所及各大运营商的共同努力下，和睦社区还完成了通信管线"上改下"工程及路灯改造工程，拆除旧线约133.6千米，光缆布放41.9千米，改造路灯145个，完成了"三网合一"，实现了照明系统全域翻新。

第三，气：燃气。和睦社区内部原有燃气管线使用年限较长，材料稳定性较差，作为与居民生活息息相关的用气工程，和睦街道与杭州天然气有限公司高度重视，对全域燃气管道进行了翻新，保障居民安全用气。

第四，路：道路（人行道、车行道）。年久失修的小区内部道路上布满了高高低低的井盖，路面坑洼现象较为严重，为解决居民出行难问题，和睦街道对全域道路进行了拓宽、修整、重铺，局部交通要道实现了"人车分流"，改造道路长度共计28.899千米。

第五，洁：环卫设施（垃圾房）。为助力和睦社区垃圾分类工作，在老旧小区改造过程中改造垃圾投放点及分类设施13个，实现了标准垃圾房全域改造，生活垃圾实施定时定点分类投放。

第六，序：停车设施（停车泊位）。老旧小区年代久，布局规划上相对滞后，原有的车位数量早已满足不了和睦社区居民日益增长的停车需求，为突破老旧小区停车难的"瓶颈"，和睦社区合理利用空间规划建设停车位，实现汽车停车泊位能拓尽拓，共增加停车泊位106个；非机动车停车泊位在化粪池上见缝插针安装，增加了500多个。

第七，安：消防、安防。针对老旧小区薄弱的消防环节，在和睦社区内部增设了3个微型消防站、846件消防器材，规范消防通道共计933米。此外，为强化老旧小区的安全防范能力，和睦社区通过旧改工作实现了全域监控，增设了人脸识别系统，完成了智慧安防小区的改造，让居民住得安心。

2. 完善类改造内容

第一，绿：绿化、景观改造。老旧小区的绿化和景观改造作为扮"靓"小区的"美妆"，是小区居民非常关心的民生问题。和睦社区对绿化进行了提升，全域共新增口袋公园 17 处，绿化改造提升面积达 1.99 万平方米，确保老旧小区能多元增绿，用有限的生活空间，营造最大的绿色空间，实现"开门见花，推窗见绿"（图 2-2）。

◆ 图 2-2　和睦社区绿化、景观改造前后对比图

第二，梯：加装电梯。老旧小区加装电梯工作有着地下管线复杂、居民出资难的先天劣势，和睦社区成立了青年突击队，在专业培训后入户为居民答疑解惑，通过汇聚社区力量、青年力量、群众力量突破加装电梯难题。

第三，顶：屋顶修缮。为了解决和睦社区住宅楼屋顶脆弱不堪的问题，此次旧改工程对全域屋顶木望板进行了更换，通过防水卷材粘贴、沥青瓦铺盖实现顶层不漏，共修缮屋顶 3.9849 万平方米。

第四，底：底层改造。化粪池的清掏改造夯实了老旧小区市政的薄弱基础，实现了底层不堵。而牛奶箱、信报箱的整理，充电设施、快递设施的增设等照顾到了居民生活的方方面面，从细节提升了居民生活品质。

第五，内：楼道改造（图 2-3）。对老旧脱落的墙面进行修补及涂料刷新，对楼道公共区域照明系统进行改造，对楼道内密布的"蜘蛛网"进行梳理，确保所有管线入槽。此外考虑到老年人聚集，在楼道内增设了"爱心"座椅，对楼梯扶手进行了整修，为居民上下楼提供了便利。

◆ 图 2-3　和睦社区楼道改造前后对比图

第六，外：粉刷外墙。为了更好地提升小区整体形象，改善居民生活环境，和睦社区对全域居民楼、服务设施及沿街商铺破损外墙进行外立面改造（图 2-4），包括外墙修复粉刷、一楼底层围墙重新粉刷，重装保笼、雨棚、晾衣架、空调格栅等。

◆ 图 2-4　和睦社区外立面改造前后对比图

第七，门：出入口、围墙。和睦社区对出入口进行了重新设计，虚实结合的人字坡设计配上水墨画颇具韵味，江南特色的坡屋顶与饱含和睦养老特色的"颐乐和睦"完美融合，彰显和睦特色（图 2-5）。

◆ 图 2-5　和睦社区入口改造前后对比图

3. 提升类改造内容

第一，医：医疗。和睦社区与浙江慈继医院管理有限公司（简称"慈继医疗"）合作，回收出租配套用房，以医养结合为切入点，由慈继医疗投资建成全省首家社区型康复医疗中心。该中心面积达 900 平方米，分现代康复、传统康复、日间照料三大功能区块。中心配备专业的医疗队伍，着重为辖区失能失智老人、养老自理及半自理老人等服务对象提供生活照料、基本医疗、老化预防、康复护理、心理慰藉等全方位服务。

第二，养：养老。建成"阳光老人家·颐乐和睦"养老服务综合街区，深耕养老服务，持续擦亮"居家养老"金名片。和睦社区根据拱墅区的"阳光老人家"服务体系建设实施意见，对原有的全省首批五星级养老中心进行再提升，构筑"居家—社区—机构"为闭环的街区式居家养老综合体，打造服务全方位、人群全覆盖、生命周期全关怀的医养家健康生活圈。

第三，护：康复、护理。康复医疗中心设立了运动康复室、物理因子治疗室、传统康复治疗室等五大专业康复训练场所，以及一个拥有 10 张床位的日间照料室，以此满足辖区不同年龄段不同康复群体的需求，实现不出小区可看病。还实施家庭病床上门服务，建成无障碍设施、适老化设施。

第四，托：婴幼儿托育。为补齐和睦社区 0～3 岁儿童的教育短板，和睦街道通过前期调研，探索引入市场机制，与专业的第三方机构杭州华媒一米国托育有限公司（由杭州报业集团控股）合作，设法"腾挪"资源，通过收回出租物业、挖掘小区边角地等闲置空间，保障托育中心的建设场地。如通过与区住房和城乡建设局协商，将该局名下国有房产用于和睦托育中心一期建设，多次召开协调会，逐一清退国有房屋出租商户，腾出1500平方米的国有房产用于托育中心二期建设。目前，该项目已被中国计划生育协会列入"中国计生协婴幼儿照护服务示范创建项目拱墅实施点"，规划建设托幼班、培训课堂、亲子空间、小剧场等。

第五，娱：娱乐。浙江公羊会救援队通过旧改工作入驻和睦社区乐养中心，阅览室、书法室、活动室一应俱全，舞蹈、音乐、棋类，各种娱乐活动设施应有尽有。此外，通过旧改新增健身活动场地650平方米，为居民提供了室内健身、室外健身双重选择。

第六，教：教育、培训。为实现托育、幼儿园、小学、初中的全覆盖，提升退休人员社会化管理水平，进一步做好"品质退管"服务，在和睦社区内设立了老年大学，用实际行动让老年人体会到生活在和睦社区的"老有所为、老有所学、老有所乐"。此外，讲座沙龙类型丰富，开设共享书房，实现了各年龄层居民的自我教育。

第七，文：文化内涵、文体设施、文明实践。和睦社区老旧小区改造工程以"家庭和顺、邻里和睦、环境和美、民风和善、百姓和合、社会和谐"为基调，深挖江南水乡文化与工业文化内涵，建设文化体育健身设施，开展新时代文明实践活动。

三、摸索旧改特色做法

和睦社区旧改工程以基础到位、功能完备、里外一致、特色鲜明、群众满意为标准。在改造过程中始终遵循住房和城乡建设部倡导的"美好环境与幸福生活共同缔造"方针，秉持"花钱花在刀刃上，旧改改到心坎里"理念，吃透政策、融会贯通，在实践中摸索出一套和睦的特色做法。

第一，"五好五不"、响应民意。把老百姓需求最迫切、困难最明显、呼声最强烈的事项优先改造到位。公共部位实现"安全保障好、绿化环境好、停车秩序好、养老服务好、特色文化好"的"五好"要求；住宅建筑优先解决"顶层不漏、底层不堵、管线不乱、楼道不暗、上楼不难"的"五不"问题。同时，围绕"基础、完善、提升"三大类别，有序推进"改设施、改环境、改功能"三改齐下。

第二,"1234"、发挥民智。旧改不仅是民生工程,也是基层治理工程,要充分发挥居民的主人翁作用,增强居民的自治意识。由此,和睦社区提出"1234"工作法:即一个中心,以人民对美好生活的向往为中心;两个三分之二,启动同意率、方案同意率都要超过三分之二;三上三下,入户询问、座谈交流、方案公示,居民和社区之间沟通要三次上、三次下;四问四权,社区要问需于民、问情于民、问计于民、问效于民,居民有知情权、选择权、参与权、监督权。同时,和睦社区还设立"和睦议事港",让群众参与决策;成立旧改督导团,让群众进行监督;设立现场投诉办,让群众参与调解,多渠道多方式让居民参与到旧改当中,加强社区居民自治。

第三,精打细算、解决民需。和睦社区改造前科学合理地编制了施工预算和组织设计,通过立体施工、交叉作业、分块推进等多种方式,有效减少了扰民因素、加强了施工现场的管理。着重强调"花小钱办大事",提高旧改性价比。如旧改中提出的屋顶"哪里漏补哪里"、楼道"哪里空鼓铲哪里"等。

第四,整合资源、多方聚力。和睦社区坚持聚零为整、腾挪空间、落架大修。根据"低小散脏乱差的业态能退就退、散落在老小区的国有企事业单位存量房产能借就借、边角零星地块只要群众有需求能建就建"等原则,因地制宜打造配套设施,引进全日医康、华媒维翰、智伴、公羊会等多方社会力量,助力提升小区养老、托幼、助餐、志愿服务等方面的专业化水平。

第五,动真碰硬、敢闯敢试。旧改要做加法,必须先做减法,和睦社区拆除底层阳台房、屋顶阳光房、防盗窗都是"做减法"。在开展"保笼行动"时,和睦社区以此为契机,加大舆论宣传、组织座谈、上门劝导、困难帮扶,通过干部带头、党员先拆、试点先行、样板带动、三分之二同意就搭脚手架,最终成功拆除了50多幢楼、2700多户的防盗窗、60多处违章建筑,和谐平稳地啃下了拆违的"硬骨头"(图2-6)。

四、打造旧改特色样板

在老旧小区改造过程中,和睦社区立足于老旧小区实际,聚焦老百姓的实际需求,注重完善基础设施,不追求高档豪华,不追求表面的光鲜亮丽,形成

◆ 图 2-6　保笼拆除前后对比

了一系列特有的改造理念、方法和经验，打造了可推广、可复制的老旧小区改造示范样板，逐步由全区推广至全国，引导各地城镇小区科学规划、大胆探索，改出了老旧小区的新面貌，改出了广大群众的新生活。具体做法如下。

第一，空间拓展＋城市更新。2018年起，全杭州推进老旧小区提升改造工程，其中和睦社区的提升改造取得了较大成效。和睦社区老旧小区改造工程将昔日道路破损、绿化杂乱、管网堵塞、立面陈旧、配套设施不全的"老破小"提升改造为居住舒适、生活便利、整洁有序、环境优美、邻里和谐的美丽家园。以提高居民生活品质为初心目标，做实民心工程。改造过程中，坚持"群众需要什么就完善什么"的改造原则，紧扣"花小钱办大事，把老百姓呼声最强烈、困难最明显的事项优先改造到位"的理念，因地制宜，尽可能保留建筑物原貌，只进行功能性改造。在改造中积极腾挪碎片空间，做亮小微空间（图2-7）。通过老旧小区改造深挖小区可利用的外部和内部空间，将其改造提升为总面积1万多平方米的口袋公园和阳光食堂、阳光餐厅、微型养老院等，增设室外和室内公共活动空间，形成老年人从家到养老服务设施最多只需步行5分钟的服务圈，将碎片空间改造成可休可憩的公共空间。

第二，老旧小区＋社会资本。和睦街道以提高居民生活品质为初心目标，将牢牢把握提升老旧小区居住品质，增强居民群众的获得感、幸福感和安全感作为主线任务，通过平台搭建，积极引进民间资本助力老旧小区改造，如吸引

◆ 图 2-7　盘活社区碎片空间

慈继医疗机构、华媒一米国教育机构、公羊会等社会力量参与，改善养老、托幼等设施，进一步解决养老托幼的疑难问题，补齐老旧小区公共服务短板。

第三，党建引领＋民主协商。和睦社区的改造提倡增强居民的主人翁意识，鼓励居民走出小家，融入大家，积极参与家园建设，推动居民自治，实现从"靠社区管"逐渐向"自治共管"转变。在激发居民自治方面，和睦社区精心打造以"和"为理念的"议事港"、建立"123"机制，实现"决策共谋、发展共建、建设共管、效果共评、成果共享"新格局。

第四，一老一小＋阳光旧改。和睦社区公共服务设施不足，老龄化程度高、双职工婴幼儿照护难等问题突出。近年来，结合和睦社区老旧小区改造，大力推进养老托育一体化建设，全面升级"阳光老人家"居家养老服务体系，创新打造"阳光小伢儿"0～3岁婴幼儿照护服务机构，将旧改打造成兼顾"一老一小"的惠民"阳光"工程，使得老旧小区公共服务体系得到全面提升。

经典案例1：和睦旧改模式从摸索到成型

2017年，拱墅区有一批旧住宅改造计划，由于和睦新村是1981年建造的老小区，基础落后、设施陈旧、环境简陋、服务功能缺失，于是区里将和睦新村列入了改造计划——将旧住宅改造与养老设施建设两个项目拼盘一并实施，共给予资金1000万元。这1000万元，对于20万平方米的老小区来说，每平方米改造资金仅50元，数额并不多，但对和睦街道来说，这是从未有过的重大项目。和睦街道财力弱，过去的项目都是50万元以下的小项目，这次突然有了1000万元的资金，一定要好好策划，努力把资金用在刀刃上，产生较高的效用和性价比。通俗地说，至少要让投入产生一些水花。

于是，根据和睦新村面积大的特点，在整个小区54幢住宅楼中划出1~10幢作为改造范围，避免"撒葱花""摊大饼"式的改造。划出改造范围后，选择哪些改造项目呢？和睦街道首先坚持需求导向，群众需要什么，就改造什么。老年型社区，养老是第一需求，于是和睦街道便首先确定了将车棚改造为养老设施这一单项；又因"民以食为天"，扩建社区的老年食堂也就十分必要；同时，提升房前屋后的三个口袋公园，改造入口大门也是当时迫在眉睫的工作。但是，剩余资金用来做什么，就产生了多种意见。

第一种意见是用于外立面改造。外墙一粉刷，成效最明显。但是和睦新村老百姓反映污水管堵塞苦不堪言，屋顶渗漏现象严重，如果这些痛点不解决，仅仅粉刷外立面，群众不会满意。因此，外立面改造没有屋顶补漏、污水管网修复那么重要。

第二种意见是用于道路改造。和睦新村虽然存在道路破损，但是还能通行，因此不是那么必要。将路边侧石由水泥改为花岗石，更加没有必要。

第三种意见是用于绿化改造，特别是对品相较差的乔木予以更换，换成品相较好的高端树种，效果自然明显。但是，雪中送炭的迫切需求都没有解决，锦上添花的项目对群众来说犹如隔靴搔痒，显然不会得到叫好声。对于老旧小区来说，更换树种实在没有必要，对小灌木的死株部分予以更换补种即可。

经过这样一分析，和睦街道认为群众对老旧住宅最迫切的愿望是"五个不"，即顶层不漏、底层不堵、管线不乱、楼道不暗、上楼不难。对公共区域最迫切的愿望是"五个好"，即安全保障好、停车秩序好、绿化环境好、养老托育好、特色文化好。这就形成了老旧小区改造的和睦标准——老旧住宅的"五不"，公共区域的"五好"。

关于改造的内容，和睦街道提出了"三改"，即改设施、改环境、改功能，也就是将改造内容分为基础设施、居住环境、服务功能三大类别。

基础设施类：水（雨水、污水、自来水）、电（强电、弱电）、气（燃气）、路（人行道、车行道）、洁（垃圾桶、垃圾站）、序（汽车泊位、非机动车泊位）、安（消防、安防）。

居住环境类：绿（绿化、景观小品）、梯（电梯、楼梯）、顶（屋顶、顶层）、底（底层）、内（楼道、室内）、外（外立面、围墙）、门（主入口大门）。

服务功能类：医（医疗）、养（养老）、护（护理）、吃（餐饮）、住（居住）、行（出行，含无障碍设施）、文（文化、文体、文明）、教（教育、托育）、娱（娱乐、休闲）。

这三类，每一类都用几个字予以概括，通俗易懂，便于群众记忆，实际上包括了三十多项具体改造项目。

这样的改造项目表述方法简洁明了，与住房和城乡建设部倡导的基础类、完善类、提升类实际上是相同的。

关于改造的顺序，和睦街道提出"五先五后"，即"先地下后地上"（先将地下管网改造完成后，再改造地上的道路和绿化）；"先里子后面子"（先将楼道改造完成后，再改造外立面）；"先减法后加法"（先拆违建拆保笼，后加装电梯、外立面"四件套"）；"先硬件后软件"（先改造物理空间，再改造数字化空间）；"先雪中送炭后锦上添花"（先改造迫切项目，再改造舒适项目）。也可以从需求层次来表述改造顺序，先改基础设施，再改居住环境，最后改服务功能。

改造的宗旨是以人民为中心，人民对美好生活的向往就是和睦街道的奋斗目标。

改造的理念是美好环境与幸福生活共同缔造。

改造的原则是统一规划，联合审批，综合改造，EPC实施，一改保十年。改造材料的选择原则是经久耐用、经济适用，不爱高档奢华，只求好住好用。施工组织设计原则是立体施工，交叉作业，划分区域，分块推进，最多挖一次，尽量少扰民。

对施工进度、造价、质量、安全、文明的全程监督都有一套独特的方法。

在此期间，省市区住建部门、旧改办等部门给予了许多支持指导，特别是拱墅区城改办副主任陈旭伟莅临现场指导。和睦新村的旧改模式在实践中走一步摸一步，边学边干，从摸索到逐渐成形，以小投入大绩效、小干预大变化、小空间大环境为特色，真正做到了"花钱花在刀刃上，旧改改到心坎里"。

第二节 拆迁拆违，社区面貌井然有序、焕然一新

建设一流城市环境，需要"先做减法再做加法"，即需要从整脏治乱、除差汰劣入手，通过拆迁拆违等方法，消除顽瘴痼疾，保持整洁、规范、有序的市场经营环境和生活居住环境。

一、取缔露天农贸市场

露天农贸市场、无证夜市等既影响市容环境，又存在食品安全、消防安全、交通安全等多重隐患。2016年是G20杭州峰会举办之年，和睦街道为配合峰会打造良好的社会环境，对辖区和丰路露天农贸市场和登云路马路夜市无证无照经营行为进行了依法取缔，确保峰会期间辖区安全稳定、道路通畅、环境整洁，同时缓解了居民长久以来的诸多困扰。

和丰路露天农贸市场，东起华丰新村西大门，西至和睦公园东侧和丰桥，折北转向延伸至相邻村一组乡村小道，全长500余米（图2-8）。由于地处西湖

◆ 图2-8 路边农贸市场

区与拱墅区交界地带的城中村内，流动人口混杂，无证商贩聚集，久而久之，自然形成了无证经营的露天农贸市场。据不完全统计，农贸市场固定商户约100家，不固定摊位200~300个。物美价廉的农产品吸引了杭州各城区的老百姓，但同时导致了环境卫生脏乱差、食品安全、消防安全、社会治安隐患严重等问题，取缔该市场迫在眉睫。

联合执法，露天农贸市场取缔。2016年下半年，和睦街道召集市场监管、城管执法、公安派出所等部门联合执法，开展了和丰路露天农贸市场取缔整治行动。历时半年，至2017年春节，和丰路露天农贸市场实现完全取缔，多年的顽瘴痼疾彻底消除。

确定"外卡内打"主导思想。"外卡内打"主要分为外围卡口组和核心区域组。外围卡口组人员力量配备主要由行政执法队员、特勤人员及社区保安组成，通过分析和睦街道城中村区域范围8处重要路口和点位，分别配备力量进行卡口，主要负责无证经营商贩劝退及买菜群众的劝导，并对非法电动三轮车进行拦截。外围卡口组的设立，拦截劝返及处置了大量的无证经营商贩，对内部核心区域的依法整治提供了强有力的支撑。核心区域组主要针对和丰路区域仍有的无证无照经营行为进行依法处罚。人员力量配备主要由区市场监督管理局、区城管局、派出所、城管科、各社区、特勤及社区保安组成，共分为4个小组，即3个分段巡查组和1个机动组，对整个和丰路区域进行360°无死角巡查管控，对突发情况如商贩串联、聚集设摊等违法行为及时处置。

根据管控情况调整部署。2016年9月7~11日，和睦街道指挥部领导与各管控工作小组及时了解现场情况，并对反映问题进行随时调整，顺利完成行动。通过管控，各工作小组及时汇总反馈现场信息，为指挥部提供研判的第一手依据，及时调整工作部署。部分商贩出现串联煽动的聚集冲卡设摊情况，在区市场监督管理局、区城管局和派出所的大力支持下，和睦街道强化执法人员力量及保障力量的配备。

核心执法组人员根据和睦街道指挥部领导指示，迅速展开行动，对无证经营商贩一一处置，并根据当日整治行动召开紧急会议。因事件属于有组织、有策划的聚众滋事事件，故调整整治行动部署，减少外围卡口组力量，增强核心执法组的编配，加强核心执法组的协调配合，大力强化执法保障力量。

9月11日当天，因聚集了人数众多的围观群众，无证经营商贩采取多点开花的策略设摊,造成群众哄抢及踩踏。核心区域执法组当机立断,对挑头滋事的无证经营商贩进行控制,并带离现场交由公安机关处置,现场带离了6人后群众慢慢散去,和丰路逐渐恢复正常秩序。

公安机关顺藤摸瓜。公安机关对带离现场的6名无证经营商贩进行调查,并对无证经营商贩中的组织人员采取传唤、告诫等依法处理手段,有效地遏制了聚众滋事的势头。在随后三天内,集中整治力量不减,串联聚集的商贩呈现出内部瓦解的态势,聚集群众日益减少,无证经营市场取缔成果得以有效保护。

二、关停登云路夜市

登云路夜市起源于20世纪90年代,夜市的开办,虽然解决了部分外来务工人员的生计问题,但长久以来夜市的低端业态导致登云路沿线环境脏乱差,噪声、安全等隐患一直困扰着周边小区居民。近年来,和睦街道为了实现辖区内业态提升,优化道路周边环境,对和睦夜市采取"只出不进"的方针,持续性做好夜市"减法"工作,并发扬"5+2""白加黑"的精神,优化方案,确保了登云路夜市平稳关停,具体做法如下。

紧抓峰会机遇,形成强大舆论攻势。和睦街道成立了和睦马路夜市清退工作领导小组,确立了沿街摊位"只出不进"的清退原则,坚持早谋划、早启动。自2015年起持续不断地打出清退"减法"牌,截至2016年初,整个夜市已由原来的近300个摊位清退至115个摊位,共41名摊主。和睦街道抓牢2016年G20杭州峰会的机遇,全面启动关停工作。通过组织召开经营户协调会,详细解读政策,倾听经营户的心声并收集建议和意见,合法、合情、合理地制定工作方案及补偿方案,深入推进夜市关停工作。

有效正式沟通,力求最优关停方案。在关停工作启动后,随着截止时间的临近,摊主为争取最后的利益抵制清退,对和睦街道多方施压。和睦街道领导率领工作组迎难而上,聘请专业法律顾问参与关停工作,形成一套规范而专业的法律文书,制定出严谨而流畅的操作流程,为经营户签订关停协议及办理各项手续提供最快速便捷的绿色通道,对于摊主提出的合理诉求力争第一时间给予回应,与摊主代表展开面对面的对话沟通。在主要领导细心讲解和耐心劝导下,一天之内114个摊位的经营户签订了关停退市协议。

重点人员攻关,打散夜市商贩团体。自和睦街道发出夜市关停公告起,针对夜市摊主抱团抵抗的实际情况,和睦街道工作组形成"外部施压、内部瓦解"的工作思路。通过召集座谈会细心观察摊主群体中有威信、有组织能力的骨干,会后工作组组织摊主中的骨干人员进行多次对话和谈判,从重点人物处攻关,了解摊主群体的利益诉求,最终取得了摊位骨干人员对关停工作的理解和支持。例如,对于摊位群体中具有领头作用的马某和徐某,和睦街道分别对两人进行了谈话,充分了解两人自身的实际困难和诉求,其中马某提出要适当增加摊主关停奖励费用,并要求帮助联系大关夜市有无空余摊位可以租用;徐某提出因其家庭生活困难,要对其以前为夜市提供的服务保障进行适当奖励及提供辖区其他市场的摊位一个月进行库存清理。关停工作期间,和睦街道工作人员多次与两人进行交谈,尽力帮助两人解决难题,并合理提高了摊主配合关停工作的奖励费,最终获得了两人的支持。

与此同时,和睦街道工作组对外部摊主群体不断进行劝说,关停工作程序按时间节点稳步推进,一张张公告、一个个电话,形成一套组合拳,一方面继续表示和睦街道关停夜市的信心和决心,另一方面使得摊主们的心态不断转变,双管齐下,多措并举,最终登云路和睦夜市于2016年2月15日实现全面关停。关停后,和睦街道立即启动长效管理机制,增强街面保洁保序等管控措施,切实巩固关停后的成果,截至今日无一处摊位反弹。

三、开展城中村拆迁

2017年拱墅区开展了一场声势浩大的城中村改造,和睦街道工作人员发扬了连续作战精神,主动作为、齐心协力、下沉一线,全力以赴推进拆迁工作。在这个锤炼干部作风的"实训场",全体拆迁干部都爆发出巨大能量,以自身行动经验总结出了一套属于和睦的拆迁经验。

1. 摸清需求,梯次推进

基于搬迁情况复杂、搬迁对象类型较多的现状,和睦街道领导与拆迁办在接到通知后及时召开会议,对搬迁政策进行全面梳理,将方案、要求、政策、精神了解透彻。把握搬迁工作的原则,做到与搬迁户打交道时有据可依、有规可循。

拆迁范围包括和睦街道辖区乡邻村(属华丰社区)、北赵伍村(属李家桥社区）两个自然村和登云路198号，人员情况较为复杂，其中一部分属于原有化工集团下属杭州永固橡胶厂的宿舍区，被拆迁人员主要分为原有厂区员工、新买房新杭州人以及原有杭州本地人三大类。但通过和睦街道领导、拆迁办等多方参与合作，历时40天左右高效快速完成拆迁工作。拆迁对象分为以下三种类型。

（1）集体土地上的农户，300余户。这部分群体是祥符街道李家桥村村民，由祥符街道负责拆迁动员，和睦街道配合做好服务工作。

（2）国有土地上产权待确认的居民户，60余户。这部分群体原属于西塘河渔民、码头搬运工人、闲杂流民等私自搭棚聚居，逐步纳入当地管理的城市居民，由和睦街道负责拆迁动员。

（3）国有土地上权属清晰的居民户，位于登云路198号，一幢住宅楼，约70户。原属于杭州塑化二厂（已破产）的职工宿舍，房屋陈旧，户型面积小，老弱病残人员多，由和睦街道负责拆迁动员。

坚持以人为本，充分考虑被拆迁者的实际利益，根据不同居民的实际需求，帮助居民了解政策和提供合理的解释，缓解居民的不安和抵触情绪，减少误解和纠纷，顺利推进拆迁工作。

（1）一楼居民：拆迁地段属于比较低洼的地段，每次出现下大雨、发大水等自然气象灾害时，一楼极容易出现进水现象，因此一楼居民多数存在较为迫切的拆迁意愿。

（2）多人口居民：原有房屋多为小面积，随着家庭发展人口增多，逐渐不能满足住房需求，拆迁提供的安置房源，被安置户可自己增加资金置换更大面积住房。

（3）弱势群体：原有地段房屋属于老旧小区，均为无电梯房，对于上了年纪或者腿脚多有不便的老弱病残等弱势群体，存在较为迫切的拆迁意愿。

2. 多方动员，合力攻坚

和睦街道及时组建拆迁团队，包括街道领导、社工、第三方、专业人员等多方参与合作，相互配合，共同解决问题，制定工作方案，推动拆迁工作的高效运转。首先，召集骨干居民与党员进行动员，贯通少数人，发挥骨干的带头作用。然后，召开全体动员会议进行宣讲，深入被拆迁群众家中。和睦街道考虑周全，因拆迁范围内有的居民存在白天工作、长居外地等情况，与拆迁办利用下班时间与节假日入户做拆迁工作，耐心细致地做拆迁动员工作，及时发现不稳定因素和矛盾纠纷并积极化解，帮助群众解决困难，努力扫除拆迁阻力，推进拆迁工作顺利进行。

和睦街道根据实际需求，及时调整对策，在尽可能满足需求的情况下人性化处理特殊群体要求。对于特殊的家庭，和睦街道领导与拆迁办合作，一是上门工作，打持久战，对于一些做思想工作不奏效的居民持之以恒地宣传政策，动之以情，晓之以理；二是做子女工作，打亲情牌，做迂回工作，与拆迁户亲近的人沟通，绕弯做通其思想工作；三是寻找外援。

3. 以人为本、差异施策

坚持以人为本，充分考虑被拆迁者的实际利益，根据不同居民的不同需求，帮助居民了解政策和提供合理的解释，缓解居民的不安和抵触情绪，减少误解和纠纷，顺利推进拆迁工作。

拆迁工作面临多方面的难题，由于拆迁范围位于城郊接合部，历史遗留问题较多，土地权属、性质不清，单户边界不清，征用、占用情况不明，房主信息不全、家庭成员不清，家庭成员感情不和、利益不均、意愿不齐，产生的矛盾难以调和等多重因素交叉累积叠加，导致拆迁动员工作难上加难。但拆迁工作人员以事实为依据、以法律为准绳，具体问题具体分析，特殊矛盾特殊处理，坚持原则性和灵活性相结合，特殊性与一般性相统一，逢山开路，遇水搭桥。最终一个个难题均予以化解，顺利完成了拆迁动员任务。农户拆迁于2017年3月8日开动员会，历时半年结束。居民户拆迁于2017年9月启动，历时三个月，截至2017年底基本结束。

对于人口底数不清的，首先开展人口调查。通过周边邻居、老居委会干部、派出所户籍信息进行多渠道反复调查核实，最终摸清人口底数。

对于房屋建造年代不清的，通过调取不同年代的杭州市地形图（1980年版、1984年版、1990年版、1992年版）进行比照核对，以此推测建造年代，作为权属确认的依据。

对于家庭内部存在矛盾纠纷的，本着合情合理合法、公平公正公开的原则，搭建沟通平台，做好"和事佬""老娘舅"，一碗水端平，帮助争取"总体利益最大化、个体利益合理化"。最终通过动之以情，晓之以理，不但完成了拆迁动员任务，也化解了家庭内部矛盾，促进了家庭关系和谐。这样的案例比比皆是。

案例一：在登云路 198 号拆迁过程中遇到了因户主年事已高无法外出租赁过渡的情况，当时的拆迁负责人朱志强多次赴城中村指挥部沟通协调，最终该户以产权置换的方式获得了住所。同幢楼的陈大伯担心在拆迁后无处安身，时任李家桥社区党委书记的汪国平跑遍了陈大伯女儿单位周边的中介机构为其寻找合适房源。

案例二：在所拆迁的住户中不乏一些家庭矛盾较为突出的，拆迁又涉及多方利益，稍不注意就会导致矛盾激化。华丰新村有一户世居户，户主夫妇均已去世，四个儿子在父母健在时早已断绝关系不相来往。为不影响拆迁政策的落地亦是希望辖区居民家庭和谐，社区工作人员分头行动，多次从中协调，最终不仅顺利完成拆迁还修复了四兄弟之间的关系，在拆迁工作完成的第二年清明节四兄弟还一起为父母扫了墓。

案例三：在北赵伍村有这样一户住户，作为孤儿的老父亲年轻时将房子委托给亲戚维护管理后到温州发展，直到去世子女都不知道父亲在几百公里外的杭州还有一处住所。工作人员通过多方了解，想方设法找到了其子女的联系方式，在多次联系被当成骗子后仍坚持不懈，通过让对方打和睦街道公开电话，工作人员说明情况、加微信视频展示拆迁现场等方式让其放下戒心，最终该户享受到了拆迁政策。直至今日，当时的拆迁负责人朱志强在每年新年还能收到他们发来的新年祝福。

经典案例 2：釜底抽薪巧拆迁

和睦社区与华丰社区相近，其边缘地带有乡邻村和北赵伍村两个自然村，都是名副其实的"城中村"，其农户由祥符街道李家桥经合社管理，而其区域却属于和睦街道辖区。可以说，这两个社区是两个街道都可管辖的模糊地带。

2017 年拆迁工作启动之际，区里明确农户拆迁由祥符街道负责，居民户（含世居居民）拆迁由和睦街道负责，而两类被拆迁对象又是混居的，在实际操作上很难分清界线，这无疑给我们的拆迁工作带来了极大的挑战。我们也清醒地认识到，两个街道必须密切配合、协同发力，才能完成好拆迁任务。

当时的农村家家户户都有大量的闲置房屋用于出租,大量的流动人口聚集于此,沿街巷里弄开设的无证无照商铺五花八门、比比皆是,无固定职业人员混居其中,未办理暂住登记的流动人口大量存在。违规搭建、私拉乱接、生产仓储生活用房"三合一"现象层出不穷,消防、治安、环境、卫生等各类隐患相当严重。

要开展拆迁工作,面临许多难题:一是流动人口开设的店铺索要补偿,这类群体数量庞大,若不给补偿就联合上访;二是提供出租房的农户借势承租的流动人口坐地起价,不肯配合腾房搬迁;三是对承租户的补偿一旦开了口子,就如同开闸放水,难以遏止。

针对这些难题,和睦街道想好了对策。一是开展出租房消防隐患整治,二是开展流动人口专项整治,三是开展"无证经营整治","三项整治"联合执法。2017年4月20日开始,和睦街道专门抽调由执法人员、安保、特保组成的联合执法队伍,在夜间对乡邻村、北赵伍村进行地毯式排查,不漏一巷、不漏一户,对无证经营场所限期关门停业,对未办居住证的限期办理或搬离,对存在消防隐患的告诫房东立即整顿或限期拆除违章房屋。执法队伍声势浩大,连续奋战七个夜晚,对房东房客起到了巨大的教育和警示作用。

联合执法最后两天张贴了拆迁公告,在显眼的墙上、壁上、店招店牌上,都用红油漆写了大大的"拆"字。无证经营商铺的店主和顾客一看到如此情景,也知道拆迁势在必行,大家都配合工作提前搬走,关门停业。没有办理临时居住证的流动人口自知理亏,不敢闹事,纷纷向房东解约退租离开此地。这样一来,十天之后城中村就空空荡荡了。2017年5月假期过后,乡邻村与北赵伍村只剩下本地村民了。随即,和睦街道开展了拆迁登记、签约工作,由于承租户已经完全搬空,那些本来想依靠承租户起哄漫天要价的户主也就失去了依仗,没有底气再拖延搬迁。因而,和睦拆迁工作势如破竹,最终得以如期圆满完成。

想要顺利开展城中村拆迁,必须先将承租户清退完毕,这就是"四两拨千斤"的方法——釜底抽薪巧拆迁。

四、文明拆除违章建筑

和睦社区为老旧居民区，居住条件和基础设施陈旧，物业管理相对落后，少数居民的文明意识有待提高，因而违章搭建、新建新搭时有发生。违章搭建属于未经批准进行的临时性建设，应及时发现，及时拆除。和睦社区始终坚持把"无违建"创建工作作为建设花漾和睦的重点工作之一，遵循依法依规、全域覆盖、底数清楚、实事求是的原则，形成全覆盖、网格化违法建筑治理体系。经过文明拆违行动，陈旧落后面貌一去不复返，建筑立面焕然一新。

第一，新建违建零发生。和睦社区严格做好新建违建的管控，全面禁止新增违法建设行为，在日常巡查和管控中重点防控新违建行为。自我提高标准，要求从违法建筑产生到发现不超过 5 日，适用即查即拆程序处理的新增违法建筑，从发现、拆除到垃圾清理不超过 20 日。

第二，实时动态管理零缝隙。和睦社区按照要求，通过"和睦红"微信群建立具备受理投诉举报、巡查发现、实时指挥、快速处置和综合督查等功能的"防违控违综合管理系统"。社区分管领导每周布置工作、每天指导现场，现场巡查、拆除、保障、信访办等人员每日上传巡查、拆除、修复、投诉问题等报告和照片，时刻保持正常运转。

第三，群防群治零事故。和睦社区在拆违过程中始终坚持贯彻落实群众路线，把服务群众、尊重民意、确保稳定放在首要位置。建立健全违建防控治理社会稳定风险评估制度及应急处置预案。在拆违工作整改实施前，社区全体工作人员深入各户走访宣传，讲解"无违建"工程带来的好处，了解群众所思所想，消除群众的误解，并及时根据群众的反馈意见调整施工进度和方案，群防群控局面基本形成。和睦社区拆违均为帮拆和自拆，无强拆，无因违法建筑拆除、防控和治理工作不到位引发的重大安全事故、重大群体性事件和有较大社会影响事件。

第四，应拆尽拆零违建。和睦社区全面推进拆违工作以来，实现社区内存量违法建筑依法依规分类处置到位。全社区共处置存量违法建筑 641 处并上报。同时，和睦街道所辖社区中，华丰社区、化纤社区和李家桥社区违建全部拆除，全街道违建拆除 991 处，完成率 100%，事故率为 0。和睦街道总体处置率达到 97%，实现了文明拆违。

第五，拆违惠民零浪费。和睦社区全面利用拆后土地，做到即拆即清，违法建筑拆除后，建筑垃圾均在 30 日内清理完毕。规划区内按照规划逐步实施，规划区外编制拆后土地利用规划或地块利用方案，明确建筑地块控制指标。同时属城市街道的，清除侵占公共场地的违建后尽快恢复公共场地功能。2017 年和睦街道共计腾退土地面积 2520 平方米，已利用面积 2520 平方米，利用率达 100%。

和睦街道有效发动社区、居委会、物业公司、社区自管会等基层单位多方参与治理，在实践中探索"自拆""帮拆"等途径，分类处置违章建筑的拆除，推进拆迁工作顺利完成。

完善组织架构，注重队伍建设。和睦社区建立完善的二级创建工作领导小组，配备好一支能吃苦、讲奉献、重服务的拆除工作队伍。工作开始前召开动员大会，每周召开工作推进会，及时研究解决拆除工作中的热点难点问题。

开展执法支撑阳光化，推行拆违执法"一到位三公开"。和睦社区依据《杭州市市区违法建筑处置办法》（杭政函〔2014〕139 号文）、《杭州市违法建设行为处理实施意见》及相关的违法建筑处置规定，指导执法中队建立完善的违建执法查处程序，调动责任心强、业务精干的干部成立阳光办案小组，对违法建筑的认定做到规范有序、程序到位，对拆违处置做到信息公开、依据公开、进度公开。

强化分工协作，抓好责任落实。社区结合实际，制定了违章搭建拆除工作的实施方案和无违建单位创建计划，建立健全的工作责任制和责任追究制，对"无违建街道""无违建社区"创建工作不力、推卸责任、弄虚作假和失职渎职等行为进行责任追究。建立"防违控违综合管理系统"——"和睦红"。通过"和睦红"开展拆违工作信息化流转，提高工作效率。每日由主要领导点评"无违建"创建工作，定时现场督查，拆除、保障等人员实时上传巡查、拆除、修复、投诉等情况和照片至群内，反映工作状况，整改落实情况同步实行追踪上报机制，直至问题解决。分管领导每周布置工作、组织协调具体拆违行动，对于大型的或者情况特殊的违建拆除工作进行专题研究。

创新工作方式，开拓"三步法"特色做法。为深入推进违章搭建拆除工作，突出和睦社区平稳、高效、便民的拆违工作特点，和睦社区采取"三步法"与院内违建整幢拆除相结合的特色做法。

第一步：平稳推进，分片分组，按幢包干定责任。以整幢居民楼为单位确定人员分组，以幢为单位统一时间上门入户做工作。在做工作的同时，充分了解违建户的违建现状、家庭情况、脾气性格、需求顾虑、困难诉求等因素。对劝导成功的顺势签订自拆承诺书或帮拆申请书，劝导有困难的将相关信息统计汇总至和睦街道城管科。

第二步：高效研讨，做细工作，对症下药出方案。社区召开拆违研讨会。根据前期走访的情况讨论拆违的具体方案，明确时间和顺序。通过会商的形式，群策群力解决好每一家违建户提出的困难，精细工作，做到一例一方案，解除群众对拆违的后顾之忧。

第三步：便民对接，落实告知，整幢推进同步调。挑选并组织责任心强、善做群众工作的拆违骨干对违建户进行拆违告知。通过再次勘查其内部结构，同时将拆违解决方案一一送到存在困难的住户家里，并告知整幢居民楼的违建拆除情况，确定统一拆除的期限，确保公平公正，进一步打消难点户的疑虑。

建立严格的问责制度，提高工作效能。和睦街道下发《和睦街道"三改一拆"暨"无违建"创建工作效能问责制度》，社区依照文件针对违建处置、日常工作、信访工作、管控工作等提出了具体要求和细节化的评分标准，明确问责方式和情形，要求相关干部严格按照规定要求推动违章搭建拆除工作的开展，提高工作效能。

五、"533工作法"拆除保笼

安装防盗窗（俗称"保笼"）是老旧小区多年存在的普遍现象，是环境整治中的一项难题，特别是在流动人口多、老年人多、社区情况比较复杂的融合型大社区大单元，堪称"硬骨头"。和睦街道在实施和睦社区改造中，自我加压、勇破难题，发挥党建引领优势、创新实践"533工作法"，开展了行动快、声势大、力度强、效果好的保笼拆除规范行动，成功探索了零补偿保笼拆除新模式。经多方努力，在和睦社区、华丰新村老旧小区改造中，顺利拆除保笼6219个，并统一安装雨棚、保笼、晾衣架、空调架生活"四件套"4700余套，居民满意率达99%。未出现群体性突发事件，未发生安全生产事故，未补偿任何费用，探索了一条"零补偿，平稳拆除保笼"新模式。

宣传先行，"五句口号"打动人心。拆保笼就是拆观念，必须在老百姓根深蒂固的思想意识上寻找突破口。从 2021 年 1 月起，和睦社区深入走访调研，组织座谈交流会，汇总意见建议，梳理形成突出问题。经过反复酝酿、充分讨论，围绕拆除保笼的必要性，提出了五句宣传口号。

口号之一：保笼拆光光，紧要关头可逃窗。从消防安全的角度来看，一旦发生火灾，防盗窗会阻碍居民群众从窗口逃生。因此，必须拆除保笼，打开生命之窗，留出逃生通道。

口号之二：全域监控有依靠，保笼防盗没必要。从治安管理的角度来看，小区已全域安装监控，早已布控了"千里眼、顺风耳"，为防范家庭财物失窃提供了坚强有力的保障。随着安防技术的日益进步，保笼防盗的功能已基本退出历史舞台。

口号之三：保笼拆干净，美化好环境。从美学角度来看，拆除保笼是为了消除建筑外立面视觉污染，美化小区整体环境，提升居住环境品质。用环境美学来正面引导居民，凡是保笼铺天盖地的地方，要么是城市老旧小区，要么是治安混乱的地方，商品房小区早已不装保笼。

口号之四：告别铁笼子，才算好房子。从心理学的角度讲，"笼子"让室内视觉有限制感、禁闭感和压抑感，采用心理暗示来引导居民改变观念，拆除保笼是为了消除和减缓房屋室内视觉的限制感、禁闭感和压抑感。

口号之五：拆除保笼，改善颜值，美化环境，房产升值。从价值分析方面引导老百姓更新观念，保笼拆除后有利于改善建筑立面整体观感，提升环境品位和档次，从而使房产升值，充分享受老旧小区综合改造提升带来的红利。

五句宣传标语，情理交融、易于理解、易于传诵、朗朗上口，让居民入脑入心。和睦社区党委《致居民的一封信》告知，通过小区橱窗、黑板报、小喇叭等方式反复宣传，迅速形成声势，起到统一思想、更新观念、浓厚氛围的初步成效。

拆改规范，"约法三章"分类施策。经过一段时间的宣传后，拆除保笼的良好氛围逐渐形成，但怎样实施拆除，按什么标准进行规范呢？和睦社区制定并严格遵循《和睦社区保笼拆除规范办法》，充分考虑社区的建筑整体风貌和居民的现实生活需求，不搞"一刀切"，不盲目拆，不为拆而拆。具体拆除标准包括以下三条。

标准之一：一楼凸改平。为满足居民心理安全感的需要，所有一楼住户的保笼（包含凸保笼、平保笼）一律拆除，更改为统一颜色、材质、式样的平移开启式保笼。

标准之二：二楼改隐形。原安装保笼的二楼住户，可选择改装为内嵌式保笼或隐形保笼。

标准之三：三楼以上全拆，两种特殊情况可以采用隐形保笼。三楼及以上住户，保笼全部拆除。但对家中有10岁以下小孩或家庭成员中有精神残疾人员等特殊情况的，为了防止人员坠落，允许将原有保笼改装为内嵌式保笼或隐形保笼。

运作科学，"三权制衡"分工配合。为更好地推进拆改工作，和睦社区依据街道旧改实践经验，按照决定权、执行权、监督权三权分立的思路，以党建引领为核心，科学设计了一套运作体系，明确各方权力责任，深度融入党组织的战斗堡垒作用、党员骨干先锋模范作用，保障过程顺畅有序，"三权制衡"运转体系主要内容包括以下三点。

权力之一：决定权归全体居民。明确拆除保笼的权力主体是全体居民。社区负责做好引导统一、牵头协调、服务保障工作，民主协商定决策。由居民中的党员骨干发起拆保笼的倡议，通过召开党支部书记会议、单元长会议、党员会议等形式，对拆保笼的倡议进行讨论，形成拆保笼的初步方案。经过多轮讨论，充分听取和吸纳各方面意见，对拆保笼的方案进行修改完善。之后采取少数服从多数的办法，召开居民代表大会，对拆保笼的方案进行表决，三分之二通过即为生效。最后由社区根据居民代表大会决议，带领党员志愿者等逐户上门征求居民意见，以签字为证。

权力之二：实施权归社区居委会。拆除保笼的实施主体是居民代表大会，鉴于居民代表大会为非常设机构，在居民代表大会闭会期间，拆除保笼工作由居民代表大会委托社区居委会代行职责，保证执行有力且抓到底。首先动员骨干先拆，充分发挥党组织战斗堡垒作用，实行"一幢楼一党员"包干，发动支部党员、居民骨干入户动员，逐个单元解读政策，统一思想，得到群众支持与理解。54个居民代表、175个楼道长、部分志愿者，率先签字同意拆除保笼。之后由他们带头，动员其他群众，上门征求所有住户的意见。拆除前两天张贴告示，对于无人居住或居民不在家的情况，施工队告知户主并妥善安置物品；

对长期在外又心有顾虑的户主反复进行心理疏导，并借助家属做工作来争取支持；对个别楼道或整幢楼住户"抱团"严重阻碍拆除工作的，支部书记、楼道长、社工等分批上门动之以情、晓之以理，找准矛盾聚焦点，寻找"破冰"突破口。拆除过程中，如存在合理化诉求，施工队一律予以帮助解决，得到了居民群众的高度信任和认可，建立了良好的党群干群关系。

权力之三：监督权归居民监督组。拆除保笼的监督主体是居民监督小组，和睦社区联合党员和居民骨干组成居民监督小组，负责对拆除规范保笼工作进行监督，设立现场投诉办，并通过巡查、检查、调查、上门、访问、劝导、开会讨论、集体决定等工作方式，确保拆除保笼工作规范且公开公平公正透明，保证权力在阳光下运作。

经典案例3：文明拆违好做法

2016年G20峰会前夕，为营造良好的城市环境，杭州市倡导"无违建街道""无违建社区"创建工作。和睦社区主动担当，申请创建无违建社区，但是如何开展创建无违建工作呢？大家心中都没有底，于是便参观考察兄弟城区的做法。当时某城区采用"遮挡法"，即在违章建筑前面做文化墙、设城市景观小品、种植竹子等，使违章建筑无法被看见。于是，和睦街道借鉴了遮挡法开展创建工作。但在验收时，市拆违办不予认可，建议和睦街道向西湖区灵隐街道取经。

灵隐街道毫无保留地介绍了工作经验。回来后，和睦街道就此进行了专题研究。莫干山路是主要的景观道路，无违建工作必须要成功，但又不能鲁莽行事。在老百姓思想工作没有做通的情况下，如果强制拆除违建，容易引起集体上访。既要拆得下去，又要拆得平稳，这非常考验执行者的智慧。

经过讨论后，大家认为以下几种违建必拆：一是消防隐患严重的、彩钢棚搭设的必拆；二是严重影响视觉观瞻的必拆；三是存在结构安全隐患的必拆；四是用户违法经营的必拆；五是屡次整顿不改和被投诉举报的必拆。

以下几种违建经认定属实的可以缓拆：一是家庭成员多，人均面积过小的；二是家庭极度困难，违建用于卧室的；三是家庭成员卧病在床或患绝症和重度残疾的；四是有其他特殊困难的。

列出必拆和缓拆对象后，又列出拆违的顺序。即先拆除沿莫干山路每幢楼最西边的一套，拆除后平稳有序地再拆除沿莫干山路第一排整幢的底层违建，拆除后仍旧平稳有序地由西向东依次推进。

拆除的方针是鼓励自拆、大量帮拆。自拆只限于群众觉悟高，又有施工组织能力的少量群体。

大部分群众需要上门多次沟通，动之以情、晓之以理，经过耐心说服后，让居民在帮拆联系单上签字为据，约定时间，由施工队上门小心谨慎拆违，将居民的损失降到最低，同时对拆除后的墙体毛边进行修复。居民同志们提出拆违后阳台围墙过低，无法确保安全，社区又免费安装赠送了一排防护爬刺。

这样的文明拆违方法得到了群众的普遍认可，和睦街道近千户底层阳台的违章搭建全部予以平稳有序拆除，做到了零投诉、零事故、零复建。

经典案例4：拆保笼遇到的挑战

和睦新村住宅楼道改造好后，想要做到由内而外的整洁美观，还需实施外立面的整治。在强电上改下（即高压线入地埋设）、弱电上改下（即通信线缆入地埋设）之后，开始实施防盗窗（俗称"保笼"）拆除工作。区里对保笼拆除工作的要求是，既要拆得干净，又要拆得平稳，且不能进行经济补偿。这对和睦街道来说，无疑是一项具有巨大挑战性的工作。

和睦街道经过反复研究，每轮方案都经反复推敲、反复论证后制定，最后确定的方案是：舆论先导、样板先行、党员先拆。在经历两个月的宣传引导后，将和睦新村里住有众多党员骨干的14幢作为保笼拆除的样板房。

14幢保笼拆除的流程具体为，先由全体社工分片包干4个楼道，61

户家庭，每户家庭都需要居民签字同意。万事开头难，要取得居民签字同意是非常不容易的，在党员带动之下，社工们"磨破嘴、跑断腿、挨够骂、遭口水"，好不容易签了25户，街道再派分管领导、城管科长上门一道做工作，争取到了41户居民同意，已超过总户数的三分之二，社区就马上派施工单位搭设脚手架。脚手架搭设完成后，部分群众看到拆保笼工作势在必行，也纷纷签字同意，至此同意率已达到90%。

一对母女快下班时，赶到和睦街道党工委书记办公室，质问为什么要将14幢作为样板楼，为什么要拆除自家保笼。和睦街道党工委书记告诉他们，将14幢作为样板楼是为了引导广大居民群众将保笼拆除，提高环境品质，美化生活环境，让社区更舒适、更宜居。他们还是不能理解，街道其他干部也一起来做了耐心细致的疏导工作。

街道干部说了一遍又一遍：过去二三十年，大量农村剩余劳动力涌入城市，社会治安一时之间无法得到很好的维护，的确需要靠保笼防盗。现在经济发展了，就业充分了，人的素质提升了，安防能力提高了，不需要保笼来进行防盗了。设置保笼，阻碍了逃生通道，一旦发生火灾，后果不堪设想。装了保笼，房间有禁闭感、压抑感、受限感。拆了保笼，不但环境得以美化，房屋也增值了。

一直到半夜十一点，这对母女也未能接受，并到派出所投诉，要求：不能只拆他们这一户、这一幢，别人的保笼也要拆，要白纸黑字写下来。街道同意写给她们，她们才肯回家。

第二天，街道领导又到14幢现场听取群众反映。街道党工委书记被团团围住，群众七嘴八舌，质问的、谩骂的、咨询的都有。抓住这个有利的时机，街道党工委书记一一予以现场回应，耐心解答，将群众的疑问、顾虑甚至不满情绪都给予了正面的回应。

书记说："你们现在有意见，甚至骂我，我都能理解；一个月后，外立面整治效果出来了，见了我就会主动握手；半年后，就会要求我们快点安排到你们这边来施工。"

果然，一个月后，脚手架拆除了，中国美术学院望境创意发展有限公司设计的效果就呈现出来了，浅咖啡色的墙面，深咖啡色的底层，深灰色的压条，色彩柔美、温暖且明亮，铝合金的雨棚给房屋增加了线条感，小阳台似的空调格栅增加了建筑的形态美，伸缩式的晾衣杆便于晾晒，而且外形美观。整个外立面发生了脱胎换骨的变化，不管是专家学者、各级领导还是普通居民都不吝称赞。外立面整治、拆除保笼的阻力自然大大减少了。几个月的时间，居民对拆除保笼工作从坚决反对到一般阻止，再到普遍同意，最后纷纷响应。

第三节 科学治水，截污纳管、雨污分流、水清岸绿

五水共治，是平安浙江建设的题中核心，直接关系平安稳定、关乎人水和谐。以治污水、防洪水、排涝水、保供水、抓节水为突破口倒逼转型升级，是推进浙江新一轮改革发展的关键之策。

和睦街道以全面提升水环境质量为目标，坚持"统筹规划、突出重点、分类实施、整体推进"的原则，以管网建设为基础，以持续推进彻底的污水纳管和严格的雨污分流为核心，基本实现辖区污水"应纳尽纳、应截尽截、应处尽处"，使雨污管网全覆盖、污水全收集、雨污全分流，建立完善长效运维机制。和睦社区在街道的指导下，完成了全域雨污水管改造，改造排水管网共计20.3千米，实现了雨水、污水的彻底分流。

一、领导重视，"零直排"建设协调统筹开展

和睦街道成立"零直排"创建工作领导小组，由主要领导任组长，分管领导任副组长，相关科室、执法中队、社区负责人任组员，负责各项任务的落实，在"零直排"建设中切实发挥组织、协调作用。治理工作中实行专家督导制，由区城管局市政所专门派两名科长作为和睦街道的技术指导，对创建过程中的设计、施工、验收、整改等环节现场把关。同时建立周例会制度，每周召开"零直排"工程建设例会，及时收集进展情况，协调解决有关问题，有力地促进了"零直排"建设工作的开展。

二、深入排查，制定细致的设计方案

雨水、污水治理前期，和睦街道采用CCTV检测

系统摸排地下管网情况，摸清小区内部地下管网存在的问题，初步了解小区内部雨污分流的情况。同时邀请资深设计单位提前介入，通过发动 30 余名大学生进行为期一周的实地入户勘查，摸清社区"零直排"创建存在的问题。最后在所有数据的基础上，根据每幢楼、每个单元的不同特点，制定更贴合实际的"一点一方案"，确保设计方案周密严谨，做到雨污彻底分流。

三、人性化措施，减少对居民正常生活的干扰

通过召开"零直排"工程说明会，制作施工公示牌。提前告知社区居民要实施的工程、工期以及可能给社区居民带来的不便，获得居民的理解。同时充分发挥社工尤其是网格员的作用，对需要入户改造的住户，各网格员分片入户进行政策宣传，并协助施工队做好预约，确保施工顺畅。在施工过程中采取有效措施减少对居民的干扰，如调整施工时间、错峰施工，尽量做到不扰民；在安装立管过程中，尽量避开防盗窗、雨棚、空调外机等，减少给居民带来的不良影响。同时，通过"托一把、带一把"的方式帮助居民解决实际困难，如对居民家里的管道进行免费疏通、修复。

四、分类处置，督促各类企事业单位和涉水个体户进行雨污分流改造

2016 年，通过对辖区企事业单位和个体户进行详细的摸排调查，共计排查出各类排水户 105 家，在此基础上，采取了分类处置方法。针对小餐饮、小洗浴、小作坊等"八小行业"，采取前置管理措施，从源头控制偷排漏排现象。要求统一签订排污承诺书，承诺不偷排、漏排废水，切实增强业主的环保意识。按实际情况画出内部排水平面图，城管科工作人员上门核实，确认排水图无误，且没有雨污混流情况后纳入统一管理。针对学校、医院、农贸市场等公建单位，统一发放《关于要求申请领取排水许可证的函》，要求限期办理排水证，在这个过程中，需要按照区市政所要求，进行内部的雨污分流改造，完成并通过市政所现场验收，方能申领排水证。

五、数字赋能，探索智慧治水新模式

2022年，随着和睦社区入选未来社区试点，打开了和睦社区智慧治水新模式。在开展智慧治水行动时，首先在原竣工图的基础上，重新对管网的流向、管径、标高、埋深等做进一步梳理和排查，绘制和睦社区三维管网图，通过观察三维管网图，对雨污管网管径、走向、埋深等情况可以做到一目了然。在小区的雨污水出口处安装三组液位仪和四组水质检测仪，信息可以在专管员手机上实时显示，能及时发现管网溢流、淤积及污水汇入等情况。未来，信息还将连上小区数字驾驶舱，居民也可以随时了解小区地下管网运行情况。

第四节 加装电梯，有效破解群众上下楼难题

老旧小区加装电梯是一项重要的民生工程，是群众急难愁盼的问题。2019年6月，时任中共中央政治局常委、国务院总理李克强来到和睦社区调研指导时，特别提到老旧小区加装电梯（也可简称"加梯"）难的问题。在老旧小区加装电梯过程中，认知统一难、牵头推动难、技术实施难、资金筹措难等"难点"经常减缓加梯进程，而其中最主要的难点在于居民的意愿达成问题。

为帮助居民实现"轻松上下楼"的愿望，提升民生公共服务品质，和睦街道在老旧小区改造和未来社区建设的基础上，推动加装电梯工作，成立加装电梯工作室、加装电梯临时党支部，逐步形成了"党建引领、政府引导、业主主体、社区主导、各方支持"的运作体系和"党员带动群众，群众做群众工作"的工作方法，设置固定加装电梯工作场所，统筹多重资源，疏通工作堵点，打牢加装基础。通过"和睦议事港""青年突击队"等志愿服务队伍，汇集民智、群策群力，践行"众人的事情由众人商量着办"的基层治理方法，采取多项加梯举措，交出了和睦社区加梯工作的"阶段性成绩单"。

经过近两年的努力，和睦社区加装电梯已取得突破性进展。截至目前，和睦街道已落地加装电梯总计68台，落地台数占可装楼道数的54.8%，惠及社区600余住户，服务社区居民2700人次，加装电梯的比例在全省名列前茅，加梯工作受到社区居民的一致好评。和睦街道党工委书记饶文玖、和睦社区党委书记周呈双双入选杭州市加装电梯宣讲团成员，向全市介绍交流加装电梯的经验。在2023年7月13日召开的全省既有住宅加装电梯工作现场推进会上，和睦社区作为唯一的社区代表作了经验

介绍；全区加装电梯培训会在浙江杭州召开，和睦社区作为参观考察点在考察现场作了经验分享；《中国建设报》2023 年 8 月第三版头条以“浙江杭州和睦新村小区：统筹多重资源，优化工艺技术”为题，刊登和睦社区加装电梯的多项亮点。《人民日报》2024 年 2 月 21 日专题报道了和睦社区加装电梯过程中的社区治理新做法（图 2–9）。

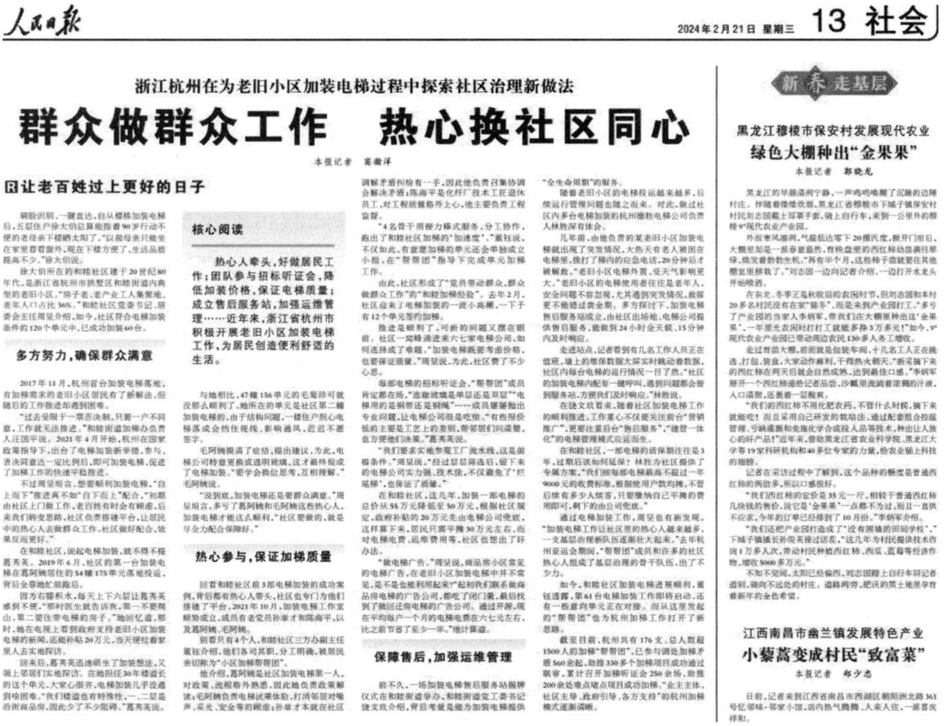
人民日报　2024年2月21日　星期三　13　社会

浙江杭州在为老旧小区加装电梯过程中探索社区治理新做法

群众做群众工作　热心换社区同心

本报记者　窦瀚洋

让老百姓过上更好的日子

核心阅读

热心人牵头，好做居民工作；团队参与招标听证会，降低加装价格，保证电梯质量；成立售后服务站，加强运维管理……近年来，浙江省杭州市积极开展老旧小区加装电梯工作，为居民创造便利舒适的生活。

多方努力，确保群众满意

热心参与，保证加梯质量

保障售后，加强运维管理

新春走基层

黑龙江穆棱市保安村发展现代农业

绿色大棚种出“金果果”

本报记者　郭晓龙

江西南昌市蠡兰镇发展特色产业

小藜蒿变成村民“致富菜”

本报记者　邹少忠

◆ 图 2–9 《人民日报》相关报道

一、大造声势：充分激发加装电梯的需求

发动群众是解决加装电梯难问题的第一步，通过大力宣传、大造声势能够激发群众的加装电梯需求，掀起加装电梯的迫切期望，纠正对加装电梯的错误认知和偏见。2021 年 10 月 11 日，和睦街道以党建引领搭平台，在运河城市驿站成立“加梯工作室”，提供电梯试乘、政策咨询、工程督导等一站式服务。为了消除顾虑，和睦社区多次召开加装电梯论坛、加装电梯推广会、民生

议事堂等推进会，邀请楼道长、居民代表、党支部书记、两代表一委员参加。通过召开推进会，向居民群众解读加装电梯政策，由装好的楼道长分享经验，由厂家介绍电梯性能和优惠幅度，拿出最优方案，让居民看得到实实在在的益处，调动居民群众加装电梯的积极性。

此外，社区利用横幅、宣传窗、小广播、小册子、一封信等多种途径积极宣传加梯政策，营造浓烈氛围，刺激需求，表明加装电梯的重要性和必要性，进一步激发居民群众加装电梯的强烈愿望。

二、用好政策："双 2/3、双 3/4"理解要透彻

引导居民深入理解加装电梯政策是缓解加梯难题的重要工作，因此，街道引导居民对于加装电梯文件中"双 2/3、双 3/4"的含义理解透彻。目前，加装电梯政策要求由原来的"本楼道居民 100% 同意才能安装"修改为"2/3 来开会，会议有效；其中 3/4 表决同意，表决有效"，大大减轻了达成有效表决的难度（图 2-10）。用数字说话，让老百姓都能理解"过半数同意就可以装"的本质内涵。对于政策的透彻理解，能够促进加梯工作的顺利进行。

◆ 图 2-10　加梯工作讨论会

三、利益均沾：促成加梯意愿的不二法门

社区加装电梯，高层住户积极支持，意愿迫切，而低层住户不太乐意，甚至反对，根本原因就是低层住户没有获得感，"不患寡而患不均"的思想观念明显，从而给加梯工作带来了难题。为了实现利益均沾，和睦街道根据不同楼层居民的实际情况，提出相应的惠民政策。如对于二楼的居民，社区通过为其接一条连廊，免费乘电梯，顺利解决了二楼住户反对的问题；对于底层住户，利用给予物业费、停车费优惠，提升房前屋后环境品质等方式，尽量消除居民的抵触情绪，增强底层住户的获得感。坚持福利共享、红利均沾是统一居民加梯意愿的关键，只有让每一位住户切实感受到加装电梯的红利，才能真正减小社区加梯工作的阻力。

四、党建引领：成立加装电梯临时党支部是硬核力量

为了发挥党建引领示范作用，社区以党建引领搭建平台，成立加装电梯临时党支部，对加装电梯中涉及的重大问题进行方向把关、资源统筹。其中，由社区党委书记担任党支部书记，吸纳小区居民、加装电梯企业里的多名党员加入，邀请多位有成功加装电梯经验的居民担任"加装电梯顾问"。截至目前，已提供咨询服务4000余人次。

党支部带动群众合心合拍、群策群力，共建共治共享，让辖区群众看到风向标，发挥了党组织硬核力量所具备的坚强堡垒作用，在协调加装电梯的过程中提供了莫大的帮助和支持。

五、依靠群众：加梯帮帮团分工协作各显神通

和睦街道在社区内的运河城市驿站成立"加装电梯工作室"（图2-11），提供电梯试乘、政策咨询、工程督导等一站式服务。由四位成员组成"加梯帮帮团"，邀请陈海平、葛秀英、毛菊珍三位热心居民担任"加梯顾问"，负责工程咨询、电梯试乘、安装督导和意见沟通等具体事项，由社区加装电梯第一人葛阿姨负责政策解读，毛阿姨负责电梯试乘体验，擅长调解矛盾纠纷的孙章

才负责召集协调会解决矛盾，化纤厂退休技术工匠陈海平负责工程监督。大家各有所长，分工明确，借助群众力量助力加梯工作顺利进行。工作室成员四人"接力跑"，"首棒"负责试乘体验工作，带着居民到成功加装电梯的楼栋，了解一二楼采光及轿厢运行的情况，消除居民加装电梯顾虑；"第二棒"指导单元楼成立三人工作组，以亲身经历传授费用分摊、后期维护、风险规避等方面经验，做好"传帮带"；"第三棒"负责召开协调会，帮助化解矛盾纠纷；"最后一棒"由加装电梯临时党支部书记负责，作为加装电梯"总管家"，负责督导施工、把关电梯质量。四位成员各司其职，竭力为群众义务服务，充分发挥了体制内人员和社工所无法替代的推动作用。

◆ 图 2-11 "加装电梯工作室"揭牌

在"加装电梯工作室"骨干的带动影响下，凭借"亲和力、共情力、腿力"和接待群众热心、调查了解细心、沟通联系诚心、调解纠纷耐心、处理问题公心的"五心服务"，成功推动小区加装 46 台电梯，落地台数占楼道数超过 1/4。同时越来越多住户加入加装电梯志愿者的队伍中，目前已有 150 余位加装电梯志愿者，为有加装电梯意愿的楼栋住户提供入户调研动员、政策流程解读、疑难问题解答、矛盾纠纷调处等志愿服务，将不少潜在的加梯纠纷遏制在萌芽状态，形成"人人为我、我为人人"的加装电梯志愿服务新风尚。

六、引入竞争：加梯公司你追我赶优胜劣汰

和睦街道通过"加梯帮帮团"成员参与每部电梯的招标听证会、实地参观工厂流水线等措施筛选电梯公司，保障电梯质量，解决电梯公司选择难题。按照网格化管理原理，实行电梯加装公司划片包干的模式，要求公司人员每天入户做群众工作，每天汇报进展情况，每周召开例会交流，研究破解疑难杂症。一旦发现加梯公司工作不到位的情况，立即责令其停工一周，改由其他公司完成，逐步形成电梯公司你追我赶、争先恐后做群众工作的氛围，提升加梯公司的工作效率。此外，和睦街道对加梯公司进行"全生命周期"服务考量，注重后台"售后服务"，尽可能解决后续运行管理问题，由社区出场地、电梯公司提供售后服务，成立加装电梯售后服务站，做到24小时全天候、15分钟内及时响应。

七、样板先行：破一台跨进门槛，破十台步入快车

加梯样板十分重要，有了第一台，就有了参照物。只有看到居民享受到了实实在在的好处后，其他居民的加梯意愿才会更加强烈。基于此考量，社区全力促成第一台电梯加装成功。此外，只要是具备加装电梯公示、签约、施工、运行四个环节的楼道，均在社区宣传窗最醒目的位置张贴奖状，使得老百姓人人知晓，在加装电梯上"比拼"，成效显著。

八、资源整合：为加梯各方合力推波助澜

和睦街道在加梯工作进程中大力整合资源，形成多方合力，充分发挥群众互助意愿以及党建联建等单位的优势，利用邻里温情化解加装电梯阻力，为加速加梯进程提供保障。在加梯过程中，提倡邻居之间可以为付钱困难的住户垫付，该用户要用电梯时，再加息偿还，不让分摊费用成为实现加梯愿望的"拦

路虎"。同时，和睦街道联合银行提供低息贷款，加梯公司利用政府补贴进行施工。小区旧改工程组、物业公司也纷纷腾出空间，配合施工；街道也为加装电梯单元积极对接广告公司，用电梯内的广告收益分担部分电梯电费开支，通过政府补贴、党建共建单位扶持低息贷款等手段，有效降低加装成本。多方的共同努力促进了加梯工作顺利进行。既完善了小区的基础设施，又使得居民有了获得感。

下一步，和睦社区会继续努力，在你追我赶的氛围中始终保持奋进姿态，争取加装电梯成果进一步扩大，让居民群众的获得感、幸福感更强。

经典案例 5：和睦加装电梯是如何破题的？

加装电梯是个人人皆知的大难题，虽然政府给予补贴并积极倡导，但能够顺利推广的社区却寥寥无几。难题究竟在哪里呢？主要有三类：第一类是意见难统一，第二类是资金难筹集，第三类是技术难实施。说到底是人心难统一，人心一旦统一了，后面的两类问题自然迎刃而解。

和睦新村第一台电梯是 54 幢先竖立起来的，该楼道一二层没有住户，反对的声音要小一些。楼道长葛秀英是个热心人，她一家一户去做劝导工作，好不容易意见统一了，选了一家厂商，该厂商施工能力不足，挖好基坑就难以继续进行，只得中途更换厂商。好事多磨，该楼道最终成功安装了和睦新村第一台电梯。

当年，街道有 6 台加装电梯任务，看起来简直比登天还难。分管领导葛婷婷主攻和睦新村老旧小区改造任务，街道人大工委主任宋月明主动担当，承担加装电梯的推进工作。他经常在下班后深入居民家中做工作，在他的带动下，和睦新村 47 幢（楼道长毛菊珍）、46 幢（楼道长陈海平）两台电梯也落地了。党工委委员詹丽萍带领团员青年以青年突击队的形式深入和睦新村 5 幢 8 单元做群众工作，也落地了一台电梯。

在后续的工作中，尽管花费了许多力气，成效却不甚明显。老百姓的意见难以统一，有的居民楼几十趟跑下来仍旧无法破冰，加梯工作一时陷入了僵局。

街道党工委开始商讨破局之策，并到加装电梯推进较快的潮鸣街道取经，他们介绍：一要利益均沾，政府补贴的资金该楼道住户要均衡共享；二要想办法落地10台以上，每个小区达到10台，竞赛氛围就出来了；三要让一楼二楼通过加装电梯得到实惠，如增加一楼的晾晒设施，修剪树木绿叶增加底层光照等。

凡事推动都要靠宣传造势，舆论先行。要把加装电梯的福利充分说透，家喻户晓。和睦街道拟定了十几条加装电梯的标语，如"楼上楼下同心同向，加装电梯互谅互让""邻里互助情义重，同心实现电梯梦""上楼下楼的确难，装了电梯就不难"等，印了几十条横幅标语或直幅标语，悬挂在小区的主干道和出入口，以激发大家产生加装电梯的强烈愿望；倡导邻里相携、守望相助、互谅互让的美德，强化加装电梯的氛围。同时，印发《杭州市加装电梯简明手册》，载明加装电梯的政策文件、审批流程、费用分摊办法等送到居民家中，并在宣传窗、黑板报予以大力宣传张贴。

在小区公园、门前屋后听到居民们普遍讨论加装电梯的时候，和睦社区在和睦剧场召开了一场声势浩大的加装电梯推进会。葛秀英、毛菊珍、陈海平三位已加装成功的楼道长上台现场介绍加梯经验；电梯厂家现场宣传技术要领和优惠举措；加装电梯成功楼道的居民代表"肩上佩绶带，胸前挂红花"上台接受表彰，与会人员沉浸在欢乐、幸福、羡慕的掌声和鲜花之中。

葛秀英、毛菊珍、陈海平三位楼道长当着台下一万多名居民代表的面表态："只要群众有需要，我们三个人免费为大家提供服务。"会后，他们三位分工合作。毛菊珍管试乘体验，居民要了解加装电梯对采光、通风、安全方面的疑虑，一律由她来解答。葛秀英负责上门动员和政策解读，由她负责对有意向加装电梯的楼道做群众沟通工作。每个街道都物色有信服力和执行力的三人小组，对政策进行解读，组织协商洽谈、资金分摊、合同拟定等推进工作。陈海平负责工程监管，对施工质量进行把关。后来，又增加了一位公益志愿者孙章才，负责纠纷调解、组织听证会。这样，四位老人积极参与，形成闭环运作，有力推动了加装电梯工作如雨后春笋般不断涌现。

和睦街道通过党建引领，成立了加装电梯临时党支部，由陈海平任书记，电梯厂家和居民骨干共同参与，成为加装电梯的硬核力量。同时，利用运河城市驿站设立了加装电梯工作室，四名志愿者轮流值班，接受居民咨询。

在加装电梯工作室门口张贴加装电梯宣传口号，如"儿女孝顺加装电梯""亲朋羡慕加装电梯""幸福生活加装电梯""房产升值加装电梯"，加装电梯流程图，加装电梯进度表，加装电梯奖牌榜，对1幢房屋装1台的授予铜牌楼道，对1幢房屋装2台以上不足整幢的授予银牌楼道，对整幢加装成功的授予金牌楼道，通过"比学赶超"营造浓厚的加梯氛围。

截至2023年底，加装电梯61台，占可装楼道数的51%，这个比例，在杭州市的老小区中肯定是最高的。省市加梯办组织各地来参观取经，参观者络绎不绝，和睦社区党委书记周呈在全省加装电梯会议上作交流，介绍加梯经验。

为了解决加装电梯后续的维护保养工作难题，加装电梯厂家在和睦新村专门设立了一个加装电梯售后服务部，全天24小时实现数字化安全运维监测，保障社区加装电梯运维"叫得应、叫得响、无事故、无烦恼"。

目前，和睦社区的加装电梯工作仍在推进中。

第五节 更新观念，从准物业到市场化专业物业

从维护和改善硬件设施，到提供绿化保洁等服务，再到保障居民日常安全，可以说，物业费的正常缴纳是小区运转的重要支撑。但是，不少老旧小区产权复杂，管理多头甚至常年失管的现象明显，往往存在着"收物业费难"的问题，和睦社区作为老旧小区的典型也不例外。和睦社区建于20世纪80年代，曾经无物业管理，社区内60周岁以上的户籍人口占比超过38%，居民多是老国企退休工人。对于物业管理行业缺乏充足的认识，没有完全形成"掏钱买物业服务"的消费观念，物业费收取成了"老大难"问题，导致社区无物业管理、无修缮经费，全靠政府投入，物业费收支严重倒挂。

因此，和睦社区解决社区物业管理问题的核心就是更新社区居民的传统观念，保证物业费的正常缴纳，以支撑社区物业服务的良性运转。和睦社区2010年前后开始实施"低收费、有补贴、广覆盖"的社区化物业管理。2021年开始引入专业化物业，鉴于老旧小区改造未完成，前两年物业费仍旧维持0.15元每月每平方米的最低标准。2023年，和睦社区完成老旧小区改造后，按照相关文件规定，物业费调高到0.56元每月每平方米。目前已实现70%居民成功缴纳调整后的物业费，完成了第一年的收缴计划，引导和睦社区居民树立了"付费享受品质生活"的观念，迈出了市场化、专业化物业管理的关键一步。至此，和睦社区物业管理实现从无物业到准物业再到专业化物业的"三级跳"。

一、宣传先行：改变居民传统观念

和睦社区物业服务政策执行到位，及时准确为居

民传递政策信息，保障政策自上而下落实。根据《拱墅区加强住宅小区物业综合管理实施意见》（拱政办发〔2020〕25号）第二条第五款第四项的意见，对经过综合提升改造的老旧小区，在改造验收时，应积极引入专业化物业服务，按照每月每平方米不低于0.56元的标准向居民收取相应费用，提升老旧小区综合管理水平。

社区通过居民代表大会对人民代表进行总体宣讲，按规定流程得到2/3以上居民代表同意，程序合法后开始施行。利用座谈会、观念灌输会的形式，加强社区居民对物业费缴纳的重要性和必要性的宣传教育，提高社区居民对物业费的认识水平，从源头干预，改变社区居民传统的依靠政府投入的观念，增强居民的自觉性和主动性。

二、样本先行：形成居民示范效应

社区发动居民骨干带头缴费，发挥示范作用。首先支部书记对党员居民做相对应的宣传，发动党员带头交物业费；之后由支部书记带动支委或者支部的党员主动缴费。最后，通过和睦街道工作人员带头缴费，动员其家属主动缴费。

三、深入人群：及时解答居民疑惑

社区及时答复、疏导居民对物业费涨价的疑惑与不满。社区物业制作服务小卡片，包含服务项目、服务时间、物业电话等相关信息，发放到每位业主手上。包括挂装镜框、安装毛巾架等32项工程维修服务项目在内，材料自备的情况下对缴纳物业费居民免费。

社区针对物业费提高之后，小区物业管理水平无明显变化的情况进行耐心解释与疏导，说明物业服务水平未明显提升的实际原因是政府补贴减少，但物业服务一直处于这个高度水平，所以未体会到明显的改善。此外，社区对特殊人群如低保困难家庭免除物业费，实现社区人性化服务。

四、专员专事：构建居民缴费新局面

社区制定规划方案，成立专门的指挥组与攻坚组，在对社区进行摸排后，由居民与党员骨干来啃"硬骨头"。指挥组以领导为主，攻坚组两人一组，分三组上门进行动员、做思想工作，一组两人，分别负责解释和采集照片，互相配合提高工作效率。此外，考虑到和睦社区"一老一小"的属性，多数由每个楼栋的楼道长与单元长进行一对一跑楼收缴费用，收齐之后统一交到物业财务。

和睦社区推行物业经营性收益的监督管理模式，对物业经营性收益进行财务公开，保障业主的知情权和监督权。社区与物业实行收支两条线，居民交的费用纳入社区账户，然后由社区将收款支付到物业，相当于一个服务打包费。社区每三个月进行一次商务公开，在门楼下张贴党务、居务、财务、商务的公开情况，确保物业费收支在阳光下操作。

第六节 倡导环保,从垃圾分类到改变生活理念

随着人们生活水平的提高,城市生活垃圾的产量也越来越高,严重影响着生态环境。因此,从 2015 年开始,我国更加重视生态环境保护,垃圾分类工作也驶入了快车道。2016 年 6 月,国家发展改革委、住房和城乡建设部发布《垃圾强制分类制度方案(征求意见稿)》,提出建立城镇生活垃圾强制分类制度,推进垃圾减量化、资源化、无害化处理,改善生活环境,推动绿色发展和可持续发展。社区作为城市基层治理的"最后一公里",承载着群众对美好生活的需求,推动社区的垃圾分类治理是破解垃圾分类难题、改变人们生活理念的重要手段。

和睦社区遵循党和国家的方针政策,积极实施社区垃圾分类,创新社区垃圾"五导共推"治理新模式,圆满完成社区全域垃圾分类定时定点投放任务,并以和睦社区的垃圾分类先进经验带动和睦街道全域的垃圾分类整治工作(图 2-12)。既促进了资源的有

◆ 图 2-12　宠物便便袋

效利用和循环经济的发展，也提升了社区的环境质量和居民的生活品质，还为社区经济的繁荣提供了机会。

一、宣传先导强意识，分类提升促实效

第一，政府主导健全投放机制。建立健全生活垃圾定时定点分类投放制度，明确定时定点工作方法和实施步骤，实现政府主导与社会共治有机结合，提升垃圾分类实效。

第二，全域覆盖提高知晓率。社区由党委书记带头成立垃圾分类讲师团，设立政策小课堂，按片组轮流邀请社区家庭参与，了解垃圾分类知识。同时，充分利用黑板报、宣传栏、电子屏、横幅等宣传空间和载体，做好垃圾分类宣传教育与知识普及，实现分类常识、操作方法随处可见、人人能见。

第三，结合社区老旧小区多、老年居民多的实际情况，积极探索垃圾分类宣传新载体，增强老年人垃圾分类环保意识。如在小区每个角落设置小广播，每天不定时轮播，极大提高了老年居民参与垃圾分类的积极性。同时鼓励社区居民积极参加市、区组织的垃圾分类达人赛，自编自导垃圾分类节目参与表演，组织专管员和志愿者代表参观市里的垃圾处理中心等，强化垃圾分类意识。

二、上门指导强服务，提高认识重落实

依托网格化管理分片包干、逐户上门进行分类现场指导，入户指导率达100%。对于辖区内的企业、沿街店铺实行不定期走访，宣传分类知识提升知晓率。同时由综合执法队开展检查督查，及时进行指导纠正。对垃圾分类分拣率不高的家庭，各小区安排垃圾分类宣传督导专员，以点对点宣导的服务模式，不定期上门巡检，手把手指导居民进行垃圾分拣，切实把好第一道关口。

三、邻里劝导强动力，各方参与共推进

积极组建"邻里帮"热心肠队伍，通过小区邻里间的老面孔、熟关系，激

发居民垃圾分类内生动力。注重发挥学生优势，普及垃圾分类知识进校园，将知识从学校延伸到社区家庭。招募社区志愿者开展垃圾分类志愿服务活动，营造全民参与的垃圾分类新时尚（图2-13）。

◆ 图2-13　志愿者参与垃圾分类服务活动

四、桶边督导强力度，智能监管促规范

第一，保障垃圾分类硬件设施。紧抓旧改契机，科学设置各小区垃圾分类亭和分类投放点，配备独立照明设备和洗手池，依托未来社区建设、老旧小区提升改造、扮靓家园专项行动等契机，逐步改建提升垃圾分类设施。

第二，发挥党员志愿监督作用。发挥党建引领作用，形成"支部书记带头、居民代表跟上、热心志愿者参与"的督导员队伍，为各小区垃圾房配备"桶长""点长"，以轮值督导的方式，对每一袋垃圾进行拆包检查，面对面指导纠正、讲解分类知识，确保分类精准。

第三，加强智能监控实时监管。在每个垃圾房点位安装智能摄像头，开展垃圾投放点全方位全天候无死角监控。对乱投放垃圾的现象，由社工认领上门劝导，再由支部党员或居民代表二次上门指导，如仍旧没有纠正，社区将再次联合执法中队上门，以监控视频为执法依据，实现精准监管、督办整改。

五、先进引导强氛围，奖惩分明养习惯

社区建立每周自查机制，对生活小区及企业、工地、宾馆、酒店等单位实施评分制，在和睦街道垃圾分类每周例会中进行通报，通过比一比、赛一赛的方式，形成比学赶超的浓厚氛围。同时对督导员进行专项检查考核，建立《垃圾分类督导员工作职责》等规章制度，实现月度考核全覆盖，评出优秀予以表彰。最后推行"优胜榜"进行张榜公示，并推出优惠举措。另外，在各小区垃圾房外墙设立"曝光台"，将不文明现象的监控截图进行曝光，有效杜绝不文明现象。

第三章　颐乐和睦

——民生普惠式服务

习近平总书记强调，城市的核心是人。全心全意为人民服务，为人民群众提供精细的城市管理服务和良好的公共服务，是城市工作的重头，不能见物不见人。民生是人民幸福之基、社会和谐之本，保障和改善民生是一项长期工作，没有终点站，只有连续不断的新起点[①]。社区服务是人民群众家门口的服务，关系民生、连着民心。近年来，和睦社区统筹推进民生保障，在医疗、养老、托幼等领域持续增进民生福祉，推出了一系列温暖人心的举措。打造15分钟党群服务生活圈、15分钟养老生活圈、15分钟托育生活圈等，满足社区居民基本服务需求；"一老一小"服务更加普惠，助餐、助浴、助洁、助行、助医、助急等服务普及覆盖；社会化服务专业多元，社会组织成熟活跃，群众积极主动参与活动。从多个方面构建高标准服务体系，不断增强人民群众获得感、幸福感、安全感。

---

① 林子文.保障和改善民生没有终点站.中国经济网，2016-10-27.

第一节 老有康养，街区式养老的首创与推广

随着经济发展、医疗条件的改善和人民生活水平的提高，我国人口老龄化程度加剧，党中央、国务院高度重视养老服务。中共中央办公厅、国务院办公厅印发的《关于推进基本养老服务体系建设的意见》指出，要提高基本养老服务供给能力，提升基本养老服务便利化可及化水平，加快建成覆盖全体老年人、权责清晰、保障适度、可持续的基本养老服务体系，不断增强老年人的获得感、幸福感、安全感。

结合社区的“三老”特征，和睦街道立足基层，因地制宜，从实际出发，从老年人的需求出发，以硬件建设为基础，以软件服务为依托，以队伍建设为抓手，加大工作力度和创新水平，确立了街区式养老的理念（图 3–1），着力打造医养护、文教娱、住食行一街式智慧生活圈，全面构筑“居家—社区—机构”为闭环的街区式智慧养老健康服务体系。不同于传统

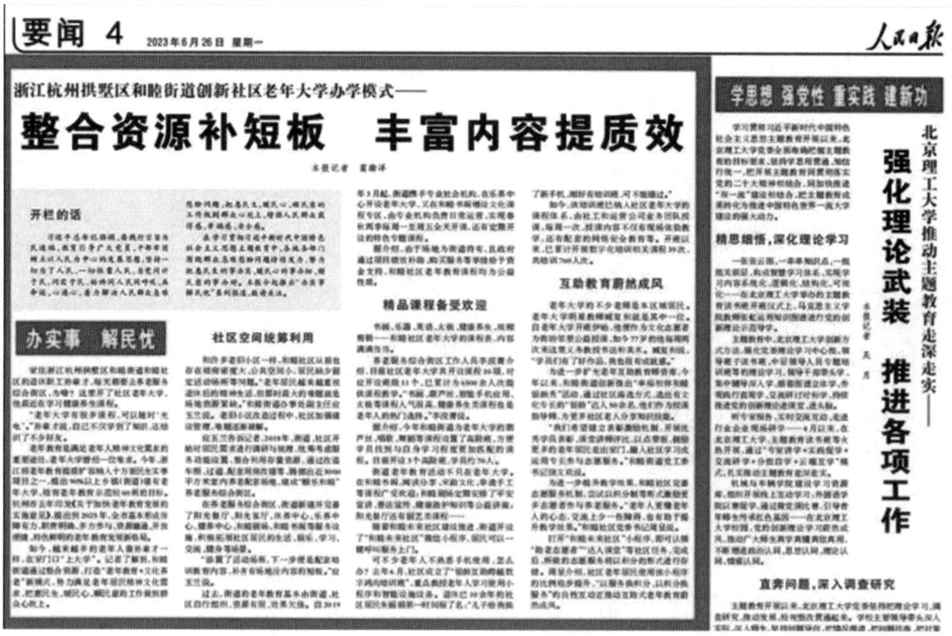
要闻 4 2023年6月26日 星期一 人民日报

浙江杭州拱墅区和睦街道创新社区老年大学办学模式——

整合资源补短板 丰富内容提质效

开栏的话

办实事 解民忧

社区空间统筹利用

精品课程备受欢迎

互助教育蔚然成风

学思想 强党性 重实践 建新功

北京理工大学推动主题教育走深走实——

强化理论武装 推进各项工作

精思细悟，深化理论学习

直奔问题，深入调查研究

◆ 图 3–1 《人民日报》报道

的有围墙的养老院，街区式养老可以看作一个采用居民互助、社会资源整合等方式打造的无围墙养老院。

1. 萌芽期（2005—2013年）

和睦街道健康养老服务起源于2005年，为满足辖区老年人对健康医疗、养老服务方面的迫切需求，和睦街道选择"治未病"试点工作，率先在全国开展"家庭病床"服务，为有需求的老人建档，建立一人一方案的智慧医疗体系。同时，以星光老年之家、社区助老助残服务站为依托，成立居家养老日间照料中心，迈出社区养老服务的第一步。

2. 探索期（2014—2017年）

和睦街道投入150万余元，率先开展医养护一体化智慧养老试点，通过线上线下互动，为辖区老年人提供日托、喘息、康复、娱乐等服务，建成居家养老服务中心，完成医养护体系建设探索。

2016—2017年，和睦社区与第三方组织合作开展社区嵌入式微养老即24小时托养服务。最初的目的是帮助解决社区孤寡老人、独居老人的养老问题而设置嵌入式的小型社区养老院，提供更加贴近居民生活的养老服务。之后依托于养老服务机构，为居家老人提供助餐、助洁、助行、助医、日间照料等细致化服务。同时通过居家养老中心的"健康小屋"，对入驻微机构及其他享受社区居家养老服务的老人发放"健康卡"，老人健康数据及时上传至APP，家属可以通过智能化服务时刻了解老人的健康动态。同时，通过杭州市智慧养老平台，对符合条件的老人发放智慧手机等终端，开启一键呼叫服务模式。

3. 成型期（2018年）

2018年，为了增强养老服务的归属感、提升养老的便利性，和睦社区首创街区式养老，采用居民互助、社会资源整合等方式建成"颐乐和睦"养老服务综合街区，聚焦原居安养，打造没有围墙的养老院，实现"一碗饭距离"的养老格局，完成"15分钟养老服务圈"建设。街区由户外和室内两大部分组成，占地面积达1万平方米。户外每条横向的街道都配有一个户外小公园，室内分为休养中心、康养中心、乐养中心。通过"四街三园三中心"的"适老化改造"，建成一站式服务的养老街区，构建居家养老服务体系，为辖区老年人提供文化、娱乐、就餐、医疗、康复、助浴等"一街式"服务。

此外，和睦社区全面提升打造"阳光老人家"智慧养老服务平台，实现线上结合线下,形成以信息化为基础的专业医护团队和居家服务团队,打造街道智慧健康养老服务体系。"阳光大管家"智慧健康养老平台的应用分为线上和线下两部分,线上以养老设施、志愿者队伍、养老政策、预约服务、交流互动等为框架,为辖区内老人提供远程协助,为政府部门搭建管理平台,为第三方组织提供信息支持;线下则借助智慧化养老街区—养老中心—智慧居家的建设,为辖区老人提供全天候、全方位、一街式、一站式的服务。基于平台统一规范化的管理优势,采用政府购买服务的形式,积极引进专业社会组织参与街道智慧健康养老服务体系建设,现已逐步形成集安全援助、主动关爱、居家服务、医疗健康、便利代购和互助时间银行于一体的智慧健康养老服务体系。

4. 成熟期(2019年至今)

和睦社区建成养老服务综合街区后,继续深入构建为老服务,不断优化可感可及的"家门口幸福养老"模式,为老人管好"一顿饭"、建好"一张床"、办好"一张卡"、守好"一扇门"、用好"一中心",全方位支持社区养老需求。2019年以来,和睦社区积极开展智慧健康养老平台的建设试点,实现医养康护全方位融合。引入浙江慈济医院管理有限公司(简称"浙江慈济医院"),成立全日医康康复中心入驻和睦社区,成为杭州首批街道级康养示范点,为居民提供康复训练指导、中医诊疗等服务。2020年9月,结合居家养老建床政策,进一步丰富家庭康养场景,普及家庭康复养老理念,增加基础医疗服务内容。至此,和睦街道建成集居家、康复、护理、医疗于一体的,全方位、多维度、深领域的全周期健康为老服务体系。

近年来,和睦社区聚焦民生需求,秉承居家即养老的理念,围绕"环境适老、医养康养享老、服务惠老、文化润老、智慧养老",以社区为依托、以数字化赋能,整合社会资源,探索居家照护和社区机构相协调、医养康养相结合的养老服务体系,加快构建独居老人探访、失能老人照护、活力老人乐养的"大社区养老照护"新格局,为全社区老人提供方便可及、价格可负担、质量有保障的养老服务。

一、环境适老:建设适老型颐养家园

随着时代的发展,社区居民年龄结构的日益老化、人们对居住环境舒适度要求的提高和对美好生活的向往，都对无障碍工作提出了更高的要求，适老化设施需求日益强烈。和睦社区作为老旧小区，存在着基础差、公共设施配套不齐全、可供开发资源少等问题，无法满足老年人的日常需求，亟须进行适老化改造和无障碍设施规划建设。

依托老旧小区综合提升改造工程，和睦社区大力推进适老化改造，着力解决配套设施破损老化、环境脏乱差、空间破碎等问题，重点打造开放性服务街区和休闲式口袋公园，规划养老室内活动场地全部为一层建筑。为满足老年人对无障碍硬件设施的需求，以入户走访、现场勘察等方式，征求居民对设施的需求和意见，模拟老人日常生活场景，在出行、休闲、居家三个点位上科学设计优化方案。开展适老化与无障碍创建以来，社区共建成永久性无障碍坡道6处，简易型坡道8处，主干道人行道上均增设盲道与无障碍坡道；每个单元楼三楼转角处均设挂壁折叠椅；公共厕所、助浴室增设L形扶手7个、门把拉手2个、呼叫铃4个（图3-2），增宽厕位门宽度；乐养中心服务前台、社区便民服务大厅、康养中心、社区阳光餐厅设置低位无障碍服务台、低位无障碍就餐位4个；口袋公园增设轮椅停放位6个；累计为5户老人家庭安装安全扶手、防滑垫等，极大地方便了老年人的日常生活。

◆ 图3-2　公共卫生间适老化扶手

当前，居家养老仍是我国主流养老方式，和睦社区结合无障碍社区的创建，围绕居家养老"健康、安全、便利、快乐"四维价值目标，积极推进居家养老适老化改造，营造"老有所养，老有所依，老有所学，老有所为，老有所乐，老有所安"的浓厚氛围。政府负责供给的居家适老化改造的对象为年满70周岁以上特困老年人、收入型最低生活保障老年人以及低保边缘老年人。自愿提升改造居家适老化的居民，如一般的居民家庭，适老化改造按照市场运行规则自行承担相关费用，改造内容包括助行、助浴、助洁、康复辅助等。和睦社区在为辖区低保户进行居家适老化改造的同时，定制个性化的适老化改造服务，与绿城集团合作，推出"幸福和睦家"样板间，为社区更多的居民提供适老化改造服务。"幸福和睦家"样板间适老化改造设备包括安全扶手、感应起夜灯、适老椅、防滑助浴椅、防滑垫、多功能拐杖、助浴设备、护理床、充气床垫、坐便椅，打造浙江省首个以"家"为载体的适老化沉浸式体验空间，推进适老化改造空间由公共场所向家内环境的延伸。截至目前，和睦街道4个社区即全域都已经改造成为浙江省无障碍示范社区。

二、医养康养享老：构建触手可及专业型康养体系

近年来，和睦社区结合现有服务资源，拓展新领域，推动养老服务从面向特殊困难老年人的补缺型服务转变为面向所有老年人的基本养老服务，从政府举办为主向社会力量多元参与转变的新格局。

综合养老服务街区的休养中心是杭州市首家微型养老院，也是浙江省首批五星级居家养老服务照料中心。中心由社会组织负责运营，为老年人提供24小时喘息、日托、临时性托管等服务。就近优质的服务深受老年人欢迎，有的老人将自家房子出租，入住养老院，把养老院视为"家门口的另一个家"，15张床位供不应求。

医养康养相结合是社区养老服务短板，为解决失能老人的刚性需求，2019年和睦街道先行先试，腾挪和睦社区配套用房900平方米，投入600万元，引入社会力量，打造浙江省首家街道级康复中心。并且进一步贴合老人需求，将康复中心提升改造为护理中心，进一步将医疗康复与社区养老结合（图3-3）。改建升级后的护理中心可以看作是小微版病房区，满足医院的基础功能需求，

◆ 图 3-3 护理中心内部

有专业的医疗团队和充实的后勤保障,形成"医养护康四位一体"专业化、个性化、多元化的康复服务体系,极大地方便了老年人的康复医疗需求。当遇到紧急状况时,护理中心可以启动与医院的连通机制,打通急救绿色通道,实现医疗服务闭环,让辖区老年人在家门口就能享受集预防、保健、医疗、康复、健康教育于一体的医疗服务,真正实现了"小病进社区,大病进医院,康复回社区"。

三、服务惠老:着力提升老年群体幸福指数

在做好家门口机构养老服务的同时,和睦社区将眼光聚焦到更多的居家养老服务群体。扶持和签约养老服务专业领域的社会组织,为老人提供 12 类居家养老健康服务,每月定时上门提供助餐、助浴、洗涤、家政、陪诊等服务。针对辖区高龄、独居、失能或半失能的洗浴困难的老人,提供个性化"助浴"

服务，在建成助浴服务站点的基础上，2020年底引入浙江省首辆定制版"流动助浴车"，让行动不便的老人在家门口享受洗澡、疗养等服务。

同时，和睦街道通过收回全部沿街店铺，腾挪出空间提供养老服务。在社区便民服务一条街，有公益轮值空间、便民缝补店、爱心理发店、老人洗浴间、旧手机维修店等生活服务场所，几乎涵盖老年人居家养老所需的所有日常服务项目，成为"没有围墙的养老院"。养老服务重心下移、资源下沉，人民群众的获得感、幸福感不断提升。

四、文化润老：推进老年精神生活多元化

除了身体养老之外，精神养老同样是养老服务的重心，直接关系到老年人的生活质量和幸福指数。2017年国务院发布的《"十三五"国家老龄事业发展和养老体系建设规划》，把健全中国养老体系提上日程，并将"丰富老年人精神文化生活"单独立章，体现了国家对老年人精神养老问题的重视。

和睦社区积极建设"老有所乐"新阵地，为活力老人提供乐养中心，打造5分钟品质文化生活圈。在"阳光客厅"设棋友桌、阅读角、"阳光小伢儿"驿站、多媒体教室等，常年开设以兴趣为导向的老年课程，内容丰富多样，颇受社区老年人的欢迎，吸引了许多老年人前来活动休闲，满足了老年人琴棋书画、诗词歌赋、吹拉弹唱、舞美健身等多元化的兴趣爱好，实实在在地为社区老年人服务。2020年底社区打造能容纳120余人的和睦剧场（图3-4）与"新潮时尚"的和睦书阁，2023年社区提升改造综合型多功能的党群服务中心，成了社区文化新地标，成为老年人文娱休闲的打卡之地。和睦社区还成立了和乐达人社、和声艺术团、非遗文化传播团等文化队伍12支，参加各类比赛与外出活动达上千场。

此外，和睦街道现代社区党群服务生活圈新增了百姓健身房、瑜伽室、乒乓球室等健身空间约730平方米，书画室、民乐室、非遗创作区域等综合文化活动空间约110平方米，辐射居民约万人。建立了书画社、民乐社、舞蹈社等社团18个。通过提供全龄段、多类型的共享空间，最大限度发挥生活圈服务倍增效应。

◆ 图 3-4　和睦剧场

五、智慧养老：科技惠老贴近老年日常生活

2022 年 2 月，《"十四五"健康老龄化规划》提出发展健康管理与服务、健康检测与监测等智慧健康养老服务，应加快推进互联网、大数据、人工智能、第五代移动通信等信息技术和智能硬件在老年用品领域的深度应用，以智慧养老系统和养老智能设备开展家庭、社区、机构等多场景的试点试用，是"十四五"期间老年用品科技化的重中之重。随着我国逐渐步入老龄化社会，养老工作成为社区建设的重要部分。面对老年人口高比例带来的养老难题，和睦社区在杭州市"智慧养老"的思想指导下，利用现代科技，探索养老智慧新形态。通过智慧化养老"改"掉传统养老中存在的"旧"弊端，为当前人口形势下的养老困局解决提供新的可能性。

和睦社区大力开展数字化社区建设，加强智慧化养老服务体系建设，关注老年人数字文化生活，着重帮助辖区老年人跨越数字鸿沟。通过邀请专业团队开展日常课程培训，为老年人进行数字化培训，根据老年人智能设备使用能力差异，分别提供标准化小程序、适老化小程序、一键呼叫按钮三类差异化服务，为老年人融入数字化的未来社区打好基础。同时打造"阳光和睦"小程序，为老年人提供大图标、功能直观、操作便捷、教学清晰的指导界面，提供活动报名、咨询预约、报修缴费、智慧停车等服务。在"阳光和睦"小程序平台组织召开"银龄互助培训班"，通过邻里相帮、互教互学的方式提高老人融入智慧社区的积极性，帮助老人融入智慧社会。

围绕智慧养老主题，和睦社区为辖区特定的人群安装智慧化产品。智能居家监护产品包括智能门禁、智能门磁、烟感、燃气传感器、智能床垫、智能水表、智能电表等。室外预防意外的智能产品包括无线呼叫器、智能手环、AI防止摔倒算法等。根据年龄、病史等情况，街道为60周岁以上老人免费安装"一键呼叫"按钮、门磁、烟感等智能设备，实现养老服务响应时效提高68%，既保障了居家养老老年人的安全和健康，又为老年人的生活提供了便利，更加保障了老年人精神愉悦，享受现代数字文明带来的幸福。

经典案例6：颐乐和睦养老街区诞生记

和睦社区的养老设施建设不是一蹴而就的，而是一个不断完善、不断迭代升级的过程。早在2013年，各地还在做"星光老年之家"的时候，和睦社区已开始做居家养老日间照料中心，中心里有床位，有图书阅览室，有老年食堂，有休闲小院子，中心也被评为全省十六家之一的五星级居家养老日间照料中心，这是当时的最高荣誉。

2017年底，区领导来和睦社区视察，发现和睦社区还有些车棚改建的商铺，询问我们能否腾退收回，改造成养老设施，形成养老服务综合街区。

社区回复说这里的商铺每年的租金约30万元，用于弥补社区经费的不足。区领导当即表态，只要能腾空，区里可以将30万元补给社区。于是，社区制定了方案，对原承租户进行了分流安置，想尽各种办法收回了十来间门面房。

和睦社区与北赵伍村之间有一条狭长而两头堵塞的河道——李家桥河，由于已经失去了原有河道的功能，街道规划予以填埋。趁改造的空当时期，街道与城中村指挥部协商，借用填埋的河道建造一个临时车棚，可以同时停放300辆电动自行车。

临时停车棚建成后，街道将和睦社区6幢北的停车棚内所有的电动自行车都挪到新车棚，老车棚连同腾空的十余间商铺一并拆除翻建。

拆除后，现场一片空地，群众没有意见，而当开始翻建新房时，群众的意见就来了。

一天，街道党工委书记值夜班，三名居民代表找上门来，要求反映情况。街道党工委书记在办公室里给他们倒好茶，耐心听他们倾诉。

问：6幢北这块地，现在建造房子，派什么用途？

答：养老设施。用于公益事业，服务和睦的居民群众。

问：用于公益事业，建设养老设施没错，我们不反对，但是不能损害我们的利益。

答：损害什么利益？请具体谈谈看。

其一说：对安全有影响。

其二说：对采光有影响，对通风，尤其是空调热风吹到我们的阳台，有影响。

其三说：噪声，施工期间的粉尘都有影响。

答：①关于安全问题。原来是电动车停车棚，夜间充电极易引发火灾，原来老车棚搁在你们的阳台围墙边，危险更大。现在改为养老用房，夜间没有火险隐患。新建房屋空出了两米宽的通道，自然形成了隔离，安全环境不是恶化了，而是明显优化了。

②关于采光问题。国家规范规定日照最短日（冬至日）保持两小时日照即可，现经过分析，无论哪个角落都可保持六小时以上，完全符合并超过了规范要求。

③关于空调风问题。可以调整空调室外机的位置和朝向，避免正对你们阳台。

④关于施工噪声问题。施工期间确实有点噪声，但是你们也是公益事业的受益者，请大家暂时克服一下。

⑤关于施工扬尘问题。施工期间确实也有扬尘产生，可以通过喷水

等措施，尽量降低对相邻住户的影响，请耐心克服一下。

三人听了以后无话可说，但提出要看审批程序。

答：经过相关部门联合审查，程序到位。

三人仍不同意继续施工。

书记耐心跟他们解释居家养老设施建设对大家都有好处，要放眼长远，积极支持，并表态：第一，今后，你们退休了，可以来社区发挥余热，为大家献爱心，社区提供机会。第二，社区的养老设施今后一旦供不应求，你们三位优先使用，因为你们克服了眼前的困难积极支持公益事业，优先照顾是应该的。

三位满意而归，并表示积极支持。乐养中心就这样建起来了，引进了公益组织"公羊会"参与日常服务运营。

和睦社区7幢北的车棚原来是对外出租的，为了养老设施配套需要，社区也设法予以收回，开设了中药足浴间、老人助浴间、中医门诊等服务设施，建成了健养中心。

与此同时，社区将老年食堂扩大，开设一个以工业风格为主要内容的老年怀旧主题餐厅，将老年人家中具有时代记忆特征的老物件、老照片、老证件予以展示，引进第三方运营机构运营，提供日常餐饮服务。引进江南康复医院（全日医康），开设一家医疗、养老、康复、护理等多种功能融为一体的护理中心。

这样，一个综合性、多功能、全方位的养老服务综合街区就成型了，满足医养护、吃住行、文教娱九方面的需求，首创了街区式养老、没有围墙的养老院、15分钟养老生活圈。

第二节 幼有善育，普惠式托育的首创与推广

随着经济发展、二孩政策实施及人口形势变化，托幼供需矛盾逐步凸显，双职工家庭对于低龄孩子的看护需求增加，育儿嫂难找、幼儿园没到接收年龄、托育机构收费高昂等难题困扰着不少二孩家庭。2019年5月，发布了《国务院办公厅关于促进3岁以下婴幼儿照护服务发展的指导意见》，各地陆续跟进相关新政策，开始探索实践。国家"十四五"规划纲要提出要发展普惠托育服务体系，健全支持婴幼儿照护服务和早期发展的政策体系，因此扩大普惠性学前教育资源供给的呼声日益高涨。

2019年，时任国务院总理李克强来到和睦社区视察时，对托幼等工作提出了要求和希望。在此之后，和睦社区以降低生育养育托育成本、激发婴幼儿发展潜能、促进人口高质量发展为宗旨，积极探索0~3岁婴幼儿照护模式，形成"阳光小伢儿"驿站、"阳光小伢儿"和睦托育中心、和睦幼儿园托班三种托育形态（图3-5）。截至目前，和睦社区托育中心托位使用率达80%，街道3岁以下婴幼儿入托率达25%，"阳光小伢儿"驿站全年免费开放，受到辖区居民特别是双职工家庭的一致好评，极大地减轻了家庭养育负担。

一、挖掘资源，健全普惠托育服务体系

和睦社区积极腾挪辖区资源打造托育中心，保障托幼空间最优化，着力构建5分钟托育圈。通过整合辖区内有限资源，与党建共建单位区住房和城乡建设局协商合作，将和睦公园内1处配套用房提升改造为"阳光小伢儿"和睦托育中心一期（图3-6），面积共216平方米，地理环境、通风、采光条件较好，室外

◆ 图 3-5 《人民日报》报道

◆ 图 3-6 "阳光小伢儿"托育中心一期

活动及绿化面积充足,能够保障婴幼儿身心健康,为辖区婴幼儿提供静谧、舒适的环境。托育中心二期结合和睦街道老旧小区改造工程,收回街道配套用房,清退15家商铺,建成面积达750平方米的综合性服务场馆,包括3个班额的托幼所、培训课堂、亲子空间、小剧场、阳光屋顶花园等,能较好地开展托幼服务、亲子服务,将普惠托育服务辐射到辖区内所有婴幼儿。同时和睦托育中心收费标准低于市场价,且师资队伍均有保育资格、安全保障资质证书,解决了家长不放心托、托不起的困扰。目前,辖区托育中心托位数共80个,100%覆盖全街道4个社区。

此外,和睦社区结合实际,在充分调研的基础上,拓展多渠道资源,满足居民多元化需求,推出拱墅区首家社区嵌入型的普惠型托育机构,引入社会知名教育机构杭州华媒一米国托育有限公司,以公建民营模式开展普惠托育。通过"普惠+市场"的运营模式,可以将高端运营理念与社区普惠项目结合,让每个孩子都能享受到高质量的托育服务,全力打造"家门口的好托幼",点亮"杭州美好幼教版图"。同时,鼓励社区公办幼儿园开设托育班,推动"托幼一体化"的公共服务体系建设,最大程度满足家长对普惠优质托育照护服务的多元需求。

二、科学养育,助力打造"幼有善育"金名片

和睦社区引入优质机构,开展高质量的普惠托育服务。和睦托育中心一期和二期的运营机构是杭州日报报业集团旗下的杭州华媒一米国托育有限公司,公建国营性质,不仅有效吸引优秀师资,而且管理有章法,优育理念有体系,即:提倡生命、生长、生活"三生"融合,健康、营养、安全、回应性照护、早教"五维"并进,让每个孩子都能享受到高质量的托育服务(图3-7)。

同时,和睦社区推进"医育结合"的模式,提升婴幼儿健康水平。依托于辖区社区卫生服务中心、站点,打造婴幼儿保健与托育服务之间的互通渠道,提供辖区婴幼儿生长发育情况评估等服务,指导、帮助家长掌握婴幼儿保育支持的"枢纽"。目前,0~3岁婴幼儿发育监测筛查率达86%。卫生服务中心儿保医生与托育中心、婴幼儿成长驿站保持紧密联系,针对家长在育儿过程中遇到的痛点、难点问题,及时提供专业技术指导,做好婴幼儿发展评估,不定期

◆ 图 3-7　华媒—米国托育中心

联合托育中心、驿站开展育儿咨询、儿童心理辅导、沙盘游戏等，为辖区婴幼儿提供优生优育指导服务。目前共开展"医育结合"活动 50 余场，服务 1500 余人次。

三、家园共育，营造生育友好社会环境

依托婴幼儿成长驿站提供"家门口的守护"。和睦社区在家门口开设一站式照护驿站，实现"阳光小伢儿"驿站的全域覆盖。"阳光小伢儿"驿站（图 3-8）是和睦托育中心全日托之外的空间延展，对辖区家庭免费开放，提供由家长陪同参与，由专、兼职人员主管的短时托育服务。每月开展自助式亲子活动和公益养育指导课堂，实现养育服务"进家庭"，为家长提供家庭养育

◆ 图 3-8　"阳光小伢儿"驿站

技能实操指导课堂，包含家长讲座、父母沙龙、亲子活动、网络课堂、个性答疑等养育服务，帮助和引导家长树立正确的家庭教育观念。

同时，驿站具备互助式家庭微托育功能，以邻里互帮互助的形式，向家庭提供免费的、自助式、互助式亲子互动空间。截至目前，驿站已实现全域覆盖，各驿站全年共举办养育课堂25场，服务1200余人次，深受辖区群众欢迎。其中李家桥社区"阳光小伢儿"驿站被评为杭州市示范型驿站，每月联合华媒维翰、和睦医院，开展公益科普育儿活动。其他三个社区的"阳光小伢儿"驿站每2个月开展一次公益科普育儿活动，实现辖区内"生育养育教育"三育一体。

和睦普惠式托育依托于社区自身资源，联合社会力量，健全以普惠为主导的托育服务体系，打造"浙有善育"金名片，健全积极建设发展社区普惠托育点、婴幼儿成长驿站，高质量推进普惠托育服务体系建设，最大程度满足家长对普惠优质托育照护服务的多元需求，缓解当代年轻人恐生恐育的问题，营造出浓厚的生育友好社会氛围。

第三节 劳有所得，实现小区居民充分就业

就业是最大的民生工程、民心工程、根基工程，是社会稳定的重要保障。自 2019 年开始，和睦社区重点关注社区居民就业问题，通过定期开展社区人力走访调查，扎实掌握社区劳动力基本信息，开展精准就业服务，进一步推动就业政策落地，做实社区群众"家门口"的就业服务，带动引领社区居民实现更高质量和更充分就业。目前，和睦社区就业服务已实现全域覆盖，截至 2023 年 11 月底，和睦街道辖区 4 个社区均获评杭州市高质量就业社区，就业服务成效显著，有劳动能力和就业愿望的适龄人员就业率达到 95% 以上，就业困难人员再就业率达到 100%。仅 2023 年，和睦社区已有 81 人报名并完成职业技能培训，完成率达 101%。上半年新增就业人数 327 人，就业率达到 96.2%。《开设助残"直通车"畅通就业幸福路》等多篇文章被杭州就业官网、拱墅人社网采用，街道已先后完成了华丰、李家桥、和睦 3 个浙江省、杭州市高质量就业社区的创建。2023 年，推荐化纤社区成功创建市级高质量就业社区，已全面完成创建市级高质量就业社区首个街道全覆盖。

一、聚焦全职妈妈，建立妇女就业创业帮扶机制

2019 开始，和睦街道结合实际，全力打造全职妈妈俱乐部，举办全职妈妈专场主题系列活动，旨在多元赋能全职妈妈这一群体，助力全职妈妈绽放新时代女性的专业、坚韧与柔情，成就共同富裕路上的"她精彩"。

全职妈妈俱乐部于 2019 年 10 月成立，目前已有 100 余位全职妈妈，建立了潮妈商场、潮妈公益、潮

妈课堂多个服务平台，充实了全职妈妈的精神生活，避免全职妈妈与社会脱节，与残联联合开展公益互动活动，给全职妈妈展现才能的机会和平台。同时俱乐部瞄定社会趋势，利用潮妈商场，引入互联网直播培训课，在全职妈妈中开展直播技能培训，让更多的全职妈妈深入时代潮流，接收新兴行业带来的红利，拥有更多的就业机会。在社区联合企业开展招聘会时设立全职妈妈专场，根据全职妈妈的实际情况，优先、精准地为全职妈妈推送匹配的岗位（图3-9）。总之，俱乐部不仅为全职妈妈提供心理辅导、关系支持、链接就业资源，还成功助力妈妈就业、创业。

◆ 图 3-9 全职妈妈专场主题活动

和睦社区一直坚持需求导向，为全职妈妈提供定制服务，一期一主题，一期一形式，目前已开办全职妈妈主题沙龙活动40余场，服务全职妈妈600余人次，帮助3名全职妈妈成功实现创业，10余名全职妈妈成功走上就业岗位。作为拱墅区"心花绽放"全职妈妈就业援助项目的"孵化地"，和睦社区全职妈妈俱乐部将继续长期开展符合全职妈妈需求的主题沙龙活动，帮助全职妈妈走向社会，成功就业创业，做全职妈妈不打烊的"加油站"。

二、建立"和职家"服务平台,提供"家门口"就业服务

和睦街道在社工站建立"和职家"职业指导站,开展常态化的就业规划指导(图3-10)。职业指导站公益聘请职业指导师开展对辖区失业人员"一对一"及小班化职业规划和职业指导,对求职待业人员进行赋能式就业指导,为求职待业人员提供专业的职业规划指导、传授面试技巧等帮助,帮助社区居民在就业道路上少走弯路,让社区群众切实感受到社区就业服务充满温度、触手可及。

◆ 图 3-10 职业指导站

职业指导站的开设受到市就业中心支持,特安排在和睦社区开设首场线上导师小班课《"启杭"助力:和睦街道开启全职妈妈专场职业指导课》;落实就创惠企政策,配合区开展就业援助月等专项活动,加大高校毕业生、大龄失业、残疾人等群体帮扶力度,实行就业困难人员动态清零。

三、开展职业培训，提升个人专业技能

为提高社区居民的就业技能，拓宽居民就业渠道，为居民创业、就业助力赋能，和睦社区积极组织社区内的就业困难人员、失业人员开展技能培训，实现技能培训进社区，让居民群众在家门口就能接受便捷的就业培训服务。为提高社区群众参加技能培训的积极性，和睦街道持续深入社区开展职业技能培训宣传活动，利用培训通过后给予培训人员发放补贴的形式，激励社区居民参与到专业培训的课程中。

开办培训课以来，和睦社区严格按照报名要求和培训课时保质保量完成技能培训，每年度培训人数以 80 人为基数，开办护理、西点、餐饮等专业类技能培训，采用理论讲解和实践操作相结合的形式进行，由专业老师授课，现场手把手示范教学，让学员熟练掌握各项技能。

在培训课程结束后，统一组织培训人员考级，保证资格通过率为 100%，切实提升社区居民个人的能力水平，让居民就业有路、创业有方，实现"指导—赋能—就业"一体化服务，提高社区居民的幸福指数。

四、鼓励居民创业，实现自主扩岗

在"大众创业、万众创新"的时代背景下，社区创业蕴藏着巨大的潜力和机遇，是解决社区就业问题的重要途径。为进一步推进社区居民自主就业，加大就业创业政策宣传力度，保证创业困难人员帮扶工作顺利进行，营造关心支持创业的良好氛围，和睦社区大力鼓励全职妈妈、下岗失业人员等自谋职业、自主创业，以此带动更多的人就业。

结合街道创建"和职家"职业指导站引入指导师资源，精准提升就业创业，实施就创陪跑行动，建立涵盖职业规划、岗位推荐、创业培训、技能提升、政策扶持、贷款助力等全流程服务模式，帮助社区居民实现"零基础"创业。和睦社区不仅给予创业人员资源、政策的倾斜，还积极为下岗失业人员自主创业寻找项目，引导社区创业朝着多元化、特色化、专业化方向发展。同时定期了解社区居民在创业过程中遇到的困难和问题，有针对性地给予指导和帮助，以最大的力度支持居民创业。

五、完善社区嵌入式服务设施，增加就业岗位

依托于社区嵌入式服务设施，对于促进社区就业具有重要意义。和睦社区紧盯"一老一小"，打造出了养老托育的特色名片，由社区联合社会组织成立的护理中心、托育中心、社区长者食堂等不仅满足了社区老年人、有孩家庭的具体需求，为他们提供基础服务，同时也带动了社区居民的家门口就业。

在和睦社区，引导养老托育、家政便民等各类生活服务进社区，提供了更多的就业岗位，如护理中心、托育中心、社区长者食堂等服务设施在安排员工时均会优先选用本社区居民，实现"惠民生、促就业"一举两得。

六、推广"线上+线下"就业服务模式

结合区数字就业驾驶舱和2.0应用平台，和睦社区推进"墅智就业"建设，及时审核各类就业补贴，做好线上就业服务工作。2023年上半年共审核发放线上线下各类就业补贴1144578.88元，惠及人群263人。同时依托于数字驾驶舱，加强对社区就业精准帮扶，针对就业困难人员和驾驶舱推送帮扶对象坚持及时帮扶、多元帮扶、动态清零，全年各社区共给予就业帮扶339人次。

同时为推进社区居民更充分更高质量就业，搭建好企业和求职者交流服务平台，和睦街道联合多家企业举办"线上+线下"招聘活动，力求线上线下人岗匹配，打通求职者与企业之间的障碍。开展精细化就业服务，有针对性地解决社区失业人员的实际困难。通过岗位推送、创业激励等办法进一步促进社区就业服务。2023年春节过后，和睦社区在西塘河广场等举办了春季招聘会，有效满足了求职者就业需求和企业用工需求，助力企业开门红。另外，2023年和睦社区组织高校毕业生等专场招聘会4场，共86家企业参加，531人次投递简历。同时不断开发就业岗位，助推残疾人等困难人群就业。

第四节 病有良医，普惠式市场化医疗的有益尝试

和睦街道秉持颐乐和睦建设理念，把健康贯穿始终，打造环境美、身心好、就医便的宜居家园，实现全民健康美好愿景。不断探索符合新时代需求的康养模式，致力于打造更加人性化、个性化、智慧化的和睦康养样板。

一、探索社区医疗新模式

和睦街道老年人口较多，对医疗的需求较其他社区更为迫切。为满足居民的期盼，和睦探索和创新社区医疗新模式，为群众提供更为优质的医疗服务。

1. 体医融合夯实健康基础

针对不同人群、不同环境、不同身体状况的运动，推动形成体医融合的疾病管理与健康服务模式，发挥全民科学健身在健康促进、慢性病预防和康复等方面的积极作用。引入全民健身科技创新平台，推进嵌入式体育场地建设，利用社区口袋公园、和睦公园内配置的 AI 太极互动教学（图 3-11）、智慧健康步

◆ 图 3-11　AI 太极互动教学

道感应等智能设备,鼓励倡导全民健身运动,让居民享受运动的乐趣,吸引更多居民积极投入健身队伍中,充分调动居民健身的积极性,不断增强居民的身体素质。

2. 创新医疗卫生服务供给

社区尝试打造"治疗—康复—长期护理"服务链,利用周边配备社区医院的地理优势,延长分级诊疗服务半径,在家庭医生签约服务率达到 90% 的基础上,建立上级定点医疗机构绿色通道服务机制,做好基层首诊、双向转诊、急慢分治工作。社区建设健康小屋,内置互联网远程问诊设备、慢性病长期用药取药机,基于微医企业平台,让居民不出小区即可享受名医问诊、就地取药的便捷服务;针对长期照护用药人群,引进浙江慈济医院,建立月伴湾护理中心,融合社区及居家延续性护理,实现护工共用,并且医保接入,降低用药养护费用,为居民带来切实实惠。

3. 打造智慧医疗服务闭环

结合打造未来社区的契机,打造全生命健康周期服务。一是健康档案分级管理。依托辖区卫生服务中心,建立居民健康档案,并实行分层管理,针对辖区老年人的健康状况,建立红黄绿三个类别的健康档案。对辖区失能、半失能等健康风险较高的老年人实行专案管理,对慢性病老人实行上门随访,实时指导健康监测、合理用药。二是"云诊间"实现家门口优质医疗。社区设有健康小屋,内置互联网远程问诊设备、慢性病长期用药取药机,基于微医企业平台,让居民不出小区即可享受名医问诊、就地取药的便捷服务,不出小区也能获得优质医疗咨询的远程问诊。三是居家智能守护健康。开展数字赋能"安居守护"行动,为辖区高龄独居等特殊老年群体安装 SOS 紧急呼救器、烟感、门禁等智能设备,实现 24 小时在线探视;安装智能水表,守护老人安全。针对老人每天的用水时间、用水量进行动态观察、分析,在线保护"老人健康安全"。为失能、半失能老年人家庭安装家庭养老床位,由服务机构实行每天 24 小时动态管理和远程监护。

二、建设康医养护一体化新路径

和睦街道为更好地服务老年群体,于 2018 年引入浙江慈济医院,成立全日医康康复中心入驻和睦社区，成为杭州首批街道级康养示范点，为居民提供康复训练指导、中医诊疗等服务，让康医养护一体化成为共同富裕中一抹动人色彩（图3-12）。

◆ 图3-12　康复医疗中心

1. 康养+加床为先，推动康养理念入户

以推动建立居家养老床位服务为抓手，和睦街道联合全日医康设计符合辖区居民的运营管理、生活照护、安居保障、精神慰藉、医疗康复五大服务板块，内含12个子项目。针对孤寡、失能等特殊群体老人，区分ABC三类家庭床位套餐，提供助医代药、陪聊读报、家政清洁等人性化服务，安装无感床带、门感、烟感、一键呼叫硬件守护设备，注重建立家床老人的动态管理，实行一人一册，对服务过程全记录，发挥医疗诊断优势，预判老人健康状况。

2. 康养+护理为主，放大专业照护作用

和睦街道将掌握的出入院老人情况主动对接康复中心、护理中心，让需要继续照护的老人能够得到更专业的指导和陪伴。对于需要长期照护的老人，家门口的护理中心大大解放了家人轮流值守的压力，又能提供方便探视，保留老人熟悉的生活环境，目前化纤月伴湾护理中心入住率保持在75%左右，护理中心按照每2个老人配备1名护工，一楼层配备3名护士，全院配备3名执业医师的原则，开展常态化健康教育与义诊咨询，定期为护理员和家属提供护理培训、急救培训。结合化纤月伴湾护理中心的经验做法和居民实际需求，和睦街道整合资源，将原先的和睦康复中心提升改造为护理中心，进一步完善康养体系。和睦社区护理中心自2022年底开放运营以来，满足了辖区居民的需求，22张床位基本满床。

3. 康养+物联为重，提升智慧管理能效

在数字化改革浪潮下，如何让康养搭上智慧快车，和睦街道认真调研，反复推敲，决定以物联为重要切入点，为银龄老人跨越数字鸿沟做好减法，2021年在全市率先为全域老人安装智能水表，截至2023年底，为孤寡独居老人安装65套住户门磁感应装置，丰富一键呼叫功能，除红色紧急呼叫外，考虑增加绿键，提供打车、送餐、代办等日常服务，让老人切实享受信息化便捷福利；在后台管理上做好加法，完善老人基础信息，将现行系统数据进行整合，特别是归集就医相关个性化数据，增加数字驾驶舱展示面板，让辖区老年人的健康情况形成动态模型，为精准服务提供技术支持。

三、提供和睦医疗新服务

经过多年探索，和睦街道初步建成居家、康复、护理、医疗全方位、多维度、深领域的全周期健康为老服务体系。2020年和睦街道荣获"全国智慧健康养老示范街道"，2021年和睦社区荣获"全国示范性老年友好型社区"。

1. 康复中心，一体化服务

医疗健康是老年人的刚性需求，2019年和睦腾挪街道配套用房900平方米，打造浙江省内首家街道级康复中心，极大满足了老年人的康复医疗需求。随着实践发展，将康复中心提升改造为护理中心，分为现代康复、传统康复、日间照料三大功能区块，内设床位22张，为辖区失能老人提供24小时护理服务。入驻包括2名康复医师、3名康复治疗师以及若干护工组成的高质量医疗团队，提供与社区卫生服务中心差异化的服务内容。

2. 护理中心，家门口养老

为解老人医养之忧，和睦社区以"社区嵌入式"养老床位为支撑，升级建成第一家和睦社区护理中心，以数字化赋能医康养深度融合，家庭、社区、机构三方共建，有效满足老年人个性化、多元化需求。护理中心是一家医养结合+智慧养老一体化服务的综合性康养护理中心，属于杭州丹青江南康复医院的医共体单位。护理中心以"打造家门口的康养护理中心"为服务宗旨，以辖区内失能、空巢、孤寡、特困等老人为重点服务对象，增加基础医疗服务内容，成为和睦街道和睦社区阳光老人家的有机组成部分。目前和睦社区护理中心面积约867平方米，设有21张康复护理床位。设有内科、中医科、药剂科、医学检验科等主要科室，常年配备1名中医师、1名中西医结合医师、2名康复治疗师、4名责任护士，每个房间均配备专业护工1名。重点解决中西医结合老年病防治、护理及康复服务，深度聚焦医养护三位一体全流程服务，致力于打造服务示范型的护理中心"金名片"。截至2021年底，和睦街道化纤社区辖区内开设月伴湾护理中心，将和睦社区的医疗养老模式运用至其他社区中，带动社区医疗由点至面的发展。

3. 智慧医疗，数字化升级

和睦社区通过引进数字化医疗技术、适老化智能终端应用等，与已有的养老服务综合街区结合，实现智慧养老、智能生活新模式。建立健全老年人电子健康档案，通过健康档案对老年人实现分层管理和服务。通过数字化手段，实现"云诊间"和构建居家智能设备线上线下智慧医疗闭环服务，补充相应医疗资源和技术，实现足不出户达到远程诊疗的目的；建设智能化健康小屋，实现了"小体检不出社区"的目标，达到防未病、治小病、管慢病的目的。此外，通过"安居守护+物联网智能+养老床位"的双24小时保障，为老年人构建了全方位的健康守护。

第五节 弱有众扶，筑牢特殊群体民生保障底线

"弱有众扶"优享工程是浙江省委、省政府深入贯彻落实党的二十大精神、积极实施应对人口老龄化战略、健全分层分类社会救助体系的重要举措，全力实施"弱有众扶"优享工程，能让弱势群体的生活更有品质，让民生保障更有温度。和睦社区在保障特殊群体方面坚持尽力而为、量力而行，针对需求不同的困难居民层层细分、精准施策，积极联动社会力量参与"弱有众扶""困有众帮"，保障退役军人、孤寡独居老人、残障群体等特殊群体权益，用心用情用力，不断织密织牢弱势群体的兜底保障网。

一、专业管理，保障政策落实

根据上级安排，和睦街道退役军人服务从民政板块划分出来，单独成立退役军人服务局，由人武部专门负责管理。社区专门提供场地设立退役军人服务站点，配套提供更细致的服务（图3-13）。和睦街道主要退役军人有300人左右，其中优抚对象32人。根据杭州市发放退役军人优待证政策，发放完成率超过85%。街道服务满意度高，无上访等情况出现。和睦街道对退役军人服务政策执行到位，及时准确为退役军人传递政策信息，保障政策自上而下落实，保障相应补贴准时准确发放。如完成老兵证政策，工作人员为帮助符合条件的退役军人完成老兵证领取，在政策宣传到位的同时，为腿脚不便的退役军人提供上门服务。

◆ 图3-13 退役军人服务站点

二、精准帮扶，保障群体需求

和睦街道做好退役军人日常维护工作，与退役军人保持联系，在点滴中完成日常性与阶段性的退役军人服务。此外，对于外地户籍的退役军人采取因地制宜的措施，给予与本地户口相应的补贴。和睦街道收集整合各社区退役军人资料，及时进行数据统计分析，为各类退役军人的帮扶措施落实提供可靠依据。和睦退役军人主要分为义务退役、伤残退役和退休退役几大类：对于义务退役军人，帮助具备就业条件的人群解决退役就业问题，如提供就业见面会等增加就业机会；对于伤残退役军人，根据伤残等级不同落实对应政策，发放相应补贴，给予生活上的慰问。原有单独的退役军人服务站点仅满足退役军人资料上墙、座谈、接访等基础要求，和睦街道将退役军人服务站点与党群服务中心融合，将其基本的概念涵盖在内，又为退役军人提供书法、舞蹈、健身等丰富的活动与服务项目，打造成一个综合性的站点。

三、长效机制，保障生活到位

和睦社区聚焦孤寡独居老年人安全的痛点，面向独居、空巢、留守、计划生育、特殊家庭等特殊困难老年人开展探访关爱服务，组建助老员队伍，安装智能设备，发动小区党员和志愿者包干联系，形成了"助老员定期探访、设备智慧巡访、志愿者分片走访"长效机制，并根据老年人家庭、年龄、健康等因素，按照每日、每周、每月、每季度、每半年的频次开展"五色探访"服务，了解老年人的身体健康、生活状态、心理需求，给予必要的心理支持和社交互动，把温暖与关爱送到老年人身边，增加老年人的生活满意度和幸福感。

为精准守护孤寡独居老年人安全，和睦社区首先为61名居家养老床位安装一键呼叫、语音对话、床感、血压、心跳、烟感、门感等智能安防设备，后台设置报警红线与装置，一旦数据异常触发报警，工作人员即时入户探访，提高感知和处理突发情况的效率。同时社区还为207户孤寡失独、高龄独居老年人家庭安装物联网智能远传水表，通过在线监测老年人家中的用水情况，辅助监护老年人的身体和生活状况，保证社区工作人员能时时知晓孤寡、独居、高龄老年人的日常生活状况。

第四章　幸福和睦

——社会融合型共治

党的十九大报告提出"打造共建共治共享的社会治理格局",为加强和创新社会治理指明了方向。习近平总书记指出,要完善共建共治共享的社会治理制度,实现政府治理同社会调节、居民自治良性互动,建设人人有责、人人尽责、人人享有的社会治理共同体。和睦社区坚持党建引领基层治理,持续努力为社区居民提供精细化服务。推动社区共治、社团共建、文化共融,让居民时时处处感受到温馨与安逸;社区治理机制健全,群众自治充满活力,治理成效明显;调解能力突出、作用发挥明显,群众信访投诉和矛盾纠纷能够在社区得到化解。统筹高效能治理和高水平安全,打造人人参与、人人尽责、人人共享的基层治理共同体。

第一节 社区共治，众人的事情由众人商量

社区治理是整个社会治理的基础环节，要加强社区治理的体制建设，就要不断强化"由民做主"的思想观念，切实保障居民的知情权、参与权、表达权和监督权，实现社区居民自我教育、自我监督、自我管理，推进社区自治制度化、规范化、程序化。和睦社区不断完善自治制度，明确社区建设要人人尽责、人人共享，要充分发挥广大居民群众的作用。只有激发群众的积极性和主动性，才能让每一个人都成为社区治理的参与者，成为治理成果的享受者。

近年来，和睦社区在深刻学习领会习近平总书记关于基层社会治理的一系列重要论述的基础上，不断推进社区治理体系和治理能力现代化建设，积极探索开放空间的本土化运用，引导居民机制化参与协商议事，有效破解社区治理难题。

一、建立居民自治平台

和睦社区遵循"自己管理自己的事情、大家的事情大家办"的原则，搭建多种形式的居民自治平台，在解决问题的同时，也增强了居民的归属感、认同感、幸福感。

1. 设立居民协商议事平台——"六和议事港"

和睦街道结合实际，因地制宜打造了以"和"为理念的"六和议事港"（图4-1），六和即家庭和顺、邻里和睦、环境和美、民风和善、百姓和合、社会和谐，旨在为居民提供有温度的协商议事平台，促使居民走出小家、融入大家，积极参与家园自治。鼓励居民积极参与旧改和家园建设，增强主人翁意识，推动小区从"靠社区管"向"自治共管"转变。

和睦社区建立起以基层党组织为引领，党员、楼

◆ 图 4-1　六和议事港

道长和居民代表为主导，全体居民为主体，商家、志愿者和社会组织等共同参与的多元协商组织体系。充分发挥党员带头作用，发动450余名党员到社区报到，带头参与协商议事。同时，充分发挥"社区能人"的带动效应，通过发掘具有一定群众基础、热心社区公共事务且具有法律、教育、医疗等专业知识的"能人"，培育成议事骨干，影响和动员更多居民参与议事，将"基层党建＋协商议事"模式打造成为基层治理的重要力量，实现基层党建与社会治理深度融合。

"六和议事港"从解决居民的痛点、难点问题出发，建立"三上三下"机制、监督巡查制度、党务公开制度，形成了"众人的事情由众人商量"的基层协商格局，有效推动社区治理，具体内容包括以下几个方面。

第一，建立"三上三下"机制，实现决策共谋。通过入户走访、问卷调查等方式，广集居民意见"主动问事"，及时了解居民诉求，根据居民提出的意见"主动谋事"，解决居民迫切关心的民生实事；召开居民代表大会，居民讨论表决"主动成事"，为社区治理做出决策。

第二，建立监督巡查制度，实现建设共管。和睦社区建成自管会和监管会组织，组建监督巡查组，对社区治理实施动态监管和跟踪反馈，及时召开协调会，积极沟通协调解决治理过程中出现的问题和难题，共同管理好自己的家园。

第三，建立党务公开制度，实现成果共享。邀请居民代表、党员代表及两代表一委员、相关职能部门等组成评议委员会，通过动态评估、现场评议等方式对社区治理方案和过程进行民主评议，并以会议记录、张贴宣传栏、微信公众号发布、媒体宣传等方式，进行内容和结果公示，让居民共享工作成果。

2. 设立居民工程监管平台——工程督导团

和睦社区老旧小区改造工程涉及违章建筑拆除、雨污分流、房屋外立面改造、路面升级等多个项目。为确保改造改到居民群众心坎里，和睦社区党委依托老旧小区改造工程成立了旧改工程督导团，形成了基层监督的"前哨"，积极参与民生工程监督，切实维护了群众利益。

工程督导团由热心公益事业、熟悉工程管理、具有较强责任心与公信力的老同志自愿报名参加，多数由化纤、华丰等大厂的技术工匠组成，主要负责监督施工单位是否按图施工，是否落实安全施工、文明施工措施，对产品质量进行把关，对工程进度进行督促，有效杜绝了施工单位偷工减料的现象。同时监督监理单位是否充分履行了职责，确保施工安全、质量合格，帮助居民把好关，提前发现并化解居民投诉的问题，督促施工单位立查立改，大大降低了投诉率。在工程督导团的监督下，和睦社区老旧小区改造工程获得越来越多居民的认可，真正做到改造改到居民群众的心坎里。落实问需于民、问计于民、问情于民、问效于民，保障了居民的知情权、参与权、表达权和监督权的有效落地。

3. 设立居民矛盾化解平台——现场投诉办

基层社区是受理和化解群众矛盾和困难最多的地方。依靠群众力量，和睦社区把关注、关心、关怀融入矛盾纠纷化解工作全过程，重点打通群众自治化解矛盾之路。在社区旧改工程中，和睦社区党委专门成立"现场投诉办"（图4-2），将服务力度覆盖延伸到居民群众身边、家门口，促进社区居民矛盾及时化解，筑牢和谐社区的美好图景。

"现场投诉办"由生活在和睦社区40多年的老居民、老书记负责，只要他们一出面、一开口、一协调，矛盾纠纷马上就得到化解。同时，和睦社区公

◆ 图 4-2　现场投诉办

开信访电话和地址,由"现场投诉办"成员负责接待化解,真正做到了问题不上交、矛盾不出社区,在"现场投诉办"内解决各类纠纷,把矛盾化解在基层、化解在萌芽状态。现场投诉办设立的初衷是解决工程施工中的矛盾纠纷,保障问题不过夜、矛盾不上交,后来居民家庭的内部矛盾也来寻求帮助调解,变成了居民百姓的"和事佬""老娘舅",获得社区老百姓的认可,保障工程顺利进行的同时,也促进了社区安定、有序、和谐。

二、构建居民纠纷调解模式

习近平总书记指出,新形势下,要把"枫桥经验"坚持好、发展好,把党的群众路线坚持好、贯彻好。坚持和发展新时代"枫桥经验",就是要坚持党的群众路线,正确处理人民内部矛盾,紧紧依靠人民群众,把问题解决在基层,把问题化解在萌芽状态。近年来,随着城市建设步伐加快,"建设工地多、出租房屋多、流动人口多、经济纠纷多"的"四多"现象凸显,各类矛盾隐患交织，给社区平安稳定带来挑战。为此，和睦社区创新打造"五方矩阵"人民调解模式，通过多方协同、多元参与，进一步加强诉源治理、诉前调解，有效化解各类信访及矛盾纠纷，使其"不出街""不上庭"，具体做法如下。

1. 整合三大资源，协同推进一体化

一是整合组织资源，健全调解体系。健全组织架构，探索由街道人民调解工作领导小组牵头、司法所主导、共享法庭支撑、人大代表参与、检察院监督的"五方矩阵"人民调解模式，形成机构联合、人员联动、机制联通、信息联享、矛盾联调的大调解体系，更好地发挥人民调解合力作用。二是整合工作资源，配齐人员力量。整合不同调解组织、参与主体的调解优势和调解专业性，为人民调解提供多元选择。通过加强政法资源整合，以平安条线、司法所工作人员及人大代表、检察官为主体，选聘有行政诉讼经验的代理律师组建公益律师调解队伍。再如，积极吸纳退休检察官、社区律师等人员作为补充，将传统的情理调解与专业调解结合起来，提高调解成功率。三是整合信息资源，强化数字赋能。依托"人民调解大数据管理平台""浙江解纷码平台""基层治理四平台"及杭州数智人大"代表在线"应用场景等，实现数据跨部门协同共享，通过来源分析、月度趋势、纠纷多发类别等指标监测，实时掌握全域动态问题，构建矛盾纠纷"前端汇集、前瞻研判、前期交办"体系。通过各平台收集汇总矛盾纠纷、风险隐患，并及时化解在萌芽状态。

2. 完善三大机制，工作运行规范化

一是以"枫桥经验"为指导，完善联调机制。设立"警民联调室"，依托街道人大代表联络站"民情瞭望"功能，将人民调解与司法调解、行政调解等非诉讼纠纷解决方式相衔接，通过完善联调工作机制，构建"便利、快捷、低成本、高效能"的矛盾纠纷多元化解机制。二是以"全员覆盖"为抓手，完善培训机制。坚持"实战、实用、实效"，对人民调解员进行全员、全覆盖、全方位培训。如由共享法庭法官和驻矛调中心资深调解员担任"主教官"，针对性开展法律适用的调解技巧培训；由特邀调解员分享调解成功的具体案例，进行深度复盘和经验总结；由司法所工作人员开展人民调解协议书格式解读等。三是以"人民满意"为标尺，完善评议机制。坚持跟踪问效，建立案件百分百回访评议机制，对经回访评议后符合要求的人民调解案件，由司法所上报申领

"以奖代补"案件补贴。发挥人大代表的监督职能,由人大代表对每起案件进行回溯反馈,重点跟踪督办群众不满意、办理不及时、存疑较多的案件。

3. 把握三个重点,调解流程闭环化

一是事前准备,充分了解。在司法所受理矛盾纠纷并征得当事人同意后,正式启动人民调解程序。根据纠纷调解的难易程度及实际情况,街道人民调解工作领导小组从"五方矩阵"选取最为合适的人员代表组成"一案一队"调解力量,并及时沟通矛盾纠纷由来、双方诉求、拟采取的调解办法等情况。调解员通过邻里访谈、法院咨询等形式,进一步了解纠纷双方情况,提前做好准备,推进调解工作提质增效。二是事中调解,法理结合。在案件调解过程中,由司法所工作人员主持,司法所和共享法庭提供法律适用方面的专业解读,调解员根据双方当事人诉求,综合运用情、理、法、德、利等方法对矛盾纠纷情况进行梳理,提出最终意见建议。如成功调解的和睦某工地一起带"民转刑"倾向纠纷,针对工伤认定、算法违规和作业违规竞合等争议性法律问题,司法所和共享法庭对案涉9部法律法规、2部司法解释、12部规范性文件共157项法条逐一解读,调解员据此确定责任分配,促成双方签订调解协议。三是事后及时回访,巩固成效。针对以往调解协议拖延履约、部分履约难等问题,调解过程中创新引进"民事检察",即由区检察院对调解协议进行履约监督,对未按约定完成给付的履约方进行约谈,使每起纠纷真正案了事结。目前依托"五方矩阵"人民调解模式的案件均已履约到位。调解结束后,加强对案件的事后二次回访,了解履约情况,形成工作闭环,确保调解成效。

未来,和睦街道将继续坚持和完善新时代"枫桥经验",紧紧依靠和发动群众力量,努力探索矛盾纠纷调解新模式、新做法,大力开展社会矛盾纠纷排查化解,在实践中积极选树培育一批优秀的调解员,推动访源治理、事前化解防范工作,实现良性循环发展。

三、打造社区自治新机制

和睦不断探索社区自治新机制,建立一呼百应法,设立青年突击队,统筹各方力量,汇聚八方智慧,唤醒责任意识,激发担当精神,为社区自治提质增效。

1. 建立辖区联防联控机制——"一呼百应"方法

"一呼百应"工作机制是指在派出所传统指挥调度的基础上，通过利用对讲系统将辖区街道及下属各科室、小区门岗、幼儿园、医院、银行、重点企事业单位、巡防志愿者等力量全部整合纳入派出所指挥体系，从而实现在治安防控、警情处置工作中警企联动、警保联动、警民联动的新工作模式。一呼百应机制由和睦街道派出所首创，被公安分局确认后，在全区进行推广，杭州市公安系统内部也予以高度肯定。其运行机制包括以下几条。

第一，随机点到机制。由派出所综合勤务室对小区门岗通过"天翼通"对讲机实行全天候不定时点到，要求各门岗工作人员通过对讲机汇报执勤点周围的治安状况，确保所内及时掌握各门岗执勤人员动向，有效监督门岗工作人员在岗、在位情况。

第二，巡防督查机制。通过路面巡查特保对小区门岗工作进行实地督查，着重检查在岗人员的着装是否标准，装备维保是否到位，在岗状态是否良好。同时，坚持智能化科技引领，建立特保"钉钉"群，利用"钉钉"签到功能，在特保巡查路面签到的同时与当班门岗执勤人员合照，直面小区门岗督查，反向督促巡防特保队员的日常工作，并从实际出发解决门岗同志普遍年龄偏大不能使用智能手机的难题，以双向监督的形式提高两支队伍的工作质效。

第三，例会培训机制。派出所定期召开小区门岗安保工作人员例会，召集部分门岗工作人员及邀请各社区治保主任参加，通报有关工作情况及存在问题，并对门岗工作人员进行必要的装备应用技能、法律知识、协同配合等相关培训。

第四，考核奖惩机制。参照上级有关考核办法制定本街道奖惩机制，小区门岗工作人员如在工作中直接抓获违法犯罪嫌疑人的，依照市局、分局奖励标准给予奖励，积极鼓励门岗工作人员参与到"抓现行"的工作中来。同时门岗安保人员在工作中有帮助群众的好人好事，对破案打处、维稳工作提供有力线索或者对派出所工作有突出贡献的，街道综治、社区将进行奖励并通报表扬、颁发相应奖金，树立典型模范，调动门岗人员的工作积极性。

第五，应急演练机制。派出所综合勤务室结合警情梳理，对每类警情专门制定相关的处置预案，并定期组织门岗、特保、民警进行演练，如涉及火警、校园周边类安全突发事件及群体性事件的"处突演练"，以强化应急演练，提升门岗特保队伍与派出所警力处置突发案（事）件的协同力与契合力。

2. 设立团员青年助力机制——青年突击队

自2020年9月以来，和睦街道团工委积极响应"青春社区"助力基层治理号召，集结青春之力，聚焦老旧小区加装电梯、"一老一小"阳光照护、未来社区建设、文明城市创建、疫情防控等中心工作，成立青年突击队，深入基层担任志愿者、宣讲员、设计师，展现青年担当与作为，主要工作内容包括以下几个方面。

第一，志愿攻坚，啃下加装电梯"硬骨头"。为充分发挥基层团组织作用，推进社区加装电梯工作，和睦街道团工委牵头成立青年突击队，召开动员部署，举行授旗宣誓，组织政策培训，团员青年迅速"上岗"，宣传推进加梯工作。从加装前多方协调、统一意见，到加装中实施方案、解决问题，再到加装后上门回访、落实保险等，青年突击队成员凭借"亲和力、共情力、腿力"和敢于攻坚克难的韧劲参与加梯工作全过程，成功拿下一台台加装电梯，啃下加装电梯"硬骨头"。

第二，主力宣讲，按下银龄跨越"数字鸿沟"的"快捷键"。为进一步构建银龄跨越"数字鸿沟"服务体系、"破圈"养老服务机制、构建老年友好型社区，青年突击队成员走进"颐乐和睦"养老服务综合街区的"和学堂"，作为主力讲师开设智能手机培训班，帮助老年人跨越"数字鸿沟"，共享"数字红利"，实现全民共同富裕。自开班以来，共组织召开"银龄互助培训班"38场次，已覆盖所有使用智能手机的近百名单元长，该项活动受到了居民群众的一致好评。

第三，建言献策，融入未来社区大建设。和睦社区积极调动青年突击队力量参与未来社区建设，打造共建共享的良好氛围。通过沙龙议事、座谈交流、实地踏勘等方式，广泛汲取青年专业所长。如在前期方案征求阶段，青年突击队从未来社区主题色、整体装修风格、后续引进业态等方面深入讨论交流，分享好点子好做法，全流程参与前期方案讨论、中期设计落地、后期运营规划等环节，和睦书阁、户外休闲空间、未来社区小程序等开发打造都蕴含着青年的智慧与力量。

和睦社区青年突击队从懵懂到成熟，从生疏到熟练，随着一项项考验、一次次挑战，逐渐成长为一支敢于担当、勇于破难的优秀青年队伍，在街道基层治理中思路活跃、朝气蓬勃、能拼敢干，是一支不可或缺的生力军和突击队。

> **经典案例7：群众才是我们最大的依靠**
>
> 　　和睦街道在辖区小、资源少，老人多、青年少，挑战多、财力小的情况下，这几年连续攻克许多硬骨头，如无偿平稳拆除6000多个保笼，加装电梯比率超过一半，全域全面推行专业化市场化物业管理等等，办成了别人想办而办不成的大事，破解了别人想破而破不了的难题。其中最关键的一条，是在实践中找到了最大的依靠——依靠群众来做群众的工作。
>
> 　　老旧小区改造启动之初，一边在改造，一边群众在生活，噪声、扬尘、交通、出行、停车、安防、消防等问题频发。和睦社区有54幢住宅楼，175个楼道，3500户家庭，近1万人口，还有初中、小学、幼儿园，教学不能中断。施工期间有水、电、气、路、洁、序、安等多工作主体作战，交叉施工，一时间"丁零当啷"就像合奏的交响曲，"晴天一身灰，雨天一身泥"，群众的埋怨情绪在所难免。场地狭小，施工不断，"螺蛳壳里做道场"，要使群众的"埋怨"变为"满意"，怎么办呢？
>
> 　　我们在走访中发现，和睦居民中有不少是单位基建科负责人或施工管理员、技术员出身，他们不但懂工程技术，而且乐于在工程设计、施工方面献计献策。于是，社区党委号召有工程管理经验、有责任心的老同志担任志愿者参与工程监督管理。最后，由9名同志组建的工程督导团成立了，督导团成员每天参与巡逻检查，监督进度、质量、安全、文明施工，街道邀请他们参加每天的工程例会，及时反映老百姓的诉求，大大缓解了施工期间居民群众的不满情绪。
>
> 　　后来，社区发现个别群众不理解、不支持甚至阻挠施工、信访举报等，提出的问题也不属于工程督导团的业务范畴。为此，社区党委又决定成立了一个现场投诉办，由综治科人员单家弟和老党委书记孙章才共同负责，从现场接待群众投诉、答复群众诉求，到疏解群众情绪，再到及时化解工程施工与群众生活的矛盾，现场投诉办真正做到了"小事不出工地，大事不出社区，矛盾不上交"。

由于孙章才同志调解工作到位，群众对他非常信任，家庭内部矛盾也找他来调解，他都能使矛盾各方怒气冲冲而来，心平气和而归。本来是工程方面的现场投诉办，变成了基层社会问题调解办，其社会稳定器的功效远远超出预期。

有一次，街道负责人巡查工地，一位大伯拉住他，询问他雨棚的宽度为什么是60厘米，而不是80厘米。街道负责人告诉他，从防积雪、降自重、保安全的角度考虑，60厘米更安全；从结构美学的角度考虑，雨棚远视是一条腰线，60厘米比80厘米更美观。还有诸如"晾衣杆为什么要做伸缩式不做两托式""空调栅栏为什么不加盖"等问题，街道领导用了两个多小时——耐心给予解答。大伯听后非常满意，当场表示：马上签字，同意拆除保笼。

街道领导将该大伯的疑问和街道负责人的解答用海报的形式张贴在宣传橱窗上。表面上是一个人的疑问，实际上代表了一批群众的疑惑。抓住典型，解剖麻雀，切中要害，广而告之，助推了保笼的顺利拆除。

登云路154号塑化厂宿舍实施高压线"上改下"。弱电线上改下期间，正逢酷暑盛夏，有位阿姨每天熬绿豆汤免费送给施工人员防暑降温，直至脚手架拆除为止，持续一个多月。社区的群众、产业工人朴实无华，此情此景感人至深。

疫情期间，社区工作者非常辛苦，要封大门、守小门、做核酸、管隔离、代买菜、发口罩、测体温，实在忙不过来的时候，所幸有居民群众志愿者作为坚强后盾，他们都将个人安危置之度外，毅然参加社区防疫，保障一方平安。他们不但出力，还捐款捐物。有一位退休工人熊菊芳，本身收入就不高，还为疫情防控工作捐了2万元。

文明社区创建。和睦社区志愿者参与文明巡查，清理楼道堆积物，劝导文明养犬、文明晾晒、文明出行、文明停车，检查卫生死角等，都依靠居民群众。

平安社区创建。和睦平安巡防志愿者穿红背心、戴红袖套，走街串巷，检查消防隐患、治安盲区，劝导邻里和谐，化解群众矛盾，监督杜绝黄赌毒丑恶现象等等，仍然依靠居民群众。

奥运冠军、运动健将叶诗文是和睦社区的居民，她勉励和睦社区的年轻人和中小学生好好学习，强身健体，报效祖国。

电台主持人雷鸣也曾经是和睦社区的居民，凡是和睦社区的公益事业、大型活动，他都积极参与，成为和睦新乡贤的代表人物。

钱塘老娘舅周群是和睦社区居民，他积极参与社区社会治理和社区文化活动。

抗美援朝志愿者骆志祥，95岁高龄仍然不忘社区建设，给社区居民讲述当年光辉的革命历史。

加装电梯帮帮团葛秀英、陈海平、毛菊珍，为推进加装电梯工作呕心沥血。

老党员郑光跃、黄阳生等都是社区治理服务的带头人。老居民骨干李奉贞、徐庆儿、刘志美等都是社区建设的热心人。正是因为有了他们的依靠，社区建设和发展才能蒸蒸日上、欣欣向荣。

感动于和睦居民群众的热情和真诚，热爱生活，无私奉献！满脸沧桑的大伯曾经也是意气风发的少年，白发苍苍的阿姨曾经也是美目盼兮的少女。感动于他们的朴实无华、无怨无悔，感动于他们的默默无闻和闪闪发光的内心。他们也许无人知晓，却又功不可没，他们就是新时代最可爱的人。

第二节 社团共建，群众的风采要多靓有多靓

作为社区服务的重要组成部分，社团在共建和谐社区、打造美好家园的过程中发挥着重要的作用。近年来，和睦街道以满足人民群众对美好生活的向往为目标，将社团建设融入和睦社区大运河幸福家园工作中，更好地聚焦社区居民的服务需求，进一步提升了社区与社团的互动交流，从而推动社团建设不断向前发展。和睦社区坚持党建引领，通过广泛调查摸底，结合辖区居民兴趣爱好、专业特长、精神文化需求等因素，深入挖掘社区特色文化，努力推动社区特色文化形成品牌效应，利用好社区文化阵地，完善社区社团组织培育路径、服务场景、特色品牌，激发社区社团组织活力，最大限度实现文化聚民、乐民、惠民，建立了书画社、民乐社、舞蹈社、童谣馆等社团18个，不断完善着现代社区15分钟党群服务生活圈。

一、社团特色品牌化

和睦社区积极拥抱现有资源，在拓展社区文化内涵和整合社区文化资源的基础上，在社区范围内构建体现和睦特色的文化资源品牌，努力实现社区文化效益最大化。

依托社区内的文化资源，和睦社区因地制宜地打造特色社团文化品牌。和睦社区作为百年老厂的家属生活区，具有特殊的文化属性，依托于"和睦红"艺术创作工作室，社区人员引导这些特殊文化形成了原创的文艺作品，开展"榜样的力量""群众的故事"、录音记忆整理等相关活动，既保留了和睦老工人的美好记忆，留下老工人的声音，又突出了和睦的特色文化。同时根植于和睦社区特殊的文化底蕴，社区加大文化的传播力度，推动文化的长期持续发展。通过设

立和睦文艺角（图4-3），不定期在社区内开展"南风印象"展演、"运河组歌"传唱等多项活动，扩大社区文化品牌的知名度，积极调动社区居民的参与度，促进和睦文化社团的品牌化建设。

二、社团管理规范化

和睦社区紧跟时代发展潮流，推动社团管理规范化，在很大程度上提升了社区社团的服务水平。

1. 排练场地规范

为帮助解决和睦社区社团排练场地不固定、发展受限的问题，和睦社区依托旧改工程，将一处老旧场地改造为有和睦印记的口袋公园——南风印象公园，成为社团排练的好去处，活跃了社区的文化艺术氛围。同时，新建成的党群服务中心增加了百姓健身房、瑜伽室、乒乓球室等健身空间约730平方米，书画室、民乐室、非遗创作区域等综合文化活动空间约110平方米，配备了完善的基础设施，为社团排练和活动提供了充足的场地支持，进一步提高了社团排练和活动场地的规范化水平。

◆ 图4-3 和睦文艺角

2. 演出展示规范

目前，社团建设有了较大程度的提高，各社团的演出也走向了规范化。社区内的和睦剧场、南风印象公园等都给予了居民展示的空间，加强了社团成员间的交流研讨，促进了作品的打磨提升，推动群众文艺团体稳定长效发展，引导其更好地参与群众文化活动（图4-4）。

◆ 图 4-4　公园演出

3. 专业学习规范

为提高社团成员的专业化水平,促进群众文化到品牌文化的转变,和睦社区在社团建设的过程中积极寻找专业人士,邀请专业的老师进社区,给社团成员授课,指导社团的各项活动,加强对群众文艺团队的指导、引导和辅导,提高社区文艺团队的演出水平。

三、社团活动自主化

和睦社区建立社团孵化机制,努力培植社区的本土文化,大力培育社团组织,推动社团组织孵化中心逐步实现规范化运作。和睦社区给予了社团发展的土壤,在配备完善基础设施的基础上留给社团发展的空间,赋予社团吐故纳新的能力,社区文化建设实现社区居民共建、共治、共享。

社团在吸纳社区文化骨干参与基层文化建设的同时,积极引导社区各方力量广泛参与社团建设,鼓励社团自主组织、开展各项活动,在专业老师的指导下开展排练,积极参与演出活动,进一步健全社团自治机制。截至目前,和睦社区在社团建设方面取得了显著成效,建立了和声艺术团、健身气功站、书画协会等一系列特色社团,展现了和睦独特且生动的样貌(图4-5)。

◆ 图4-5 和睦社区多样化社团

和声艺术团是和睦社区的一些具有音乐爱好的居民组建而成的,宗旨是提高居民歌唱水平和艺术修养,让大家在快乐向上的气氛下,享受歌唱的乐趣,让大家以音乐交流的形式演绎和谐和睦。团员从创作到表演甚至大剧院演出,用饱满的热情、朴实真挚的感情,把时任国务院总理李克强来和睦及和睦老旧小区改造后群众的自豪感、幸福感、满足感通过自创的形式用地道的杭州方言表现出来。其原创作品《人民总理爱人民》,不仅在区人社局、茶文化活动展示,还选送参加了"杭州市企退人员庆祝新中国成立70周年文艺汇演",获得了语言类二等奖,并唯一选送到市退管中心参加新中国成立70周年文艺汇演,制作完成的MV被浙江党建网录用。此外,和声艺术团还创作了说唱类节目杨柳青《垃圾分类新时尚》、快板《坚决打赢防疫战》、诗歌《你们的脊梁——歌颂抗"疫"白衣天使》等，还推出模特秀、舞蹈等不同节目，积极参加区、街道组织的各项文娱活动，收到良好反响。其中快板《坚决打赢防疫战》、舞蹈《这世界那么多人》等节目在《杭州日报》、浙江6频道电视台等重要媒体播放。

健身气功站成立于2002年，倡导运动、健康、快乐、全民健身的生活方式，目前会员人数60余人，获得了杭州市先进站点，在各级比赛中均获得了第一、第二的好成绩。和睦街道健身气功站选出适宜在开阔场地学习的9套功法，每天早上6:00~8:00在和睦公园进行公益教学、晨练，20个寒暑，从未间断，每年惠及周边居民9000人次。

书画协会以街道阳光老人家的书画班为基础，以和睦街道辖区范围内书画艺术爱好者、工作者为主体，自愿参加，是学习、提高、发展、联谊性的非营利性社会组织。其建立是为促进辖区书画艺术繁荣，加强书画友之间的联系与合作，提高艺术修养和素质，让社区热爱书法艺术的草根文化爱好者共同交流学习。通过5年的公益课程培训、艺术画展等活动的开展，培养了一大批热爱书画的艺术爱好者。和睦书画协会除日常活动交流和节庆活动外，还在寒暑假期间，给辖区内青少年传授中国传统艺术公益课程，让孩子们领略到传统书画艺术的博大精深、韵味悠长之美；在重阳节前夕，开展给高龄老人送"寿"、送"福"活动，服务好"一老一小"的精神文明建设，让文化真正深入民心。

第三节 文化共融，群众的心情要多嗨有多嗨

和睦赋

南宋花园，城北遗韵。花漾城郭，风怡和睦。

清乾隆年，和睦桥建于西塘河上，利乡邻通行，后新村藉此命名。

西塘河水，和睦之东。遇东苕溪而汇太湖，接大运河而引吴中。

京杭国道，和睦之西。汇杭嘉湖苏之灵气，融莫邪干将之神奇。

公元一九八一，和睦新村立；

楼宇五十有四，二十万方有余，户三千五百出，人口一万参差。

昔日工业聚集，人居和睦。

华丰造纸、民生制药。

棉纺丝绸、化纤灯泡。

油漆油墨、汽车制造。

塑化链条、水电剪刀；

今已破茧成蝶，转型升级。

和睦居民：

曾见证杭州拱墅之发展、运河两岸之变迁。

曾镌刻工业文明之烙印、运河文化之绵延。

家庭和顺，邻里和睦，环境和美，民风和善，百姓和合，社会和谐。

此六和，乃和睦文化之内核精髓也。

勤劳智慧，勤俭持家，胆大心细，心灵手巧，团结务实，敬业奉献。

此六德，乃和睦居民之共同品质也。

莺歌燕语，呼来春色满园；繁花似锦，点缀曼舞蹁跹。

此和睦之春也。

草木葱茏，小径绿树成荫；时雨滋润，清晨虫噪蝉鸣。
此和睦之夏也。
天高气爽，金风丹桂飘香；轻纱明月，佳人雅舍梦乡。
此和睦之秋也。
温情和煦，一轮红日高悬；阳光沐浴，长者益寿延年。
此和睦之冬也。
天地万物，以和为至理。
人生百态，以和为宏境。
天和则日朗月明，风调雨顺。
地和则花繁叶茂，五谷丰登。
国和则民殷国盛，百业俱兴。
人和则神怡心旷，万事亨通。
天生人者，来之同路，去之同程。
人格平等，利益平衡，和而同心，睦而同行；
不求千人一面，不求万物之一行；
但求老吾老，以及人之老；幼吾幼，以及人之幼。
和睦议事港，有事好商量。
邻里需求，纠纷误会，民众当家作主。
民有所呼，我有所为，社工解困疏堵。
和声艺术团，美名不虚传。
怡情歌舞，赏心乐事，陶醉梨园春晓。
琴棋书画，诗词歌赋，流连翰墨笙箫。
家居美境，鸟语花香萦绕。
幸福生活，携手共同缔造。
党建引领，众人拾柴火焰高。
政府关怀，民众参与出奇效。
公元二零一九，六月十二，克强总理亲临和睦。
阳光如浴，春风如沐。
花钱花在刀刃上，旧改改到心坎里。
改设施，改环境，改功能，三改齐下。

拓空间，整资源，添服务，多方合力。
强电弱电下地埋设，雨水污水纳管分流。
燃气翻新改造，景观全域提升。
道路拓宽，车位挖潜。
垃圾分类，智安彰显。
保笼拆除，电梯加装。
提升入口，美化外墙。
此乃重点分项工程也。
顶层不漏，底层不堵，管线不乱，楼道不暗，上楼不难。
此五不，为住宅建筑改造之要诀也。
安全保障、绿化环境、停车秩序、养老服务、特色文化。
此五好，为公共区域改造之要诀也。
和睦公园，假山蝶泉。
茶余饭后，漫步休闲。
和睦医院，寻医方便。
家庭病房，保障康健。
阳光客厅，下棋品茗。
阳光餐厅，保本经营。
剧场温馨，大雅登台。
书阁留韵，小坐畅怀。
中学小学，启蒙优质。
婴幼托育，关怀备至。
金融贸易与国际接轨，科技英才与产业同飞。
经济发展，当建设开放和睦。
城市需处处春暖花开，小区需时时春风荡漾。
城市提质，当建设花漾和睦。
休养健养康养乐养膳养，五养同优。
医养护托吃住行文教娱，十需共助。
民生福祉，当建设颐乐和睦。
自由民主协商，共建共治共享。

基层治理，当建设幸福和睦。

以人为本，人民至上。

归属感、舒适感、未来感，三感同具。

人本化、生态化、数字化，三化合一。

旧改之示范，融入未来社区之样板。

和睦之未来：

花园郁郁葱葱，老人其乐融融。

婴幼含苞待放，丰华遗韵无穷。

◆ 图 4-6 《和睦赋》宣传栏

一、厚植文化理念

文化是促进人的现代化，引导和睦向善的基石。"求木之长者，必固其根本；欲流之远者，必浚其泉源。"和睦社区始终坚持以社会主义核心价值观为引领，深耕文化的创造性转化、创新性发展，找准本地文化和居民生活的连接点，发掘好、传承好、利用好本地工业文明、非物质文化等珍贵遗产，树立好、创新好、宣传好花漾皮划艇、清廉一杯茶等特色品牌。经年赓续，久久为功，以群众喜闻乐见的方式，为艺术搭建舞台、为居民创造空间，推动基层文化百花齐放，实现文化兴街、文化聚人、文化惠民、文化育人、文化养廉，打造了文化赋能的"诗意和睦、活力社区"，促进人民群众物质生活与精神生活共同富裕。

青玉案·和睦

春风又绿新和睦，小院落，花千树。

水榭歌亭香满路。粉墙黛瓦，绮窗朱户，大隐安居处。

童颜鹤发韶光度，诗酒年华燕莺舞。

丽日和风兼雨露。阳光老幼，社区养护，多少人倾慕。

◆ 图 4-7　和睦 Logo

和睦街道以"和"为贵，社区改造的方方面面都突出"和"文化，这在和睦 Logo 的设计上体现得淋漓尽致（图 4-7）。和睦的标志寓意着"天圆地方，开放圆融，安居乐业，政通人和"，代表着和睦居民对美好生活的追求和向往。从不同的视角看，会有不同的解读。仔细看和睦的标志，既像一个开口的货币，象征着经济流通、物阜年丰，又像是一个精美的窗格，寓意着和睦居民居住舒适、生活幸福。而细看此标志，一个"和"字跃然纸上，寄予着家庭和顺、邻里和睦、环境和美、民风和善、百姓和合、社会和谐的美好愿望。也有居民在看到标志后解读成一个"我"字，象征着"我的和睦我的家"，更有解读为"乐土"二字的，寓意和睦为安居乐业的好地方，可谓是"一千个读者有一千个哈姆雷特"。然而无论怎样地花式解读，背后都饱含着和睦居民对和睦当下的评价和未来的期许，和睦 Logo 的匠心独运也蕴含着和睦街道始终坚持"以人为本、全心全意为人民服务"的理念。

与此同时，和睦街道也始终坚持共享建设成果，增强文化自信，发扬"家庭和顺、邻里和睦、环境和美、民风和善、百姓和合、社会和谐"的美德风范，以花漾、开放、颐乐、幸福和睦为建设目标，不断推动文化事业融入各项工作。和睦街道将"花漾和睦""开放和睦""颐乐和睦""幸福和睦"的建设目标以藏头诗的形式放置于社区的展厅中，以润物细无声的方式激励着和睦街道的干部、居民朝着"花漾、开放、颐乐、幸福"和睦的目标前进（图 4-8）。

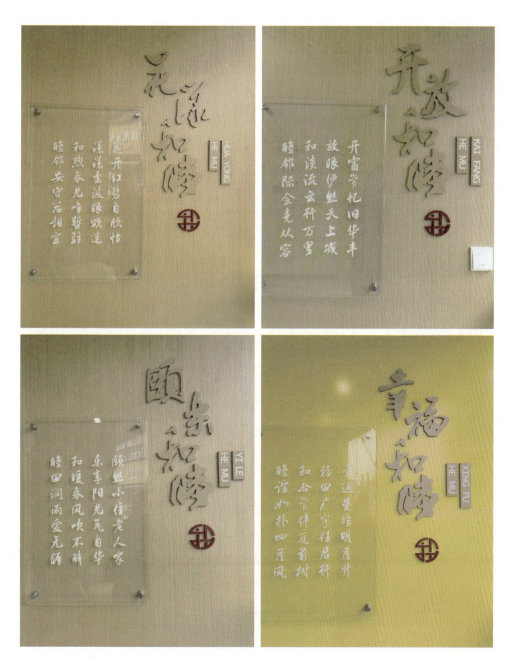

◆ 图4-8 "花漾、开放、颐乐、幸福"和睦诗歌

花漾和睦

花开红碧自欣怡，漾漾柔波眼欲迷；

和煦春光唯暂驻，睦邻安守总相宜。

开放和睦

开窗常忆旧华丰,放眼俨然天长城;
和淡流云行万里,睦邻际会竟从容。

颐乐和睦

颐然小住老人家,乐享阳光气自华;
和暖春风吹不醉,睦田润雨爱无涯。

幸福和睦

幸运星临明月升,福田广宇任君行;
和合常伴庭前树,睦谊如扑四月风。

和文化十条

对待群众和颜悦色;
对待亲人和风细雨;
党员干部和蔼可亲;
居民群众和气致祥;
企业商家和气生财;
邻里之间和睦相处;
夫妻之间和如琴瑟;
协商民主和而不同;
全体同仁和衷共济;
百姓民生和风丽日。

二、深挖文化底蕴

擦亮工业文明,百年记忆犹存。和睦街道底蕴深厚,老厂房众多,杭州链条厂、广通地产、杭州油墨油漆厂、杭州自来水厂、杭州灯泡厂、杭州塑化一厂、大自然有机化工厂、杭州热水瓶厂、民生药厂、张小泉剪刀厂、杭丝联、华丰造纸厂、电视机二厂、汽车制造厂、杭州印刷厂、杭州电热厂、春雷丝织厂、杭州第一棉纺织厂、省丝绸公司、省工业设备安装公司、杭州公交公司、杭州市运输公司、杭州市地基公司、解放路百货商店、杭州化纤厂、中国电信、联合银行、军队干部休养所、第一汽车运输公司、长运旅游公司、造纸研究所、浙江财经学院、康桥学校、房管所、汽车技校、建设厅干部学校、西湖房开公司等多家单位的员工宿舍都驻扎在此。

华丰造纸厂位于拱墅区和睦路555号，前身是1922年成立的"武林造纸厂"，1931年正式更名为华丰造纸厂，是中国造纸产业的骨干企业。和睦街道立足地域特色和资源禀赋，以解码文化基因为切入点，启动"寻根挖掘专项行动"，把工业印迹、杭州味道融入未来社区创建中，擦亮工业文化辨识度。在华丰造纸厂集体宿舍所在地建成的"华丰记忆"故事屋，收集陈列居民捐赠的华丰造纸厂老物件，展示老厂故事、保留老厂记忆（图4-9）。

◆ 图4-9 华丰造纸厂老照片

和睦辖区有和睦桥（图4-10）、兴隆桥、纸厂桥三座文化古桥。和睦桥位于登云路与和睦路交叉口，清乾隆丙午（1786年）重修，光绪丙午（1906年）重建，于2023年被公布为杭州市第一批市级文物保护点。兴隆桥隐藏于启航中学东围墙角，2016年整治李家桥河道时被发掘，据光绪《杭州府志》记载推测，该桥重建于光绪初。纸厂桥位于和睦路上华丰造纸厂附近，1949年5月3日，解放军二十一军从该桥进入杭州市区，受到数万名群众的夹道欢迎。

和睦辖区东面的西塘河，是京杭大运河的支流，南端位于小河直街，北端位于余杭境内，汇入东苕溪。该水系一头连接着杭州西湖，一头连接着太湖，中间经过良渚文化遗址，是世界自然文化遗产的连接纽带，具有深厚的运河漕运文化、渔业文化、码头文化和农耕文化底蕴。

◆ 图 4-10　和睦桥

三、广集文化元素

和睦街道将文化成果融入环境景观建设中，扩大居民获取文化资源、分享文化成果的渠道。通过老厂元素展示、生活物件收集、旧物改造利用、居民创意改造等方式方法，让文化以群众喜闻乐见的形式融入社区里里外外，切实增强群众归属感、自豪感。

和睦街道始终坚持群众的文化由群众创造，通过集中收集、展示生活老物件，开辟阳光餐厅怀旧文化主题墙、和睦印象展厅地板展示窗等位置，陈列居民曾经使用过的家居用品、厨具、炊具、餐具、工具，见证居民历史的工作证、奖状、奖牌、获奖证书等老物件。做好旧物利用，创造美好的集体记忆。

创造性设计制作怀旧坐凳，将《杭州日报》过去40年里刊登过的对和睦新村的报道消息收集起来，印刷在小区道路旁的座椅上，不仅方便小区居民休息，也打造了一处文化景观，更增加了和睦居民内心的自豪感和归属感。

时任国务院总理李克强曾经到访的议事亭也富含浓厚的文化元素，在议事亭的设计上，和睦尤其注重美学观感，在配色和字体的选用上匠心独运，力图兼具居民议事的庄重与休闲小憩的诗意。

在和睦社区供居民休息的长廊中，将社会主义核心价值观以篆书字体和楷书字体对照的形式悬挂在柱子上，既能在群众之中广泛宣传社会主义核心价值观，也能通过古体字的对称美感营造浓厚的文化氛围。此外，和东路绿化工厂铭牌带石刻、党群服务中心二楼墙壁三处展示工厂铭牌，这些创意十足、带有满满和睦味道的文化元素，让和睦社区变得文艺、灵动起来（图4-11~图4-16）。

◆ 图4-11 "和"字墙

◆ 图4-12 诗词牌匾

◆ 图4-13 宋韵元素

◆ 图4-14 社会主义核心价值观展示

◆ 图 4-15　印有厂房名称的石头

◆ 图 4-16　印有《人民日报》的椅子

烟火宋韵看和睦，和睦街道将宋韵文化元素与生活小吃街整治改造结合起来，为包子、油条、煎饼、馄饨等传统美食保留了充足的场地，营造了烟火气息浓郁的共富街区。通过挖掘宋韵遗风，用于党群服务中心建设，采用宋代米芾书法作为室内装修主用字体，通过展纸伏案、泼墨挥毫等空间布置，提升了整体文化品位（图4-17）。

◆ 图 4-17　烟火和睦文化墙

四、开展文化活动

根植于浓厚的茶文化底蕴（图4-18），和睦街道于2014年开始连续举办茶艺师技能大赛，每一场比赛都进行项目创新，不断提升比赛风格、技能变化、赛事节奏，使每一场比赛都有亮点。十年来，社区举办了社工茶艺、生活茶艺、商务茶艺、清廉茶艺、职工茶艺、审评茶艺等各种风格的茶艺大赛，累计服务参赛选手700余人，其中27人获得高级茶艺师资格证书，同时获得拱墅区"技术能手"称号，63人获得"创新能手"称号，600余人获得中级证书。活动多次受到杭州电视台等媒体连续报道，并得到了区政协、总工会、人社局及茶研会等相关领导的肯定。2021年，该项目入围"全省百场最受好评的乡镇特色职工职业技能竞赛"赛项。

◆ 图 4-18　茶文化

东枕西塘河，皮划艇荡漾。借助天然的地理优势，皮划艇这一群众性水上运动在和睦社区广泛传播。街道因地制宜，联合社会组织开展水上皮划艇大赛，通过职工参与、居民互动的模式，激发周边群众尤其是青少年、儿童对水上运动的兴趣。皮划艇项目逐渐声名远播，吸引大量市民参加。

作为杭州市中心唯一水上皮划艇运动赛点，2015年以来西塘河举办皮划艇、桨板、龙舟等无动力、零排放水上运动赛事20余场。2016—2019年连续承办全国皮划艇巡回赛（杭州拱墅站），被评为浙江省省级品牌赛事。自2019年起，杭州水上皮划艇运动俱乐部配合杭州市船艇运动协会，每年在西塘河举办"京杭大运河龙舟争霸赛"，已经连续举办3届。2022年在西塘河举办了《杭州市青少年皮划艇、桨板比赛》，2018年和2022年相继承办了拱墅区职工运动会皮划艇比赛。各项赛事均受到了参与者的好评，同时为宣传拱墅、弘扬运河文化作出了实际贡献。

此外，近年来和睦街道举办的社区文化节、乡贤联谊会、武术活动、科普宣传教育活动等项目吸引了大量群众参加，获得居民好评（表4-1）。

和睦街道举办的具体活动　　　　　　表4-1

年份	活动具体内容
2019年	6月5日，2019京杭大运河龙舟争霸赛暨杭州市宣文卫体系统职工龙舟邀请赛在古运河的支流——西塘河上举行。此次大赛是杭州首次在京杭大运河上举办的专业龙舟赛事，由杭州市宣文卫工会、杭州市船艇运动协会联合主办，和睦街道办事处、杭州水尚皮划艇运动俱乐部共同承办。市宣文卫工会主任王昌功、杭州市船艇运动协会主席胡珣、和睦街道工会主席沈东升、副调研员葛汉忠出席了开幕式，并参加了开幕式的"画龙点睛"仪式
	8月22日下午，由拱墅区茶文化研究会、和睦街道办事处主办，和睦社区承办的拱墅区"运河茶会"系列活动在和睦街道养老服务综合街区乐养中心拉开帷幕。四届拱墅区政协主席、区茶研会会长钟丽萍，区茶研会副会长杨应松、张书成等出席，和睦街道党工委书记饶文玖等街道班子成员参加
	9月20日，由拱墅区总工会、拱墅区人力资源和社会保障局、拱墅区茶文化研究会举办，和睦街道总工会、拱墅区精益职业技能培训中心承办，杭州集慢茶文化创意有限公司和杭州老开心茶馆有限公司协办的2019年杭州市拱墅区第六届茶艺师技能大赛召开并圆满落幕
2020年	5月21日，和睦街道组织机关、社区党员开展了一场线上云直播和线下自学相结合的春训"云课堂"培训班。此次云课堂同步对辖区群众开放，据后台统计，共有2000余人次登录直播平台听课
2021年	5月22日上午，和睦街道首届社区文化节"追求美好生活 与幸福同行"在和睦公园内开展，本次活动由浙江新南北物业集团有限公司主办，和睦派出所、建设银行文晖支行、浙江康静医院等单位和社会团体协办。和睦街道党工委书记饶文玖现场为活动致辞
	6月30日下午，和睦街道在和睦剧场隆重举行"永远跟党走·启航新征程"中国共产党成立100周年主题活动。区委常委张建明，区政协党组成员、副主席周钢，区人大常委会二级巡视员徐美娟，区党史学习教育第四巡回指导组副组长童晓兰、成员熊巨陆，区委组织部部务会议成员、两新工委副书记王承明，区人大和睦街道代表团代表，和睦街道全体班子成员，和睦街道调研员，各社区党委书记、支部书记，机关全体党员，机关退休党员代表，"和睦红"党建联建成员单位代表，"光荣在党50年"党员代表，街道"两优一先"表彰对象，共计150余人参加此次活动
	9月28日上午，拱墅区和睦街道新乡贤联谊会成立大会暨第一次"和贤圆桌会"活动在和睦剧场举行，新乡贤们共聚一堂、共谋发展，街道党工委书记饶文玖致辞，区委统战部部务会议成员陈琦到会指导

续表

年份	活动具体内容
2021年	11月5日，和睦街道总工会顺利承办"926工匠日"杯2021年拱墅区第八届茶艺师技能竞赛，本次大赛由拱墅区总工会、拱墅区人力资源和社会保障局、拱墅区茶文化研究会联合举办，拱墅区精益职业技能培训中心、杭州集慢茶文化创意有限公司协办，得到了浙江树人大学国际茶文化学院的大力支持
2022年	5月24日，由省委宣传部、省文明办、省文联主办，市委宣传部（市文明办）、市文联、拱墅区委承办的"浙风十礼 艺路同行"文艺志愿服务暨走进山区26县巡演启动仪式于5月23日下午在和睦街道拱墅区新时代文明实践志愿服务街区隆重举行。省委宣传部副部长、省文明办主任俞慧敏，省文联党组书记、副主席、书记处常务书记陈瑶，省文联党组成员、书记处书记吕伟刚，省文联党组成员、人事处处长童颖骏，市委常委、宣传部部长黄海峰，市委宣传部副部长、文明办主任钮俊，杭州市文联党组书记、常务副主席沈旭微，区委书记李志龙，区委常委、宣传部部长翁嫣等领导共同出席活动
	7~8月，和睦街道太极队积极组织健身锻炼，并组队参加多项市级、区级交流赛事，荣获2022年杭州市第十五届传统武术邀请赛一等奖（五禽戏）、拱墅区2022年武术（线上）交流活动一等奖
	8月23日上午，拱墅区第一届职工运动会皮划艇比赛在拱墅区西塘河举行。杭州市总工会党组成员、副主席王卫安，拱墅区人大常委会副主任、区总工会主席杨涤，杭州市总工会宣教部部长易磊，拱墅区和睦街道党工委书记饶文玖出席开幕式
	10月24~27日，"926工匠日"杯2022年拱墅区商务茶艺技能竞赛在和睦街道和睦剧场举行。大赛由拱墅区总工会、区人力资源和社会保障局、区茶文化研究会联合举办，和睦街道总工会承办。区人大常委会副主任、区总工会主席杨涤，政协拱墅区委员会副主席周钢，区总工会副主席陆志瑛，区人社局党组副书记陆美敏，区城改办副主任陈旭伟，街道党工委书记饶文玖，街道党工委副书记、办事处主任魏崴及班子成员等莅临决赛现场观摩指导。和睦街道代表队分别荣获大赛个人第二、第三名
	11月11日下午，拱墅区第一届职工运动会工间操比赛在运河大剧院举行，和睦代表队在全区20支参赛队伍中获得三等奖
2023年	2月14日上午，和睦街道公共服务中心在西塘河美食街举行"稳就业 促发展"线上+线下春季招聘会。辖区10家企业参加并提供了58个岗位，吸引了周边居民驻足应聘咨询，活动现场共收到70多份简历，共计10余人初步达成了就业意向，其中化纤社区就业援助对象陈萍在现场成功签约企业，和睦社区多名全职妈妈现场成功投放简历
	4月20日上午，和睦街道文化体育岗联合拱墅区科协在街道举行"迎亚运·品宋韵"科普宣传教育活动，吸引了近80位居民朋友前来参加。本次活动主要就宋韵茶文化和亚运小知识进行科普传播，营造浓厚的亚运气氛。 活动介绍了宋代点茶历史、起源以及在现代生活中的日常应用和美学场景，茶艺老师现场表演茶汤幻变的千年绝技，吸引了众多居民前来茶台近距离观赏、体验，纷纷称赞不已。活动后半段的亚运主题知识竞答，大家踊跃抢答把整个会场推向了高潮。古典的宋韵茶文化与现代的亚运体育竞技文化在和睦街道擦出了别样的"火花"。后期，文化体育岗精心策划组织丰富多彩的文体活动，形成全民上下关注亚运、参与亚运、奉献亚运的浓厚氛围

续表

年份	活动具体内容
2023年	2023年8月，和睦街道书画协会充分发挥文化文艺特色优势，开展"翰墨飘香迎亚运"主题创作活动，助力营造"当好东道主，喜迎亚运会"的浓厚氛围。用画笔来展现亚运健儿的风采，以丰富且独具魅力的艺术表现形式呈现杭州地域特色和亚运元素，共赴亚运，展望未来
	为巩固近年来"五水共治"成果，不断提高"五水共治"工作在群众中的知晓度、参与度和满意度，鼓励辖区群众积极参与护水行动。9月13日上午，和睦街道在华丰社区小广场举办了"媒妁之言"杭州市优秀治水宣传品"快闪"巡展活动
	10月20日上午，和睦街道开展"幸福相伴·和睦银龄秀"重阳节活动，此次活动设置了主会场和分会场，两场活动一样精彩，展现了和睦尊老、敬老、爱老的社会风尚，也展示出和睦老人积极、健康、乐观的精神面貌
	12月21日上午，和睦街道华丰社区党委在社区党建小公园内开展了"幸福华丰里 喜乐迎新年"系列迎新服务群众主题活动。和睦街道党工委书记饶文玖等班子成员、街道各岗位负责人、党建联建单位代表以及党员志愿者、流动党员、统战人士、社区居民等200余人参加活动
	12月27日，为丰富辖区社区一线工作者业余文化生活，提高基层工作人员的凝聚力和创造力，和睦街道总工会组织开展和睦街道"厨神争霸赛"职工厨艺技能竞赛活动

五、培育文化团队

文化发展成果要惠及人民，由人民共享。如何让文化活动更接地气、更暖人心是和睦街道一直在思考的问题。秉承着"文化活动要从群众中来到群众中去"的理念，和睦街道创新载体、活化形式，让文化活动更加接地气、冒热气、聚人气，做到"让群众演、演给群众看"。通过培育书画社、文学社、民乐社等45个社团，辐射居民5000余户，服务万余人。其中，以著名评书表演艺术家刘兰芳老师再传弟子葛慕白为领衔的"和睦红"艺术创作工作室，通过创作多个宋韵白话作品，广泛举办"文、体、娱、艺"等群众喜闻乐见的活动，深入群众中，极大增强了和睦居民之间的黏合度，带动了居民群众参与社团活动的积极性。如今，慕白工作室已经成为和睦社团文化的一个"金字招牌"，在区里的各项文化活动中也能见到他们的身影。

近年来，和睦街道依托社团组织，推行文化进社区、进家庭，开展多样化的文化活动，使文化技艺"飞入寻常百姓家"，促进了现代社区治理，营造出社区和谐的人文环境。结合中国传统节日开展非遗活动,如春节送春联、剪福字等,实现中国传统节日与和睦社区非遗文化的"无缝连接",将非遗融入居民的生活中,使非遗活动的开展更加常态化,能够更好地传承和发扬和睦的非遗传统文化,将拱墅地域性文化元素融入城市建设和普通市民生活。结合和睦社区老年人居多的现状,依托社团(表4-2),针对老年群体开展特色活动,引导老年人亲身体验和感受传统手工技艺的魅力,丰富了老年人的精神文化生活,真正实现社区退休人员"老有所学、老有所乐、老有所为"。

和睦社团一览表　　　　　　　　　　　　　　表4-2

和睦人家合唱团	老娘舅工作室
和睦人家护卫队	加梯工作室
姻缘对对碰	普法小卫士
和睦太极队	和睦助老志愿队
和睦书画苑	阳光排舞队
乐乐腰鼓队	羽毛球社
和睦人家葫芦丝队	和睦红·慕白艺术创作室
和丰非遗社	巧媳妇志愿服务队
巧媳妇文体团队	童谣传唱团
石榴红社团	化纤社区乡贤会
化纤社区文化艺术团	纤手工作室
红管家红色护航团	笑眯眼编织社
平安巡防队	羽毛球社团
乒乓球社团	摄影社
文学社	书画社
诗社	童谣社
青年宣讲团	少儿和睦红社团
夕阳红曲艺社	和睦红艺术创作工作室
和谐小广播站	合唱团
舞蹈社	民乐社
乒乓社	阳光排舞队
太极队	乐乐腰鼓队
羽毛球社	

六、创作文化作品

在和睦浓厚的文化氛围熏陶下，涌现了一大批文化作品。这些作品亦或是回顾和睦辉煌的过去，亦或是记录和睦当下丰富多彩的文化活动，亦或是对和睦未来的深切展望。这些作品大多出自生活在和睦的居民，他们用诗歌、童谣、摄影作品，动情描绘着自己眼中的和睦。

诗歌节选

华丰颂

是谁怀揣实业救国的理想？
在西塘河畔建起了武林造纸厂；
是谁领先机械造纸的潮流？
培育壮大了民族工业的栋梁。

当敌人的铁蹄践踏我们的国土，
华丰人热血满腔挺起胸膛；
当日寇的炮火轰炸我们的百姓，
华丰人捐赠飞机支援前方。

当战火升级国土沦陷，
华丰厂被日商强占备受重伤；
当收复失地日寇投降，
华丰厂又回归祖国投身亲娘。

华丰厂张开双臂充满力量，
华丰人斗志昂扬回报家乡；
华丰的产品漂洋过海走向世界，
华丰的品牌璀璨夺目声名远扬。

这里曾是泥泞遍野炊烟袅袅的村庄，
厂外有蛙声串串鱼儿欢跳的茭白塘；
勤劳的人们依靠双手不停耕作，
田里的瓜果四季丰硕千里飘香。

西塘河在门口静静流淌，
装卸工在码头日夜奔忙；
各地运来成捆成堆的金黄的稻草，
运走的是成箱成筐的雪白的纸张。

忘不了艳阳高照挥汗如雨的货场，
忘不了喜气洋洋欢声阵阵的礼堂；
忘不了烟雾腾腾瓜壳满地的电影院，
忘不了从幼儿园到小学到初中的课堂。

曾经在空旷无比的厂区内捉过迷藏，
曾经在铁门紧锁的黑夜里爬过围墙；
少年无暇青年无畏我们拥有激情与梦想，
岁月无痕青春无悔华丰厂伴我们成长。

起早摸黑连续加班我们豪情万丈，
披星戴月不知疲倦我们奋发图强；
钻研技术开创精品我们为国争光，
你追我赶永不放弃要干就干出个模样。

都说华丰厂的厂徽可以商店赊账，
都说华丰厂的大龄青年不愁对象；
参不参军上不上学我们也有迷惘，
插队落户何时回城我们也有惆怅。

老师傅的机器擦得铿铿亮，
小学徒的榔头敲得叮当响；
造纸机的滚筒转个不停，
新出品的纸张阵阵芳香。

厂区内有我亲近的老乡，
车间里有我心爱的姑娘；
葡萄廊樟树下多少回耐心地等待，
谁知道为事业为爱情我也曾经痴狂。

西塘河乡邻村春风荡漾，
厂门口柳树下夏夜乘凉；
菊花黄秋月白我们河畔吟咏，
百鸟飞冬风烈我们雪中打仗。

幸福像花儿竞相绽放，
铿锵的玫瑰奇异芬芳；
滚烫的热血浑身流淌，
甜蜜的歌儿放声高唱。

革命的事业结出累累硕果，
纸厂的青年结成新郎新娘；
青涩的学子变成了技术的老将，
风华正茂也变成了最美的夕阳。

激情燃烧成为美丽的过往，
华丰厂也将搬迁至异地他乡；
青葱岁月兄弟们何处话思量，
挥挥手看一看我们热泪盈眶。

历史的洪流势不可挡，
安吉的华丰犹在身旁；
珍贵的往事历历在目，
铁血的友谊心底珍藏。

泱泱大厂百年沧桑，
回味过去情深谊长；
悠悠往事随风飘荡，
告别故土话语千行。

绿水苍苍，白纸茫茫；
爱我华丰，永生难忘。

社工颂

百姓无小事，柴米油和盐。
上门问冷暖，服务需周全。
纠纷需拆劝，邻里促团圆。
扶贫又济困，帮弱享甘甜。
微型养老院，助老度晚年。
四点半课堂，携幼小乐园。
白天忙治水，晚上做动迁。
巡查拆违建，一刻无空闲。
委屈不生怨，挨骂仍笑颜。
排查除隐患，整治保安全。
文明来创建，降尘治油烟。
垃圾要分类，绿化需光鲜。
卫生无死角，清除银屑病。
戴上红袖章，巡查年复年。
身兼网格长，划片保平安。
访企优服务，引资勤洽谈。

辖区搞共建，介绍结良缘。
社区工作者，克难又攻坚。
工作细而碎，重担挑一肩。
忠孝礼义全，琴棋书画兼。
真心为群众，不抽一支烟。
人生五味俱，酸甜苦辣咸。
青春无怨悔，弹指一挥间。
基层作贡献，色彩亦斑斓。
生活真善美，大爱寓平凡。

清平乐·和睦阳光老人家

天寒春晓，几树梅花开。和睦人家相问好，曼舞笙歌袅袅。

书院围坐棋盘，餐厅同做汤圆，莫道老来无事，客堂共忆当年。

天净沙·和睦

红枫银杏白纱，
阳光烟火人家。
宋韵时花秀甲。
　茶歇棋罢，
媪翁悠享闲暇。

朴算子·和睦

颐养好居家，且让夕霞驻。
秋月春花常伴君，燕语庭前树。
回首已沧桑，共议来时路。
细雨和风谈笑间，欣慰宜和睦。

童谣节选

打荞麦

一箩麦,二箩麦,三箩开始打荞麦。
噼噼啪,噼噼啪,认真打来认真拍。
荞麦打得多,送你一淘箩,荞麦打得少,明天起个早。

正月正

正月正,麻雀儿飞过看龙灯,
二月二,城隍山上放鹞儿,
鹞儿,鹞儿飞得高,回来吃年糕,
鹞儿飞得低,回来抱弟弟。

手挽手

手挽手,一起走,走到街上吃老酒;
你一口,我一口,吃了老酒吃蚕豆;
蚕豆香,蚕豆松,一人只能吃一盅;
少吃多滋味,多吃要肚痛。

萤火虫

萤火虫,夜夜红;
公公挑担卖胡葱,婆婆劈篾糊灯笼;
儿子搭脉作郎中,媳妇织布忙裁缝,屋里米桶吃勿空。

◆ 图 4-19 摄影作品节选

◆ 图 4-19 摄影作品节选（续）

七、汇聚文化达人

千年非遗风,广聚爱好者。和睦社区非物质文化遗产资源丰富,有泥塑、剪纸、书法、绘画、雕刻、篆刻、盘纸、编织、拼布、走马灯(宫灯)制作、微型风筝制作等市级、区级非遗项目10余项。如何让文化项目与社区有效连接,实现传统文化项目扎根民间、回归生活是社区文化建设工作的重中之重。和睦街道充分发挥资源优势,聘请优秀非遗大师进驻党群服务中心定点指导,先后开设书法、葫芦丝、剪纸、微型风筝制作等培训课堂,为居民提供亲身体验传统手工技艺的平台(图4-20)。在街道的牵线搭桥下,促成灯彩、剪纸、麦秆扇、盘纸、石雕等非遗项目"师徒结对"5对,成功推进优秀非遗文化代代相传(表4-3)。

◆ 图 4-20 非遗手工艺活态长廊

和睦党群服务中心非遗大师及结对徒弟名录　　　　表4-3

非遗项目	大师姓名	作品	结对徒弟
风筝和灯彩	程迪申	浙江省风筝协会理事、杭州市首届民间工艺大师、杭州市工艺美术大师,创建的"钱塘剪纸"于2013年入选区级"非遗传承项目",2014年"风筝制作技艺"列入杭州市非遗项目,2017年"灯彩扎制"列入余杭区非遗项目	郑光跃

续表

非遗项目	大师姓名	作品	结对徒弟
剪纸	方建国	浙江省民协剪纸艺术专业委员会副秘书长、"钱塘剪纸"非遗传人，2006年获杭州首届国际剪纸艺术节铜奖，2016年创作的G20杭州峰会题材剪纸《杭州欢迎您》《拱墅欢迎您》等得到中央、省、市电视台和各类报刊宣传报道	李小庆
麦秆扇	吴菊仙	浙江省工艺美术大师、省民间艺术家、省非物质文化遗产麦秆剪贴传承人，代表作有《百鸽图》《梅兰竹菊》《虎啸图》和《清明上河图》	葛秀英
盘纸	严美娟	杭州古都文化研究会理事，西湖区非物质文化遗产盘纸第四代传承人，代表作《十里红妆》	刘志美
石雕	潘锡存	首届中国石雕艺术大师、高级工艺美术师、"青田石雕"浙江省非遗代表性传承人	周群
	潘海宾	中国杭州工艺美术博物馆"石雕大师工作室"负责人，中国雕塑专业委员会委员、浙江省民间文艺家协会会员、青田石魂石雕艺术馆艺术监制等	

街道文化站将剪纸项目传承人郑荣山老师的500余幅剪纸作品以电子数据形式保存、整理、归档，并用文字、音像等手段记录传承人口述史抢救性记录工作。自编书籍《中国传统文化艺术·郑荣山剪纸作品集》，在街道各图书馆内展示，此书被拱墅区图书馆收藏。同时，将和睦街道微型风筝项目传承人陈永联老师的制作技艺以电子数据形式保存、整理。陈永联老师的口述史收录在《运河南端话非遗》一书中，其众多作品及教学内容收录在和睦街道自编书籍《中国传统文化艺术·陈爷爷带你放飞微型风筝》中，此书被拱墅区图书馆、浙江省图书馆收藏。

与此同时，街道也培育了一批对文化有着浓厚兴趣的"文化达人"，他们用自己的坚守书写对文化的追求，表达着对和睦街道的深情厚谊。如拱墅区城改办副主任陈旭伟，多次参加和睦茶艺师技能大赛，并就大赛内容和参赛选手作了不少诗歌，展现出深厚的文学素养，也是和睦街道"以文聚人"的典范之一。以下为陈旭伟主任在和睦茶艺师技能大赛中的诗作节选。

羡茶

一碗清风半日闲,
低吟浅唱伴和弦。
琼浆玉液何足羡,
桂雨茶烟最可怜。

——祝贺茶艺师大赛圆满成功

茶艺赛

国饮新篇茶艺长,再来和睦小诗行。
耳边犹忆兰亭序,吟诵饶公承办方。

茗芳亚韵

茗芳亚韵此流光,龙井西湖主泡香。
问道艺锫潭印月,莲莲标志吉成祥。

茶自远古

远古未来茶自香,青瓷水注溢芬芳。
心心融合和天下,等你晨昕容越堂。

清廉一杯茶

茶味喻廉浓郁香,为人正品质高芳。
浮生一世随佳丽,两袖清风雅致长。

茶香光亮

点滴茶香时代光,运河流淌写篇章。
本云共享承瑰宝,天下非遗源远长。

遇上亚运

遇上传承亚运杭,美人一滴韵东方。
若男挑战汤如蜜,惊艳还须滋味棒。

香溢亚运

龙井桂花秋色妆,杭州亚运健儿忙。
丹青绘就充盈盛,静品香醇助力帮。

万物至美

万物之中至美茶,江南宋韵睦为家。
艺师蔡俊两山梦,动静相宜纤手拿。

凤凰归来

宋风一脉凤凰来,秋月平湖筝曲开。
万顷碧波升级版,相融盛世向高台。

融合为一

白毫真味有银针,融汇湖山桥拱宸。
娟秀古今茶艺韵,文明独特始终春。

荷风清雅

荷风清雅驻莲心,静水流深画外音。
向尽秋光终不晚,一番韵味仲尼琴。

遇春重生

琥珀尘香熟普旁,澄怀味象起升光。
遇春天降重生净,磨砺涅槃开亦张。

国茶武林

穿越古今调饮方,真茶煎点泡冲当。
私家混合潮头看,枕上武林来品尝。

那棵茶树下

秘境山林眷恋长,鸠坑色绿栗醇香。
一杯共富家乡梦,神满物丰魂魄当。

旭日初心

凹富后归吟卧龙,初心旭日碧升空。
霞光如练凝千万,大业千秋永向东。

人闲桂花静

桂花龙井满觉香,万代传承经典方。
帘影淡秋留晚色,人闲花静在钱塘。

一口好茶汤

一口茶汤九曲长,梅花三弄吐芬芳。
十年一剑终为始,俭德之人柔益刚。

知音

九曲红梅盖碗茶,知音难觅望天涯。
高山流水晚秋桂,东道主人和睦家。

万物滋养

空怀若谷澈芬芳,滋养金萱乐水长。
万物不争柔为贵,心求明事乃方刚。

万卷·匠心传承

万卷匠心河不干,古琴尺八乐千般。
白毫其境心神静,雅趣纯真书卷丹。

和睦姑娘——叶诗文

她是中国泳坛首位集奥运会、长池世锦赛、短池世锦赛、世界杯、亚运会、全运会冠军于一身的运动员,是被称为"金满贯"的天才少女,也是杭州人口中的"小叶子",她是从和睦街道"走出去"的姑娘,叶诗文(图4-21)。1996年出生于杭州市拱墅区和睦街道和睦新村的一个普通家庭,就读和睦幼儿园时被发掘出游泳潜能。在克服各种困难后,她在2012年伦敦奥运会上以打破世界纪录的方式,先后夺得女子400米和200米混合泳金牌,成为泳坛一颗耀眼的新星。然而,叶诗文职业生涯随后发生了意想不到的转折,2014年仁川亚运会摘金后,她一度"跌入谷底";里约奥运会,她颗粒无收;东京奥运会,她未获入场券。两次退役两次复出,让"巅峰不再"的说法甚嚣尘上。面对坊间众多说辞,叶诗文心态清零,从头开始,2023年,她在杭州亚运会中取得了一金一银的优异成绩,创造了属于自己的奇迹,和睦街道也前往看望并发去喜报。

◆ 图4-21 和睦姑娘叶诗文

世界体坛见证了太多传奇运动员离开后又一次次归来,跌倒后又一次次爬起,让人感叹着"英雄老矣"。但对他们来说,他们不想只活在最盛放的时刻,只有挥洒所有热情,才是不留遗憾的方式。叶诗文永不放弃、直面困难的精神,也激励着"和睦人"在平凡的岗位上坚守耕耘,成为和睦的精神宝藏。

生态文明建设者——赵天心

他是和睦社区的一位普通居民，同时也是新时代文明实践志愿岗的负责人。2015年，为了提升小区生态环境，提高居民的环保意识，社区建立了生态实践园项目，生态园内的雨水循环养鱼池就是赵天心师傅一人策划、设计并一起施工建成的。其所建立的生态微循环系统曾连续两届获得生态环境部颁发的远洋社区环保公益奖。鱼池建成后赵天心承担了新时代文明实践志愿岗（微型生态园）的日常维护与管理，已经坚持了近10年。小区内能有这一角美景，背后是赵师傅的辛勤付出与坚持。

"铁树园"守护者——陶有存

这是一位居住在和睦社区的普通居民，他曾在浙大玉泉校区的工程部承担机械维修工作，1986年进入中美华东制药厂工作，工作之余他经常与爱好花木的同事一起交流，对种植铁树产生了浓厚的兴趣，并跟着他们一起学习种植铁树。陶师傅说："铁树是常绿植物，冬天不会落叶，只需保持10%左右的潮湿度，比较容易养殖。"2004年退休后，他便在和睦社区自己家楼下种植铁树，浇水、施肥，悉心养护，数年间为和睦社区增添了不少绿色的风景。2013年11月底，和睦社区协助陶师傅在一幢楼下共同建设了一个梯形观赏台，让这些铁树有了固定的"住所"，共同改建后的梯形观赏台可以让铁树均匀地照射到阳光，居民也亲切称为"铁树园"。

"何家报"创始人——何国伟

主办一份家报，是他多年来的一个梦想。从事教育工作长达40年，1985年在单位创办了第一份企业报，临退休前几年，从事企业报的编辑工作，可以说，他对报纸的编辑有着特殊的感情。通过认识杭州第一份"家报"主办人《杭州日报》的楼时伟，何国伟在退休一年后，下定决心创办"何家报"。

谈及办报的意义，在何国伟看来，"家报"既不为金钱效益，也不为博关注，更不为社会荣誉，其意义有三：一是家事的重要记录。过去的岁月，家家都或多或少发生过、经历过大大小小的事情，有了这份家报，就可以记录在册，永恒保留。二是喜事与人分享，忧愁与人分担，梳理一下我们的心情，回味一下我们的故事。三是团结家人，相互沟通，相互理解，共同面对。于是"何家报"就在何国伟的期盼和坚持下应运而生，这份家报不仅是一个家庭的写真，更是一个社会的缩影。

太极拳达人——伍卫红

华丰造纸厂退休职工，杨式太极拳第六代传人，中国段位制六段位，一级社会体育指导员，杭州市武术协会委员、特级教练员、一级裁判员，拱墅区武术协会秘书长。伍卫红于20世纪80年代随华丰造纸厂工人学习太极拳，1995年2月拜朱廉方为师，学习太极拳系列。为了推广普及太极拳，成立华丰太极教练站、华丰拳操协会。退休后成立和睦太极拳教练站，组织开展各类健身活动，并组织参加各级比赛，取得优异成绩。

人民书画家——臧复和

他是和睦社区书画协会的开创者，凭借对书画的热爱和高超的技艺，带动发展了一大批书画爱好者。他也是老年大学的书画老师，长期免费为和睦辖区居民授课，营造浓厚的"书香和睦"氛围。

他自幼爱好绘画艺术，笔耕几十年，读书期间受教于章毕漳、徐家昌、朱恒、沈岳老师，后拜诸涵、郑宗修先生为师。擅花鸟，兼山水，现为杭州徽协会委员。绘画作品多次入选省、市书画展，并荣获一等奖、二等奖等奖项，被省级、国家级文博场馆收藏：2013年，作品《牡丹》获"纪念毛泽东同志诞辰120周年全国书画大赛"铜奖，颁奖仪式在北京国家会议中心举办，臧复和被授予"中华爱国艺术家终身成就奖"；2020年，作品《竹》被中国军事博物馆收藏；2021年，作品《大地回春》被浙江图书馆收藏。

此外，还有其他各具特色的社区文化达人，其故事不再一一赘述。

八、搭建文化载体

基层文化阵地是密切联系群众、引导群众的重要渠道，让群众活动有空间、文化传播有载体，才能切实提高群众对文化需求的满足感、获得感。和睦街道坚持"文化立根、文化铸魂、文化聚人"原则，通过延伸层高、增加采光，将杂乱、昏暗的电动车棚改造成宽敞明亮的百姓健身房，通过融合和睦老厂文化，重塑布局，解构功能，全面升级群众文体活动、休闲社交空间，废旧杂乱的闲置房子变身为文化活动空间。如今，和睦街道附近的居民有了文化休闲的好去处，装饰一新、宽敞明亮的群众文体空间，每天都在开办书法、绘画、葫芦丝、剪纸、微型风筝制作等培训课堂，"和睦人"的文化需求有了安放之地。

在和睦老旧小区改造的过程中，也一直将居民的文化需求放在至关重要的位置。和睦社区别出心裁地对南大门及与其相邻的东面小广场一并进行提升改造，将门楣与老香樟树结合，巧妙地设计了"金钥匙"形状的门头，拓宽了门厅视野，开阔了空间格局。腾空原来的垃圾集置点，建成带水雾的风雨连廊，形成了循环通道，改善了人车分流，缓解了局部交通压力。同时，利用三棵银杏树的树池，添置了休憩设施，集聚口袋公园的人气，增强了休闲氛围。现在，口袋公园每天晚上都有大量的人群光顾，更有各类文化团体在这里演出，辖区居民足不出户就能享受丰富的文娱生活。

希望全社会都参与到阅读中来，形成爱读书、读好书、善读书的浓厚氛围，这是习近平总书记对于读书的希冀。秉承着打造"书香和睦"理念，和睦街道千方百计创造良好的阅读条件和环境，希望带动更多辖区居民多读书、读好书，帮助他们打开眼界胸襟、提高综合素养、涵养精神品质。为此，针对街道内兼具幼儿园、小学、中学的情况，同时兼顾社区中老年人及其他居民的阅读需求，和睦街道引入第三方机构来运营和睦书阁，精心研究图书的配比和馆内布局，引入图书1万余册。如今，和睦书阁已经成为深受周边居民喜爱的网红社区图书馆。此外，和睦书阁不仅开展成人读书会、亲子共读计划、传统文化经典诵读等活动，还开展了陶艺插花、品茶弄墨沙龙、非遗研讨等活动，丰富市民业余生活，提升生活品质。

此外，和睦街道积极创建新时代文明实践站，以"小阵地"撬动"大和谐"，以"微治理"推动"大文明"。各社区依托新时代文明实践站，拓宽宣传平台，汇聚群众力量，传播文化精髓，坚持群众需求为导向，通过开展形式多样的文明实践活动，向基层宣传践行党的科学理论、重大举措等，传播党的声音、培育文明新风、传承优良文化，解决乡风文明建设中的难点问题，更好地满足人民群众日益增长的精神文化需求。

九、丰富文化生活

提起"文化"，很多人的第一反应都是"高深莫测""曲高和寡""知识渊博"，似乎文化与"烟火气"是一对反义词。而在和睦社区，文化与生活紧密相连，文化早已融入社区建设的方方面面，成为居民生活不可分割的一部分。

在和睦社区居民楼的道路旁，竖立着多块由辖区居民绘制的创意砖，这些创意砖上有的绘制了各种图案，有的写上了居民的美好寄语，各色各样的砖块堆叠形成了一面创意墙，也成为和睦社区一道亮丽的文化景观（图4-22）。

◆ 图4-22　创意墙展示

未来社区建设，科技智能是衡量社区建设成果的标志之一。走进和睦社区，会惊叹于数字化为养老托育带来的便利性，也惊叹于老旧小区在数字化赋能下的改头换面，更惊叹于在数字化时代下传统文化与数字科技的和谐共生。在和睦社区，我们还能见到20世纪80年代的水泥板洗衣台（图4-23），在社区改造的过程中，这些印刻着和睦历史的"文物"被保留了下来，即便年代久

◆ 图4-23　水泥板洗衣台

远，这些洗衣台仍然保留着实用功能，成为和睦居民的生活工具，在造福居民的同时保留着和睦社区居民过去的生活烙印、时代芳华、乡愁情感、怀旧情结等文化印记。

在和睦共富街区，有很多谋生的商家小贩，与印象中压力繁重的生意人不同，和睦的店家里涌现出众多民间艺术家，他们将文化与生活结合，在狭小摊位上书写诗和远方。如共富街区里关东煮、凉皮摊被称为"江湖书法家"的老板，亲手写作的宣传标语吸引了不少消费者驻足观看（图4-24）。又如和睦传达室的一名普通大伯，在小区黑板上宣传"文明和睦""和睦精神"，这样高雅的情操无不令人动容。

◆ 图4-24 宣传标语

十、涵养文化廉政

"国民之魂，文以化之；国家之神，文以铸之。"通过文化涵养，让"和睦人"特别是党员干部能更加深刻地知道什么是真善美，什么是假恶丑，什么是应该颂扬的，什么是应该鞭挞的，在和睦特色文化的春风化雨、润物无声中,社会主义核心价值观、崇德尚廉的正能量内化为精神追求,外化为自觉行动。和睦街道深挖历史传统元素,将中华传统"和文化"的和谐、和平、和睦之意,融入清廉社区建设,深入基层社区治理,绘制群众身边的"清廉和美图"。

1. 以"微阵地"为水墨,勾勒"清廉和美图"廉洁主线

和睦街道深入挖掘本地特色廉洁资源,依托本地廉洁故事、特色地标、和美乡风、非遗技艺中的清廉元素等,找准建设廉洁文化微阵地的融合点,升级打造15处"廉洁微阵地",并串珠成链,勾勒出"清廉和美图"主线脉络。15处廉洁小品由和睦社区一池一廊一林一街一巴士,化纤公寓两亭两园,华丰新村一墙数石等组成,均是依托已有场地或实物改建而来,让新物件在廉洁寓意之下焕然一新。

"净廉池"是和睦社区一处锦鲤鱼池,原是生态养鱼池,和睦街道纪工委在池内培育莲花,在池边放置"净廉池"石刻(图4-25)。

◆ 图4-25 净廉池

清风廊位于和睦公园一处连廊,增添了"八慎"标识牌和"廉洁自律准则"灯光投影,让此处有了浓厚的廉洁氛围(图4-26)。

◆ 图 4-26 清风廊

青衫林取名于一片无名水杉林（图 4-27），在水杉树间穿插放置了"二十四孝图"，在地面石板上镶嵌了莲花团，打造了"二十孝步行街"，成为居民饭后休闲的好去处。此外，将步行街一辆报废的小巴士，车体重新绘色，融入清风侠、清廉和美、莲花等元素后，打造清廉巴士。

◆ 图 4-27 青衫林

孝心园位于化纤公寓西南角，原是一处犄角荒地，社区纪委在墙面绘制"新二十四孝"彩绘图，配置健身娱乐器材，并在入口处修砌了"孝心亭"，成为居民健身娱乐的聚集地（图4-28）。

◆ 图 4-28　孝心园

"廉"字公园位于化纤公寓党群服务中心南侧，原是一处垃圾堆放处，社区以旧改为契机，修缮"清风亭"，增设历史清廉小故事橱窗，并以"微家训"为载体，打造家风家训墙（图4-29）。

◆ 图 4-29　"廉"字公园

2. 以"银廉"为色彩，渲染"清廉和美图"为民本色

和睦街道发挥监察联络站"前哨"和"探头"的作用，组建"银廉"三支队伍，他们各司其职，共同推动联络站成为干群"连心站"。"银宣队"侧重宣传，通过宣讲、组织文娱活动等展现街道清廉和美、廉洁家风的氛围；"银哨队"侧重监督，发挥退休群众热心居民事务的优势，让监督无盲区；"银和队"搭建"民情和睦桥"，妙解民意共筑和美氛围。设立以"守廉和美 银廉笃行"为主题的"银莲杯"文创活动，展现崇廉尚洁、孝老爱亲的和睦氛围，定期评选和睦十佳清廉"银莲杯"作品。同时开设"银廉播报"清廉小广播栏目，播报党纪法规、廉政故事等内容，并通过宣讲廉政党课等形式，发挥三支队伍"银廉倡廉"的作用，营造全域"话廉"的浓厚氛围。

与此同时，三支队伍通过设立每月廉情接待日、"清廉一杯茶"等活动，广泛听取群众反映的大小问题，织密"监察办+联络站""信息员+银廉队"三级监督网络，推动打造务实管用的"家门口的纪委监委"。

3. 以"三廉"为光彩，辉映"清廉和美图"正气景象

"文化而润其内，养德以固其本。"每一位和睦人都是清廉"和"文化的传承者，都是"墅"清风的拥护者。和睦街道通过话"廉"、学"廉"、育"廉"三种模式，持续营造风清气正的政治生态和良好的干事创业氛围。

话"廉"。设立以"守廉和美·银廉笃行"为主题的"银莲杯"文创活动，展现崇廉尚洁、孝老爱亲的和睦氛围，定期评选和睦十佳清廉"银莲杯"作品。同时开设"银廉播报"清廉小广播栏目，播报党纪法规、廉政故事等内容，并通过宣讲廉政党课等形式，发挥三支队伍"银廉倡廉"的作用，营造全域"话廉"的浓厚氛围。

学"廉"。定期开展"法纪廉动·以案说法"法纪宣讲课堂，邀请法纪宣讲团导师讲授如何做新时代合格党员；组织"巡视巡察"学廉讲坛，推动"未巡先改"见实效。同时常态化开展"接廉走运·沐浴清风"警示教育活动，通过参观、讨论等多种形式，形成全员"学廉"的自觉意识。

育"廉"。街道广泛开展征集家风"好故事"、书写廉洁"微家书"活动，把优良家风、家训的故事"晾晒"在家风家训墙，通过"银廉"队伍带动宣传，培育良好家风，引导党员干部清白做人、干净做事、廉洁从政，传承深厚"育廉"的文化内涵。

经典案例8：如何通过社区文化凝心铸魂

和睦社区是20世纪80年代建立的城北产业工人聚集区，华丰造纸厂、杭一棉、印染厂、链条厂、油漆油墨厂等大型工厂有不少工程师、技术员、老工匠、老师傅是文化达人，他们对工业时代的文化符号有着强烈的记忆和深厚的感情。

和睦新村南大门绿化带上原先有块大石头，刻着"和睦新村"4个红漆大字。南大门改造后，风格变化了，原先的大石头已不协调，留着不适，弃之可惜，不妨将和睦新村居民工作过的几个老国企名称以篆刻印章的形式刻上去，换个合适的地点陈列，权当一个景观小品。

一天，街道工作人员路过这块景观石，被群众拦了下来，反映这块石头将她工作过的塑化二厂漏掉了，要求补上。街道负责人当即表示同意，过了几天后在空白处请施工人员刻了上去。这说明，居民在心里对这块景观石是在意的。

华丰社区有不少文化达人，参加了西泠印社等文化团体，平时根本没有兴趣参与社区文化活动。社区负责人"三顾茅庐"，多次登门拜访邀请，他们最终答应参与社区的文化活动，每年春节都为邻居朋友写春联送福字。有了他们的参与，何必再舍近求远！街道的办公楼、社区的办公楼都张贴着他们的作品，根本不需要花钱另请高明题字。社区就是他们的文化家园。

和睦乐养中心建成后，培训室时常聚集着不少书画爱好者在此练习，一位长者经常免费给大家培训。一打听，原来毕业于美院夜大，姓名臧复和，竹子画得特别好；一交流，才知道他已经免费给大家培训半年多了。于是，街道决定给他提供笔墨纸砚，欢迎他经常来指导大家练习书画。街道党群服务中心成立后，专门开辟了书画室，由他负责开展活动。街道还成立了和睦书画协会，由臧复和担任会长。书画活动有声有色，吸引全市不少老同志常来交流练笔。

在旧改过程中，和睦社区将居民几十年前用过的锅碗瓢盆、各类奖章证书、票证、旧家电、旧工具用具捐赠出来，特意在阳光餐厅开辟了一面怀旧主题文化墙，专门展示这些老物件。这个餐厅成为老年人喜爱的就餐场所，成为具有"烟火味、生活味、人情味"的三味餐厅。

与此同时，社区还将《杭州日报》刊登过的有关和睦新村的报道全部收集起来，印在休闲凳的表面上，形成怀旧主题休闲坐凳，令不少考察者眼前一亮。

在铁树苑休闲公园的墙上，展示着和睦居民曾经奋斗过的工厂厂名，增强他们的归属感和认同感。同时，刊登了反映和睦历史、文化、岁月变迁、四时景色、人文环境的《和睦赋》，在显眼的墙面上写着词《青玉案·和睦》，宋韵文化、烟火生活韵味随时随地，在不经意中得以展示和流露。既吸引各地学习考察者，又吸引本地居民——使在和睦生活过的居民感到了荣耀与留恋，使未曾在这里生活过的居民感到羡慕与景仰。

这就是无形中的力量：岁月无痕，润物无声，真水无香。社区文化在无声无息中滋养万物、凝心聚魂。

第四节 资源共享,群众的需求多方来保障

习近平总书记强调,基层党组织是贯彻落实党中央决策部署的"最后一公里"。要把加强基层党的建设、巩固党的执政基础作为贯穿社会治理和基层建设的一条红线,推进党建统领基层治理。和睦社区通过党建统领基层治理的实践探索,走出了一条现代社区基层治理的有效路径。

一、构建党建引领基层治理新方法

和睦社区推进"135工作法",通过"党员带领群众,群众做群众工作""三方协同""五步工作法"强合力优治理,以党建为引领,充分发挥小区党组织的战斗堡垒作用。

1. 一个核心引领,实现社区民主共建共治

和睦推广"党员带领群众,群众做群众工作"的工作方法,发挥党员争当未来社区建设"排头兵"和"冲锋员"作用,推进党组织领导整合各方力量,统领小区新治理。强化党委核心领导作用,开展调研走访,摸清居民基本诉求和思想动态等,多次召开党员、居民代表等各类座谈会,广泛做好宣传动员,形成党委提前部署、积极推动、贯穿始终的工作机制。发挥支部战斗堡垒作用。社区党委以组织支部党史学习教育为契机,多次召开支部会议、个别谈话和小组讨论会,并开展"亮身份、作表率、当先锋"攻坚行动,以社区两委党员干部、普通党员等为主力军,安排一名党员认领一栋楼,确保每个单元、每个楼层、每个家庭户都有"红管家"。调动党员积极参与作用。小区34名党员和小区专员、网格员一同组成5个工作小组,分批分组、包干到户,在前期认真做好居民沟通、解释工作,积极参与竞选、投票,以实际行动

展现党员的先锋模范作用。党员与群众共同作用。街道成立由老党员和热心居民组成的"旧改督导团",监督施工的进度、质量和安全,更有效地和居民沟通,多渠道接收投诉和意见。

2. 三方协同治理,实现社区环境整洁有序

三方协同是以社区党组织为龙头,社区、物业、业委会共同协商解决小区治理难题的"物居业"三方协同共治新路径,为广大业主提供顺心、舒适的居住环境。三级联动,破解小区业委会换届难、发展难问题。通过小区网格员、小区专员对小区住户大面积走访,了解居民的所思所想;通过社区党委主动上门面对面沟通,破解居民对换届工作的疑虑隔阂;通过支部书记积极发动党员报名参与,选出一支强有力的红色业委会队伍。三方整合,破解老旧小区改造、加装电梯难题。和睦社区旧改、加梯涉及居民切身利益,社区党委和三方办推动居民自治,倡导小区微治理,从"靠社区管"逐渐向"自治共管"转变。三方合力,调解小区纠纷矛盾,确保小区和谐稳定。设置小区专员工作室、微型消防站,成为社区日常居民接待的场所,每周由小区专员、物管会成员、物业负责人定期接待,成为听民声、察民情、汇民意、解民忧的地方。

3. 五步联动推进,实现社区综治平安和谐

街道始终把预防化解矛盾纠纷摆在突出位置,通过"强核心、树机制、搭平台、有队伍、重落实"的五步工作法,不断健全访源治理、事前化解防范长效机制,力促矛盾纠纷就地化解。坚持"强核心",构筑党建引领新局面。聚焦"如何引领",始终坚持让基层党组织唱主角、挑大梁,把访源治理、化解矛盾纠纷这项工作提升到党组织工作层面。坚持"树机制",开创多元防治新体系。聚焦"如何防治",始终坚持抓早溯源"防未病""治未病",努力把治理环节往一线深入、向前端延伸,通过机制方面的创新,形成多元化、规范化的防治模式。坚持"搭平台",打造民情沟通新桥梁。聚焦"如何保障",在街道新落成的双创中心内,建有"一体化"数字综合指挥中心,集综治中心、矛调中心、信访中心"三心合一",并通过三维建模的数字化手段,将和睦社区的人、房、企、事、物与建筑空间结合起来,形成一张动态的CIM地图,实现"一户一档"可视化管理,并且每个社区结合实际,因地制宜建设多个站点。坚持"有队伍",凝聚群防群治新力量。聚焦"如何支撑",街

道始终坚持"用心用情走好群众路线、真心真意依靠群众力量",不断强化队伍管理,通过加强教育培训和实践锻炼,进一步提升队伍的履职尽责能力。坚持"重落实",提升信访化解新质效。聚焦"如何化解",街道始终坚持抓早抓小、科学应对、多方协同、闭环化解的全流程处置模式,推动矛盾纠纷及时化解。

二、构建区域化大党建新路径

和睦社区按照"党建引领、融合共治"的发展思路,2018年6月成立"和睦红"区域党建联建委员会至今,完成了建立健全组织体系和提升党建联建工作效率的数字化"大工委"平台等重要工作。

"和睦红"党建联建:整合资源聚合力,是和睦街道冲破地域面积小、资源匮乏的桎梏,整合优势资源,多方合力共建的党建联建新载体。创新成立"和睦红"区域党建联建委员会,合力推出共建共享阵地。党建驿站的建设管理服务标准被推广成为全区运河城市驿站样板,党建联建工作模式也被全区推广。从"和睦红"到"和睦红集市",实现了由点至面的区域优势资源整合,是区域党建共建工作的进一步深化(图4-30)。

和睦红集市:搭建平台促共融。和睦社区聚焦打破资源匮乏瓶颈,依靠"和睦红"党建联建机制,设立"大工委"云平台,整合资源推动项目落地,推动69家单位常态化合作推出"和睦红集市",实现需求、资源、项目、认领"四张清单"的无缝链接,累计完成300余个2000余万元的项目,切实解决居民急难愁盼的问题。充分实现辖区内的党建资源优势互补、资源共享、整合发展,促进城市基层党建的发展,推动形成共建共治共享的社会治理模式。

共富联盟:品牌创建增效能。2022年6月,和睦街道紧扣共富大局,成立"党建共富联盟",持续发挥联盟在统筹整合资源、助力高质量发展方面的积极作用,在党建创新中引领激发辖区共同富裕的新动能,为建设共同富裕现代化基本单元贡献力量。

◆ 图 4-30 "和睦红"出征仪式

三、构建党群共建共治共享新机制

和睦社区以"引领、共建、暖心"为核心定位，建设运河城市驿站，提供共建议事、支部活动、政策宣传、临时休憩、民情采集、基层治理、矛盾化解、文化传播等"看得见"的服务项目，零门槛向党员群众开放，是"和睦红"党建联建拓展服务的有力窗口。城市党群服务驿站可为周边群众提供基层服务，以小驿站托起大民生，通过共建共治共享，构建党群服务新机制。

以"体系＋协同"推动运河城市驿站"建起来"。和睦街道紧扣区域党建共驻共建共享机制，整合党建联建服务资源，一是建立区域党建联建组织体系——运河城市驿站，着力构筑"组织联建、资源共享、机制衔接、功能优化"的城市基础组织体系；二是完善区域党建联建协同机制，出台《"和睦红"区域化党建工作实施方案》，推出需求、服务、问题清单制度；三是激发区域党建联建原生动力，积极吸纳联建单位资源，区住房和城乡建设局、区城管局、浙江来益医药有限公司、浙江华越设计股份有限公司、浙江中医药大学附属二院等共同开展服务。

以"常态+轮值"推动运河城市驿站"管起来"。和睦街道充分发挥党组织战斗堡垒和党员先锋模范作用，不断引领各方力量汇聚运河城市驿站，使阵地有效运转。一是建立"3+1"结对联盟，在全街道确定了12个机关及社区、联建单位党支部，分别联系包抓3个运河城市驿站的建设和沟通协调；二是完善"1+N"值班机制，社区或党支部为驿站主值班单位，同时引进党员志愿者、大学生志愿者、社会组织各类主体进行轮值；三是完善"1+2"配套制度。建立书记结对制度，街道党工委书记、社区党委书记固定一天进驻驿站进行管理和接待，夯实活动登记与通报两项基本制度。

以"开放+为民"推动运河城市驿站"用起来"。和睦街道以驿站党建联建服务保障机制为基础，汇聚辖区各方资源，发挥引领作用，形成群众家门口党建的"微阵地"（图4-31）。一是齐全功能发挥六站点作用，实施"1+6+N"模式，发挥"联建联络站、支部活动站、网格管理站、社情民意站、红色加油站、志愿服务站"六站职能；二是彰显个性提供特色化服务，结合各驿站所处位置、服务对象特点，创设各具特色的"N"服务，彰显驿站的个性化特色亮点服务；三是履行"4+2"联建职责，设置党员示范岗，让驿站

◆ 图4-31　运河领航

成为党支部的"移动工作室",有效助推"亚健康"和"小微病"等支部的整转,围绕"开展一次平安宣传、认领一批'微心愿'、联办一场互动活动、当好一次'和睦红'义工"4项共性活动,办好"走访慰问困难党员群众、帮助解决实际难题"2件实事,真正把运河城市驿站建成惠民政策宣传点、党群情感增进点、为民实事办理点。

第五章　开放和睦

——经济高质量发展

习近平总书记指出，高质量发展是全面建设社会主义现代化国家的首要任务，并交给浙江"高质量发展建设共同富裕示范区"重大使命。建设现代化产业体系对构建新发展格局、推动高质量发展具有重大意义，杭州市拱墅区实施"产业立区"战略，发展以经济为支撑的现代化产业体系，全力推动十大产业平台建设，为高质量发展提供重要支撑[①]。和睦街道积极响应产业发展战略，为企业生存发展营造良好的营商环境，推动经济高质量发展。

---

① 杭州市拱墅区人民政府. 全力推动十大产业平台建设 为高质量发展提供重要支撑［EB/OL］.［2020-6-5］. http://www.gongshu.gov.cn/art/2020/6/5/art_1228918_45087307.html.

第一节 筑巢引凤，招引不占资源的金凤凰

和睦街道受区域资源匮乏限制，大项目落地困难，财政收入规模体量较小，但是多年来街道积极盘活有限资源破解"要素瓶颈"，探索出符合和睦实际情况的、"无中生有"抓项目的无资源招商方法，真正实现"小街道、大作为"（图5-1）。

一、"无中生有"促发展

和睦街道经济底子较弱，资源较为匮乏，在招商引资工作方面较其他街道没有突出优势。为此，和睦街道走出一条"无中生有"的无资源招商道路。

1. 加强招商引资领导，强化招商促发展

街道始终坚持"一张蓝图绘到底，一任接着一任干"，围绕高质量发展主题，以"功成不必在我"的精神境界和"功成必定有我"的历史担当，一以贯之抓落实，驰而不息、久久为功，力促辖区空间布局持续优化、产业要素逐渐集聚、亩均效益不断提升、优

◆ 图5-1 和睦街道商会研讨

质项目加速落地。街道牢牢把握高质量发展这个首要任务，狠抓落实安商稳商，全方位、全流程、全周期为企业排忧解难，助力企业做大做强、增资扩产；扎实推进重点项目，关注重点投资项目开发建设工作，强化跟踪监测，加强对接服务，推进项目提速增效；紧盯双招双引质效，充分挖掘招商信息，指定专人跟踪对接、靠前服务，不断深化项目招引闭环式全程服务。

舍小账，算大账。2014年10月，杭州华丰造纸厂仓库突发大火，造成较大影响。事后，和睦街道主动出击，时任党工委书记史小斌、办事处主任饶文玖与华丰造纸厂进行多轮约谈、会商，终于做通华丰造纸厂思想工作，提前启动仓库承租户清退攻坚，街道组织下辖消防职能科室、综治职能科室，并联合派出所、市场监管所、执法中队，配合华丰造纸厂清退承租户，以最小的代价，换取日后更大的税收贡献。后期华丰造纸厂在征迁收购中，累计贡献企业所得税约6亿元，在大企业陆续搬迁的形势下，为街道财政收入贡献强劲动能，稳住街道经济基本盘。

早预判，谋储备。面对利尔达科技集团余杭购地、华丰造纸厂整体搬迁规划确定及西塘河面临大政策、大环境调整等不利因素叠加，街道未雨绸缪，会同区领导及相关部门开展重点企业调研，争取政策扶持，宣传根脉情怀，讲企业的发展历程、讲企业的文化根脉、讲政企的亲清关系，将利尔达、华丰造纸厂等集团部分稳留在了和睦。在稳住重点企业的同时，积极夯实优质企业，先后引进了浙江华润电力、大连电瓷、协鑫能源、丽尚国潮等多家上市企业的全资子公司，并积极做好华丰地块的前期宣传，会同城中村指挥部接洽华润、金茂、葛洲坝、五矿、凯德、万科、富力、卓越、浦项、丰隆等多家地产开发企业，提前谋划地块项目。

小街道，大能量。街道财政收入在经历一系列"由破转立"的阵痛期后，依然连年稳步增长、屡创新高。2018年和睦街道地方税收成功突破"亿元"后，近五年来，街道财政收入稳步增长，税收绝对额连年创历史新高，2018—2022年街道财政总收入由2.2亿元增长至10.3亿元，年平均增长47.1%；地方财政收入由1亿元增长至4.8亿元，年平均增长48.0%。5年内税收1000万元以上的企业从3家上升至10家，合计产生的财政总收入由3900万元上升至9亿元，重点税源企业税收贡献显著，在1.5平方公里的热土上迸发了无限能量。

2. 创新招商手段，破解"无资源"招商

街道努力突破空间瓶颈、跨越转型"阵痛"，聚焦优势资源谋划推介、领导带头寻商招商、市场化招商、项目落地服务，通过中介推荐、敲门访问、服务吸引等方法路径，多角度、多渠道破解和睦"无资源"困境，开拓招大引强新局面。

党建引领平台搭桥。依托"和睦红"党建联建成员单位优势，通过结对共建，加强部门、金融机构与企业深度融合、资源共享，提升服务效率和质量。如街道高效协调有关部门快速完成正和石油关联企业股权变更五部门联审，联合区税务局、金融办进行上市指导；共建金融机构为天禧公路养护等企业提供无抵押贷款，缓解融资难问题，"输血"小微企业等。做优和睦商会、留联会、知联会等平台阵地，强化协会桥梁纽带作用，实现资源整合利用、供需精准对接，推动优质项目、产业链项目、人才项目加速落地见效。

领导包干全员招商。主要领导高位推动、带头谋划项目，依托自身人脉资源，积极带头开展寻商招商，对重大招引项目实行"一对一"紧盯的全程跟踪服务模式，为重点意向企业提供"共性+个性"服务，全员上阵做好"后勤服务员"，确保招引项目稳着陆、早见效。街道党工委书记在赴辖区华润加气站安全检查时，本着招商引资的希望，指出街道在承担企业发展安全风险的同时，也希望企业能给街道经济发展做贡献。在与企业负责人深入交流后，得知该企业的兄弟企业将设立两家外资项目，街道主要领导和分管领导通过多次上门走访、深入解读拱墅营商环境、高效协调"一企一策"等方式，最终成功引进华润电力（浙江）有限公司和华润普星电动汽车服务有限公司，累计引入核定外资1.3亿元人民币，引进次年税收就突破千万元；街道四处奔走、主动牵线，联合区投促局等部门，开展点对点、一对一精准对接，协助企业踏勘适宜场地，助推上市企业兰州丽尚国潮实业集团股份有限公司全资子公司丽尚国潮（浙江）控股有限公司、上市企业大连电瓷全资子公司浙江大瓷信息技术有限公司和超创数能科技有限公司落地拱墅。

走访问需纾困解难。班子成员深入企业"把脉问需"，主动上门精准帮扶，全力做到"随叫随到、不叫不到、服务周到、说到做到"，确保企业服务无死角，提升企业对和睦的归属感、凝聚力，发展"以企引企"招商新渠道。荣焱信息科技有限公司等企业申报国家高新技术企业时遇到税务归集问题，街道第一时间联系拱墅区税务局、区科技局等部门联合上门指导,助力企业顺利通过审核;利尔达科技集团临近上市被投诉,街道在获悉企业诉求后,联系市场监管部门,主动对接核实情况,核实该投诉为职业打假人恶意投诉,及时疏导,妥善处理该起投诉,确保了利尔达科技集团的如期上市;疫情期间因进出口防疫管理限制,辖区重点纳税企业和进口企业浙江诺迪福科技有限公司因进口原料无法正常运输流通,严重影响企业发展,街道及时协助企业对接商务部门和属地街道,积极申办进出口通行证,及时缓解了企业困难;街道储备上市企业杭州正和流体科技股份有限公司因政策原因,"工业白油"货劳发票无法开票,直接影响企业正常销售开展,街道联合区税务部门主要领导上门指导,协助对接上级部门,及时解困,保障了正常业务的开展。类似案例举不胜举,通过精准靶向服务,进一步增强了街道与企业的黏合度。

二、"栽树筑巢"引凤来

和睦街道一步一个脚印,栽好产业"梧桐树",筑好"招商巢",引来"金凤凰"。通过搭建平台,增进政企、银企之间的沟通交流,及时有效处置企业遇到的困难和问题。鼓励辖区优秀骨干企业发挥引领支撑作用,带动中小微企业补齐短板、发展壮大。多措并举为企业提供优质营商环境,促进辖区经济高质量发展。

随着2015年底利尔达科技集团整体搬迁至余杭区,2017年4月底,华丰造纸厂上下游产业链停产搬迁,街道重点产业和龙头企业逐渐由单一重点产业企业,迭代升级为一批细分赛道领域优质企业:包括利尔达科技集团、鲜丰水果股份有限公司、浙江正和流体科技股份有限公司、浙江中天智汇安装工程有限公司、浙江诺迪福科技有限公司、丽尚国潮(浙江)控股有限公司、华越设计集团股份有限公司等,涵盖电子、科技、零售、家居、建设等多领域。

> **经典案例9:招商优企是经济工作的生命线**
>
> 近十年是和睦街道发展的转型期,城市更新、产业转型、人口更替同步推进、交替进行。伴随着企业搬迁,经济发展本来会有断崖式下降

的风险,但和睦街道的经济却平稳有序发展,不但没有断崖塌方式下降,反而逆势飘红、快速增长,其中有什么奥秘呢?不妨来一起解码。

和睦辖区小,发展经济的平台和载体在华丰厂搬迁之前相当匮乏,可以用一首打油诗来形容:"一个大厂五百亩,一幢楼宇六千方,一条街区五百米,平台载体响叮当。"

要想增加可用财力,必须强化招商引资,尤其是要眼睛向外,强化无资源招商。于是,和睦重视培育招商员队伍,依托中介力量拓渠道、广撒网,想方设法捕捉招商信息,力图全市资源都为我所用。以商贸商务、文创设计、信息科技等现代服务业为主攻方向,每年招引一百多家企业,补充了新生力量,增强了造血功能,这是广开财源的主要渠道。同时,持续优化营商环境,不断提高对企业的服务质量,让新的企业愿意进来,老的企业不愿离开。

十多年前,和睦的企业税源非常单一,仅仅依靠两家大企业:华丰造纸厂,年缴税约3000万元,占街道税收约三分之一;利尔达科技集团,年缴税也近3000万元,占街道税收约三分之一,其余企业合计占三分之一。

如此单一的税源结构,导致两家企业如果搬走任何一家,都会对和睦的经济造成巨大影响,更不要说两家都搬走!经济发展的压力可想而知。怎么办呢?唯一的办法就是优化对企业的服务,让企业"身走税不走"。

华丰造纸厂的生产基地要搬到湖州安吉天子湖工业区,在搬迁之前,面临承租户腾退、在岗职工分流、职工宿舍区改造、后续物业服务移交、财产清理、房屋拆迁等众多繁琐工作。在此期间,街道和社区给予了大力支持、紧密配合,让企业卸下包袱、轻装上阵,解决历史遗留问题,破解了大厂搬迁"逢搬必闹"的惯例,如期顺利圆满地完成了关停和搬迁任务。华丰造纸厂深切感受到街道、社区的服务诚意和助企能力,在安吉成立科技公司进行经营运作的同时,仍将总部留在和睦,并表示会永久扎根和睦。

利尔达科技集团早年买了和睦辖区的办公楼,在企业经历十年飞速发展后，办公空间显得捉襟见肘，于是利尔达科技集团又到余杭仓前买了40亩地，建了40万平方米的工业园区。利尔达科技集团搬迁期间，街道始终提供一流的服务保障，让企业感受到拱墅区优越的营商环境。尽管已经搬走九年了，利尔达科技集团总部也一直留在和睦。2023年，利尔达科技集团在北交所成功上市，成为和睦街道首家上市企业。

街道也注重"以商招商""以企引企"。和睦辖区有一家华润旗下的加气站，安全监管责任由街道承担，该企业税收贡献却不在和睦。街道领导在走访中要求企业在有关联企业注册时需及时提供信息，以便街道及时做好服务，争取将更多的企业引入和睦。后来，该公司提供了一条信息，华润电力将在浙江成立一家电力销售公司。街道领导主动对接服务，引进了华润电力（浙江）销售有限公司。该公司引进当年即产税1500余万元，第二年产税2500余万元，有力地增强了街道的财政收入。

华丰造纸厂的闲置厂房和空地在搬迁之前曾经办了一个华源文创园，最兴旺时有60~70家企业进驻经营，有20~30家企业落户和睦。其中，最大的一家是北欧风情家居销售商——诺迪福家居，近几年每年纳税3000万元以上。

仅华润电力（浙江）销售有限公司和诺迪福家居有限公司这两家企业，税收即可接近当年华丰造纸厂和利尔达科技集团两家重量级企业，街道也在不断引进其他中坚企业，源源不断地增加和睦街道的税源。

因此，在企业搬迁的大背景下，和睦街道通过强化招商优企，不但没有面临税收断崖式下降的危机，反而逆势飘红，乘风破浪，高奏凯歌。

第二节 构筑平台,树立城北商业新标杆

随着拱墅"退二进三"和北大桥综合整治的推进,大量工业企业搬迁,原来的工业厂区大量空间闲置。和睦推进"产城人"融合发展,利用闲置空间创新商业平台,提供创意招商空间,为新业态、新人才、新经济赋能增效,树立商业新标杆(图 5-2)。

一、"产城人"融合促发展

在经济社会不断发展、一路迭代的背景下,推进人、产业、城市的融合与发展,十分考验基层干部的眼界和智慧。和睦通过"以产聚人""以人促产""以城留人""以人兴城",进一步拓展产业创新集群发展,创造有效空间,完善产业布局,实现高效率、高品质和高质量发展。

1. 华丰地块崛起,多维构建产业载体

和睦下辖的华丰地块,地处大城西和大城北交会点,不仅拥有主城稀缺的连片开发空间,还拥有大运河中央公园、百年工业遗存华丰造纸厂、西塘河水景

◆ 图 5-2 华丰"三合一"项目效果图

等厚重优质的生态文化底蕴。以打造"大运河休闲商务区"为目标，在未来将形成花园商务区、文化娱乐区、高档居住区、滨水休闲区四大功能区。街道抢抓机遇、扛起担当，以华丰地块开发作为主战场、主阵地、主引擎，坚持高起点规划、高品质建设、高水平管理，将宝贵资源禀赋充分转化为街域发展能级，努力展现大运河休闲商务核心街应有的风采。

2. 大卖场、写字楼、步行街，互动融合发展

和睦街道凭借华丰商业项目集品质住宅、万象商业、商务办公等多领域新业态于一体的优势，提前做好产业布局，推进区域经济结构战略性调整。随着大量工业企业关停搬迁，治水、治气取得显著成效，为产业发展和人口集聚创造了良好的生态环境。依托外围大城西众创圈、华丰地块商业写字楼，结合和睦社区双创中心，满足多样化创业需求，构建"居住无忧、产业多样、机制健全"的未来创业场景。

二、闲置空间巧利用

和睦街道利用闲置工业厂区空间，对未开发用地、低效用地重新规划，建设创意商业平台，盘活存量土地，促进工业用地有机更新，便利企业获得经营场所的同时，创造了新的业态。发挥其整合社会资源、联结政府部门的平台作用，大力发展众创空间，激发企业创业创新活力。

1. 创设华源创意工场

依托华丰造纸厂位于和睦路555号的老厂区，街道引入杭州华源之地文化创意有限公司，精心规划、精心设计、精心施工，尽全力保留华丰历史沿革和独特风貌，投入近3000万元资金，经历近三年建设与改造，从2008年9月推出第一期精品园区后，2010年4月二期精品园区隆重呈现，2011年6月三期精品园区火热招租，工厂占地面积近35亩，有各类厂房3万平方米；全盛期入驻企业近70家，主要涉及设计、传媒、策划、摄影及软件开发等多个领域。2017年已拆除。

2. 改造678建筑装饰创意产业园

围绕杭州侨兴机械厂旧厂房改造，由浙江日报报业集团下属的浙江理想文化发展有限公司和杭州边家投资管理有限公司共同开发和运营，建筑面积

8000平方米,是浙江省内唯一一个以建筑装饰行业为主题运营的创意产业园区,在杭州打造了一个建筑装饰设计+施工+材料展示+软装配饰一站式服务创意产业园区。2017年已拆除。

3. 矗立凯润大厦

随着利尔达科技集团整体搬迁,辖区唯一商务楼利尔达大厦再次易主,利尔达大厦更名为凯润大厦,随之而来的便是大厦的整体提升改造。为进一步提升楼宇品质,助力辖区经济发展,街道靠前服务,成立专项组,共同协助大厦的前期改造。专项组包含了街道经济、安监、城管、派出所、执法中队等多方力量,街道主要领导多次听取改造方案,专项组现场召开会商协调会,对方案的可行性、审批的条件、改造注意事项进行问诊把脉。在多方的共同努力下,凯润大厦如期开工,并在规定时间内焕新亮相,改造期间总体平稳,为街道后续楼宇招商提供了空间。企业负责人也以实际行动反哺社会,主动报名街道东西部协作,捐款捐物。

4. 打造万象天地

华丰造纸厂的顺利平稳搬迁,为和睦区域乃至拱墅区腾挪了500多亩的优质发展空间。2021年12月,华丰地块三宗土地415亩成功出让,由华润置地、伟星两家房企拍得,土地款合计170亿元。华润置地拍得的杭政储出〔2021〕45号地块拟布局万象天地街区式商业,总建筑面积约76万平方米,融合了华丰造纸厂的工业文化底蕴和拱墅区的运河文化,打造150米区域地标性建筑、漫步式商业街区和集商务、娱乐、餐饮、休闲、酒店、办公等于一体的特色商业商务建筑群,汇集品质住宅、万象商业、商务办公等多元新业态,其中商业面积约13万平方米,两幢商务楼面积各5万平方米,将成为莫干山路沿线又一地标性综合体,是和睦经济社会发展的新动能。

第三节 化茧成蝶，推进西塘河畔业态变迁

西塘河（登云路—余杭界）位于杭州市拱墅区，南起登云路，北至余杭界。西塘河属京杭运河水系运西片，作为大运河的支流，是杭州的一条城市记忆之河。西塘河（拱墅段）全长5.5千米，流经祥符、拱宸桥、和睦、小河4个街道，经过近年来河道清淤、沿岸雨污分流工程等一系列整治措施，水岸环境不断改善。从和睦桥登云路往北至余杭区界，沿西塘河两侧分布，集文化、体育、美食、休闲于一体，由西塘河公园、西塘河台湾美食街、城北文体中心、运河大剧院、运河体育馆等5部分组成的运河中央公园，浓缩了千年运河文化。

一、城市更新促转型

随着经济与社会发展，社会需求变更，产业结构也随之有序演变。和睦街道出台优惠政策，加大扶持力度，推动产业实现四个阶段的发展，成功从路边的农贸市场转型为多功能商务中心。

1. 路边农贸市场阶段

2002年，街道通过招商引资招引了华丰造纸厂配套企业谢菲尔考克碳酸钙（杭州）有限公司，企业的成功引进为街道贡献了外资、财政收入、工业总产值等多项指标增长。2005年，西塘河及其沿岸被列入杭州市一期"背街小巷"改造项目，迎来了第一次大变身。河道进行了初步的清理，土路铺上了防水材料，草棚变成了砖屋。2008年，作为西塘河综合整治工程的一部分，和睦桥自由市场也被拆迁取缔。

2009年出于规范化的要求由市贸易局牵头统一审批形成登云路马路夜市。登云路马路夜市起源于20世纪90年代，当时由于辖区外来流动人口多，路

边自发出现流动摊位。登云路马路夜市的开办，虽然解决了部分外来务工人员生计问题，但长久以来夜市的低端业态也造成了登云路沿线的脏乱差。噪声、安全等隐患一直困扰着周边小区居民群众。沿河农贸市场、各色小餐饮、日用杂货一应俱全。但繁华背后，生活污水、餐饮油烟、公共设施损耗等环境问题却是由来已久的热点、难点。

2. 台湾美食街阶段

2010年政府制定规划将西塘河沿岸打造成特色街区——西塘河台湾美食街，疏通河道、拆迁棚户、修复驳坎，建造了多处亲水平台及水上巴士码头（图 5-3）。杭州西塘河台湾美食街采取双面街的形式，建筑沿河布置，由 16 个建筑单体组成，沿河穿插临水骑廊、吊脚楼，结合码头、亲水平台形成滨水步道。街区的建筑传承江南传统民居的风格，并结合台湾传统民居元素。街长 460 米，用地面积 2.3 万平方米，经营面积 1 万平方米。

按照规划，街区由 7 个组团和 3 个休闲广场组成，定位以台湾美食为主题特色，重点引进原汁原味的台湾知名餐饮、美食、小吃、咖啡、茶饮以及酒类、茶叶、水果、糕点、工艺品等，分为台湾商品区、台湾美食区、精品会馆

◆ 图 5-3　西塘河台湾美食街

区和休闲路吧等。杭州西塘河台湾美食街是由省、市、区三级政府重点打造的商业特色街项目,是两岸经贸文化交流的平台,杭州西塘河台湾美食街由连战先生题名。美食街开业后红火一时,自2012年12月开街以来,先后有中国海协会副会长王在希,浙江省主要领导夏宝龙,杭州市主要领导黄坤明等莅临街区视察指导。街区先后主(承)办"阿六头"十强赛选拔赛、两届台湾风味美食节、全国皮划艇大赛杭州站比赛等大型活动20余次。但由于地僻人稀,美食餐饮商家难以为继,美食街面临转型。

3. 创客蜂房时期

和睦街道在初始沿袭老思路,试图让杭州市餐饮协会、酒吧协会帮忙找餐饮类商家入驻,但商家都以交通不便等理由婉言拒绝。经过深入调查分析,单一的美食街道不具备吸引力,应依托西塘河美景和人文底蕴,吸引科技型企业或文化创意企业入驻。街道充分调动各方资源,拜访中国美院、省科技厅创投基金公司等发出合作意向,仍未能如愿。

街道主要领导通过拜访浙大网新集团副总裁黎恒博士的契机,注意到他们兴办的众创空间——创客蜂房朝气蓬勃,吸引着年轻人一起创业,于是邀请他们来西塘河畔新建众创空间。经历多轮洽谈磋商、争取政策以及企业装修改造,2015年11月,和睦创客蜂房开业(图5-4)。蜂房总面积约1500平方米,拥有133个办公工位、6个独立空间、1个路演大厅、3个洽谈室、1个会议室和1个露天花园,创客们需要的硬件配套,一应俱全。第一批入驻的是浙大网新集团推荐来的3家创业团队,黎恒博士也充分利用他的资源和朋友圈,吸引同

◆ 图5-4 创客蜂房

学和朋友过来创业。

和睦街道为做好创客蜂房的创新创业服务，在软硬环境上下足了功夫：请交警来协助整治门口乱停车问题；派街道招商中心给予工商税务注册手续全程代办，免费提供一条龙服务；积极与区里的相关部门沟通，在创客蜂房推出"工位注册法"，即创客在蜂房租赁一个工位就可以注册企业，大大降低了创业前期诸如办公用房租赁等成本。2017年12月，科技部公布的"2017年度国家备案众创空间名单"中，创客蜂房全省排名第十，全市排名第六，全区排名第一。成立3年间，共孵化51家创客团队，10家获得融资共计3200多万元。累计举办76场活动，其中1场全国性项目路演大会，1场"7.7未来便利"产品发布会，6场大型技术人才招聘会，12场邻居节。孵化团队中2名人才获原拱墅"运河英才"项目，1个团队获市级高新企业称号。由于道路建设拓宽拆迁之需，2018年10月31日，创客蜂房在和睦正式结束经营。

二、迭代升级改业态

和睦街道打造全新消费体验，扩充丰富新鲜的业态类型，促进西塘河畔产业发展变迁，完成业态升级。

城北休闲中心阶段。创客蜂房停业搬迁后，西塘河沿街进行了二次改造，入口处因原和睦农贸市场规划拆迁，临时设置了过渡农贸市场，并且借业态调整契机，引进了丽尚国潮（浙江）、彩金黎、聚库商业发展、晶流品牌管理、鲸舟网络科技等多家电商直播企业。同时根据一楼对外商业招商要求，沿西塘河布局杭城特色餐饮、皮划艇休闲、轻奢咖啡、鲜花展示等业态，作为申花单元湖墅北路（湖州街—登云路）道路工程建设项目。

依托华丰造纸厂旧址，地块东邻西塘河和运河中央公园，通过石祥路、莫干山路与中心城区连接，拥有独特深厚的运河文化，有利于促进文化消费、文化旅游的发展。利用西塘河水景和华丰造纸厂工业文化底蕴，形成花园商务区、文化娱乐区、高档居住区、滨水休闲区四大功能区，打造集文化休闲、商业商务、综合配套、生态低碳等多元功能于一体的杭州城北休闲商务中心。随着项目推进，西塘河沿街将打造步行街区，依托亲水式的商业布局，将成为周边居民茶余饭后休闲散步的又一去处。

第四节 跨越发展，传统产业向现代产业转型

传统产业是现代化产业体系的基底，传统产业的改造升级直接关乎现代化产业体系建设全局。和睦街道实现产业迅速转变，由传统产业向现代产业形成跳跃发展。

一、传统老树发新芽

华丰造纸厂，前身是1922年成立的"武林造纸厂"，是浙江省第一家机械造纸企业，1931年正式更名为"华丰造纸厂"。企业成立后几经沉浮、几易其主。新中国成立后，企业才由小变大，年产量从3245吨增加到42230吨，工业总产值从393.32万元增加到9715万元。计划经济时代，华丰造纸厂经济效益曾名列杭州市工业企业和全国造纸行业前茅，生产发展一直良好，员工多时达5000人（图5-5）。

由于市区产业规划安排调整，2010年在安吉建立

◆ 图5-5 华丰造纸厂图纸墙

新厂，2017年4月28日杭州老厂正式停止生产。和睦街道主动介入、全程跟进华丰造纸厂关停搬迁工作，1166名在职职工分流安置顺利完成，2180名退休人员（其中内退人员1215名）群体持续稳定，于2017年5月平稳顺利完成搬迁，为华丰地块开发利用、转型蝶变、产业升级打下坚实基础。

2016年12月29日，华丰造纸厂通过整体公司制改革，由杭实集团注资2亿元成立浙江华丰纸业集团有限公司，华丰造纸厂的历史翻开了崭新的一页，向着一个现代化的大型集团公司迈进。集团组建以来，抓住搬迁机遇，先后完成了老厂区关停、职工安置分流、新厂区建设等任务，集团化运转模式日臻成熟，各企业生产经营日趋向好，逐步走上了一条创新驱动、转型升级之路。

二、现代明珠炫异彩

和睦街道通过发展创新型产业，实现产业成功转型升级。

1. 打造具有"和睦印迹"的特色产业链

结合和睦街道养老托育的特色建设发展成果，招引养老服务、大健康领域的相关产业、项目落地。街道依托老旧小区提升改造中增加的养老托育综合体，通过探索"社区普惠＋市场运作"模式，提供免费场地，引进康养第三方专业机构以及专业托育运营团队，实现养老托育产业专业化发展，推动和睦产业布局创新发展。

2. 以产业融合引领企业发展

和睦街道通过建立联动招商体系，充分协调各类招商资源，实现信息共享、资源共享、平台共享、服务共享。为帮助企业抢抓先机，街道班子成员积极开展"大走访大调研大服务大解题"活动，以实地调研、开座谈会、线上沟通等方式，及时了解企业情况，为企业送政策、解难题。建立服务重点项目专班，着力完善落实全生命周期的项目推进和协调工作。截至目前，已走访服务企业150余家，服务人才30余人次。

2020—2021年，华丰地块前期开发整理阶段，街道主动靠前积极对接城中村指挥部，配合部门做好现场实地踏勘服务，聚焦地块空间布局与产业规划，持续跟进拟公开出让土地的招商推介工作，深化与有实力、有意愿的世界 500 强企业、国企、大型房企等互动对接，促进华丰地块实现高效集中开发利用。

通过推进产业融合发展，借力以企引企、以商引商的"乘法效应"，不断提升产业活力，促进转型升级，做强优势产业、培育产业集群，增强发展后劲。依托华丰商业项目这一驱动核心，推动城市更新、产业转型、人才导入深度融合及优质产业集群集聚发展，把大抓项目、抓大项目落到实处。

华润万象天地项目，今后将展现一条商业步行街，建筑面积 5 万平方米；一个大型购物中心，约 15 万平方米；两幢写字楼，约 10 万平方米。共 30 万平方米的一座大型商业综合体将拔地而起，由于高起点、高定位、广辐射，必将成为杭州城北商务新高地，建筑新地标。

第六章 数字和睦

——社区数字化赋能

习近平总书记强调,城市治理是国家治理体系和治理能力现代化的重要内容。一流城市要有一流治理,要注重在科学化、精细化、智能化上下功夫。既要善于运用现代科技手段实现智能化,又要通过绣花般的细心、耐心、巧心提高精细化水平,绣出城市的品质品牌。随着数字化浪潮的持续涌动,浙江省在智慧社区建设领域也取得了丰硕成果。智慧社区以物联网、5G通信技术、大数据分析技术和人工智能技术为支撑,对社区环境监测、设施管理、服务提供等方面进行了全方位、立体化的智能化改造。例如,智能停车系统的引入有效解决了城市停车难的问题,智能垃圾分类系统则助力环保事业,远程医疗服务让居民在家门口就能享受到优质的医疗资源,而在线教育平台则打破了地域限制,提供了更加便捷、个性化的学习体验。这些举措不仅显著提升了居民的生活品质和幸福感,同时也有力促进了社会治理效能的提升,使社区治理更加精细化、智能化。

在此基础上,浙江省进一步提出了未来社区的前瞻构想,旨在打造一个集居住、教育、医疗、养老、创业等多种功能于一体的新型城市功能单元。未来社区不仅追求物质空间设计的高品质和人性化,更强调利用先进的数字化技术手段,实现对居民全生命周期需求的精准满足,促进人与人之间、人与社区之间的深度互动与融合,形成和谐共生的社会生态。目前,浙江省正积极推动未来社区试点项目的落地实施,并积极探索一套具有中国特色、浙江模式的未来社区建设标准和实践经验,这无疑为中国乃至全球的城市社区发展提供了新的思路和借鉴,预示着未来城市生活的新形态和新可能。

第一节 未来已来，新型城市功能单元完美呈现

和睦社区以"老幼常宜·阳光和睦"为总目标，聚焦"一老一小"两类特殊人群，依托数字化建设，融合打造养老颐乐、育儿友好、邻里和睦三大特色场景，构建老有所养、幼有所托、学有所教、住有所居、劳有所得、病有所医、弱有所扶的美好家园。具体目标是：

一个中心：党建统领以人民对美好生活的向往为中心；

两大品牌："阳光老人家"养老和"阳光小伢儿"托育；

三感同具：归属感、舒适感、未来感；

四元价值：健康、安全、便利、快乐；

五养共推：休养、健养、康养、乐养、膳养；

六和文化：家庭和顺，邻里和睦，环境和美，民风和善，百姓和合，社会和谐；

九件实事：医、养、护、吃、住、行、文、教、娱。

一、"三大三小"建设特色

和睦新村这样一个房龄40年的老旧小区，通过未来社区建设，可以让城市里的产业工人享受到城市化与数字化的双重红利，让他们的晚年生活更加幸福，让他们在奔赴共同富裕的征程上有更充分的获得感和体验感。和睦未来社区的主要特色有以下几个方面。

"三老型"社区变成了"三好型"社区。老小区、老龄化、老国企退休工人集聚地，经过未来社区建设，将呈现出"旧改好样板、养老好街区、托育好乐园"的大运河幸福家园。

九大场景全部能够响应。和睦社区有党群服务中

心、新时代文明实践基地、和睦公园、和睦医院、启航中学、和睦小学、和睦幼儿园、和睦托育中心、和睦剧场、和睦书阁等，配套服务设施一应俱全，线下场景相当充分。未来健康、未来教育、未来邻里、未来服务、未来治理5大场景，作为标配场景；未来创业、未来低碳、未来交通、未来建筑4大场景因地制宜，适当兼顾。整合提升类未来社区标配+选配"5+4"的场景配置模式率先由和睦未来社区提出。

"养老""托育"两大品牌影响力大。养老方面，2015年，和睦社区即获得浙江省五星级日间照料中心荣誉；2019年，荣获国家智慧健康养老示范街道称号；2021年，列入中国示范性老年友好型社区；2022年，列入全国32家示范性老年友好型社区典型案例。托育方面，列入中国计生协婴幼儿照护服务示范创建项目拱墅实施点、杭州市最佳托育服务项目。

千年运河文化与百年工业文明交相辉映。曾为漕运副线的西塘河，不仅为杭州城带来了浙西各地乃至苏州、湖州、常州、秀州、镇江等地的物资，也孕育了沿岸的村落和城镇，早期的和睦地区便是其一，千年的运河文化源远流长，底蕴深厚。现代的和睦社区拥有百年老厂华丰造纸厂，社区内居民基本属于城北老工业区的退休工人，百年的工业文明在他们心中留下了深深的烙印。

在老旧小区改造全国样板基础上迭代升级。以"花钱花在刀刃上，旧改改到心坎里"为指引，以小空间换取大环境、小投入获得大绩效、小干预呈现大变化"三小三大"为特色的老旧小区改造方法，在住房和城乡建设部全国会议进行交流介绍经验，旧改成效获得时任国务院总理李克强视察肯定。

二、"一三九"建设场景

按照"一统三化九场景"139体系架构，和睦未来社区的一统是党建统领整体智治，三化是遵循人本化、生态化、数字化"三化合一"，九场景是对照33项指标分别予以响应。

1. 党建统领整体智治

按照未来社区党建统领整体智治的要求，和睦未来社区健全组织体系、治理体系、服务体系。

健全"上下贯通、到边到底"的组织体系，提高统筹领导能力。以"上统下分、强街优社"改革为契机,优化适应未来社区党建模式的组织体系。一是强化街道统筹协调。成立未来社区工作领导小组、专班、指挥部,明确职责分工和工作任务,坚持"日碰头周商议月复盘"工作制度,举全街之力抓好推进落实。二是构筑社区树状组织。适应未来治理、服务标准要求,紧密结合街道"红管家"包楼机制,大力推进党建统领网格智治,搭建党委领导、支部支撑、楼道落实、党员红管家参与的组织体系,为把老百姓的心中"愿景"变成共富"实景"提供坚强组织保证。三是推动小区平战一体。聚焦老龄化程度高、快速反应能力弱等实际,紧贴常态化疫情防控需要,完善平战转换机制,推进"三联三领三服务"扎根基层、"一小区一专员、一名党员一楼道"全域覆盖,助力打造未来社区"无疫单元"场景。

健全"多方协同、共建共享"的治理体系,打造未来善治实景。积极探索老旧小区提升未来社区基层治理现代化新路子,以"充实小区、提升社区"为路径对治理体系进行迭代式改革。一是"三方协同"强合力优治理。持续推进党组织、业委会、物业三方协同小区微治理,实体化运作街道、社区三方办(物管站),实施以党组织为1个核心领导,建立"和睦议事港""工程督导团"2个自治平台,用好小区专员和网格员、物业、自管会3支队伍的"123"工作举措,统合各方力量,统领小区治理。二是"和睦红集市"聚资源办实事。聚焦打破资源匮乏瓶颈,组建"和睦红"党建联建委员会、设立"大工委"云平台,推动56家单位常态化合作推出"和睦红集市",实现需求、资源、项目、认领"四张清单"的无缝连接,切实解决居民急难愁盼问题。三是"社团组织"当先锋解难题。老党员争当未来社区建设的"排头兵"和"冲锋员","现场投诉办""加装电梯工作室"等均成为他们施展才能的舞台。无补偿拆除6500多个保笼,落实68台加装电梯。

健全"为老为幼、便捷智慧"的服务体系,建设全龄友好社区。聚焦实现"浙里康养""浙有善育"优质服务目标,坚持人本化、生态化、数字化价值取向,以空间资源整合重塑为突破口,呈现出"一老一幼"共富"实景"。一是在提升改造中重塑空间资源。居民楼改造"屋顶不漏、底层不堵、管线不乱、楼道不暗、上楼不难"五不要求,制定"基础到位、环境优美、功能完备、特色鲜明、群众满意"旧改目标等,多项经验被采纳为全区标准,形成1万余平方米的服务街区,满足养老托育等各项服务需求。二是在引领撬动中统合空间功能。撬动社会资本增设全省首个流动助浴车项目、集中充电设施等生活设施，形成医养护、吃住行、文教娱一街式智慧 5 分钟生活圈，全面构筑"居家—社区—机构"为闭环的街区式智慧养老托幼服务体系。三是在数智赋能中突破空间界限。引入专业机构、培育专业志愿者等运营团队，启动管理服务平台、居民小程序、未来社区驾驶舱等"跨越数字鸿沟"的数智赋能机制，让云看护、云监督幼儿保护、AI 摄像头、智慧水电表预警、居家养老等"一键呼叫"需求分层管理成为现实，提升居民获得感、幸福感。

2. 人本化、生态化、数字化"三化合一"

遵循人本化：以人为本，满足"健康、安全、便利、快乐"四个维度的价值目标。一切的基础设施配套，都以满足社区群众的日常所需为出发点，熟人社会使邻里关系更加和睦，共建共治使社会治理更加和谐。作为全国智慧健康养老应用试点示范街道，社区本着居民满意为最大目标，为居民提供高效管理和优质服务。走在社区小道上，可以看到老人之间无话不说，老幼之间其乐融融。

遵循生态化：以环保、低耗、绿色、低碳为目标，营造舒适自然的人居环境。作为杭州为数不多的绿色小区，和睦社区绿树成荫，和睦公园郁郁葱葱，为居民提供森林般的清新空气。和睦社区生活垃圾分类投放理念深入人心，管理模式相对成熟，小区志愿者积极参与垃圾分类桶边督导，确保垃圾分类准确率达到 95% 以上。作为城北空气监测点，街道空气优良天气每年保持在 300 天以上。雨污分离在和睦社区得到全面落实。

遵循数字化：以设备智能为前端、物联网数据为触觉、视频数据为视觉、服务及民生数据为听觉，对物实现万物互联，对人实现精准画像，对事实现智能辅助，智能分析全面展现未来社区内人、物、事的全要素，全面赋能社区场景智能应用。

在充分融合社区数据和城市数据的基础上，进行未来社区九大场景数字化改造，遵循数据充分共享、系统充分复用、场景充分创新的三大原则，打造有机统一的人居空间，让未来社区成为绿色低碳智慧的"有机生命体"、宜养宜居宜业的"生活共同体"、资源合理配置的"社会综合体"。

三、"三大"建设原则

和睦未来社区在老旧小区基础上整合提升，必须提倡空间集约、功能复合；生活亲善、配套集成；应用迭代、运营高效的原则。

1. 空间布局集约合理，功能复合智慧互联

在空间利用方面，通过"拆一点、腾一点、建一点、借一点"，深挖社区可利用的外部空间和内部空间，实现空间功能复合利用、地上综合开发。旧改推动了辖区养老街区提升改造、0～3岁婴幼儿全国试点建设、适老化改造项目等一批"幸福工程"落地见效。未来社区将根据"一统三化九场景"的要求，合理规划，积极腾挪碎片空间，计划打造数字化展厅、双创中心、城市驿站、便民中心等，合理布局运动场地、运营服务、智能监控中心等空间，拓展社区居民生活、娱乐、学习、交流、健身等空间，完善社区全生活链服务功能，满足和睦居民5分钟、10分钟、15分钟的服务圈需求。

2. 生活社交亲善友好，配套设施共享集成

结合社区和睦邻里的人本特质，进一步提升社区环境的通达感，依托和睦特有的自然资源，面向"小街区，密路网"未来社区的发展趋势，通过幢间、房前的绿化景观提升，合理布局，打造景色宜人的宅间花园，增强景观的功能性和观赏性，社区群众可以在怡美环境下促膝畅聊。构建适合老年人的适老慢行环，串联各个老年设施。构建适合小区内儿童活动需求的适幼慢行环，连接儿童活动设施，重点打造"一老一小"人群服务场景应用，包括"阳光老人家"智慧医疗、健康管理、安全监护、居家养老；"阳光小伢儿"智慧教育、亲子课堂、幼儿监控、共享书房等。

3. 技术应用持续迭代，建设运营科学高效

围绕"一老一小"民生品牌特色，聘请第三方专业运营组织，运用智能化手段，打造"一心多点"和睦邻里服务线下场景。

阳光老人家：通过引进数字化医疗技术、适老化智能终端应用等，与已有的养老服务综合街区结合，实现智慧养老、智能生活新模式。建立健全老人电子健康档案，通过健康档案对老人实现分层管理和服务。通过数字化手段，实现线上远程医疗，补充相应医疗资源和技术，实现足不出户即可远程诊疗的目的；建设智能化健康小屋，配齐体检设施设备，实现"小体检不出社区"的目标，达到防未病、治小病、管慢病的目的。针对特殊人群设置一键呼叫功能，方便不会使用信息化产品的老年人享受更加便捷的生活，满足社区居民特别是老年人医疗救援、养老服务等需求，构建"人群适宜、养老闭环、医疗智慧"的健康场景。

阳光小伢儿：通过打造开放共享的学习空间，建立数字化学习平台，实现学习资源共享，满足全龄段教育需求，构建"覆盖全龄、惠及全民、链接全景"的教育场景。0~3岁托幼及义务教育资源完善、托幼中心云监管、教育设施全龄覆盖，打造和睦社区的宜幼乐园。建立托育点智能监控平台，社区托育中心智能监控平台全覆盖，并可授权给家长移动客户端，实现家长远程查看。打造教育资源一张屏，即教育资源 CIM 全览，通过未来社区平台，居民可快速知晓周边学校点位，以及共享使用社区开放的教育公共空间。

四、"四个加"建设方法

和睦未来社区坚持为民利民便民的宗旨，立足实际、因地制宜，发挥优势、补强短板，在实践中探索出"四个加"的实施方法。

1. 坚持"新建 + 旧改"

把有限空间用到淋漓尽致，把空间效益反哺给群众。充分挖掘现有空间，新建一批社区配套设施：通过幢间、房前绿化提升，路面硬化等举措，新建一批电动车停车棚，引导老旧小区电动车有序停放；对于部分绿化场地新建停车场，满足低碳需求的同时，也能缓解老旧小区停车难问题。对于已有空间进行提升改造，满足未来社区多元需求：与国有企业合作，对涂料厂等国有闲置空间提升改造，建设数字化展厅和双创中心，提升社区智治水平，营造居民创业浓厚氛围；对于街道自有闲置国资房产，通过腾挪、改造，建设社区商业业态，为居民提供休闲空间；旧改完成强弱电上改下，为社区公共晾晒腾挪出空间，彻底改变了"蜘蛛网"的旧貌。

2. 坚持"标配 + 选配"

针对社区老龄化特质，在适老化改造上采取"标配 + 选配"，与绿城集团携手打造适老化改造样板房，为社区老人在家庭装修方面提供参考和选择。将智能化技术用于老人家庭终端，为 60 周岁以上老人推出"标配 + 选配"套餐，智能烟感、智能气感、感应门磁、一键呼叫等作为标配，智能床垫、智能血压仪等作为选配,确保智能信息的采集,实现对老人,特别是失能失智、孤寡独居老人的安全看护(图 6-1)。

◆ 图 6-1　和睦社区智慧管理驾驶舱页面

3. 坚持"党建统领 + 文化彰显"

基层党组织是落实党决策部署的"神经末梢"和"前沿阵地",在旧改提升和未来社区创建工作上,社区始终明确党委核心引领,配强动力"主轴"和构架,构建起社区党委—临时党支部—小区党支部—楼道党小组的组织体系,通过项目临时党支部上下串联、横向互通,推动旧改和未来社区建设蹄稳步健。居住在和睦社区的退休工人群体对拱墅工业文化有着深刻认识和浓厚情感,彼此邻里关系更紧密和谐,庞大的老人群体对舒适亲切的社区氛围有着强烈的向往,充分发挥产业工人的文化素养和熟人群体的文化环境,彰显未来社区的文化底蕴。

4. 坚持"社区普惠 + 市场运营"

充分发挥阳光积分体系,吸引广大社区居民参与社区治理和社区服务,通过提供服务积攒积分,通过线下市场主体兑付积分,实现积分的良性循环,让社区居民享受更多的优惠便利。同时,充分发挥市场手段,通过合理运营,确保未来社区运营的可持续性,一方面开展有效空间运营、招商运营和活动策划,确保收支平衡;另一方面适当提高物业费,逐步转变居民消费理念,保持权利义务的对等。

第二节 循序渐进，跨越鸿沟数字社区「建起来」

2003年1月16日，时任省委书记、代省长习近平同志作政府工作报告，报告中全面阐述了"数字浙江"的构想，浙江由此进入数字化建设的新赛道。2018年8月1日，浙江省人民政府办公厅印发《浙江省数字化转型标准化建设方案（2018—2020年）》，浙江开启政府数字化转型建设。2021年初，召开数字化改革大会，全面部署数字化改革工作，数字化成为浙江新发展阶段全面深化改革的总抓手。5月27日，时任省委书记袁家军在全省共同富裕现代化基本单元建设工作推进会上强调，着力推动数字化改革集成贯通，加快形成以市县为单位的数字化全域推进模式，引导市场开发标准化、轻量化、可复制、低成本高效的社区智慧服务平台，加快走出一条市场化、可持续、群众可感的建设路子。未来社区成为浙江省全力打造的建设"重要窗口"的标志性成果和共同富裕现代化的基本单元。

一、街道愿景，落实"1612"总体框架

2021年，和睦社区被列入浙江省第三批未来社区创建名单。和睦街道在数字化改革"1612"的总体框架下，聚焦城市更新、基层治理、"一老一小"等社会民生事项，纵向贯通一体化智能化公共数据平台，赋能社区智慧服务系统，承接社区事业优质公共服务精准落地；横向融合拱墅区各类平台，整合形成社区九大场景高质量应用，让社区居民无差别地享受公共服务，打通基层治理的神经末梢和服务群众的最后一百米，探索走出数字化改革低本高效、灵活实用的特色之路，打造数字社会核心应用场景和共同富裕现代化鲜活单元。

二、社区需求，探索资源深度整合

社区是共同富裕现代化基本单元，是数字化改革成果延伸到基层的落脚点，也是数字社会核心应用场景的"神经末梢"。然而，社区数字化建设存在需求涉及面广、资源相对分散、系统贯通难度大等特点，亟待打造一个能有效整合现有资源，承接政府、社会、物业、市场主体、居民等多元对象需求的社区智慧服务平台，来高效链接多类型公共服务，消除"数字鸿沟"，满足全龄段居民的数字化服务需求，提升基层治理能力。

第三节 遵循原则，推进"健康、快速、科学"建设

近年来，浙江省、杭州市以及拱墅区积极响应国家新型城镇化和智慧城市建设的战略部署，大力推进数字化改革与未来社区创建工作。在这一背景下，和睦街道充分利用大数据、云计算、物联网等前沿技术，不断创新基层治理模式，取得了显著成效。这一探索过程大致可分为三个阶段。

第一阶段，和睦街道积极响应《杭州市智慧安防小区建设三年行动计划》，于2019年启动智慧安防小区建设工作。街道以构建"1个小区级管理平台，人、车、视频等3类基础数据，N项可拓展数据"为建设标准，全面打造高效安全的智慧安防小区。通过在小区出入口等重点区域安装人脸摄像头、车牌抓拍装置及智能门禁系统，实现了对小区公共区域的全面覆盖和实时数据信息获取，从而大幅提升了小区数字安防管理能力。

第二阶段，和睦街道紧抓浙江省数字化改革的契机，和睦社区成功入选全省第三批未来社区创建点。围绕"老幼常宜·阳光和睦"的理念，街道聚焦居民的实际需求，建立精准服务模式，构建一体化运营服务体系，并分类提供智能化服务应用。通过制定数字化银龄服务制度，提供银龄专享服务，组建专业化运营服务团队，实现线上线下同步运营，同时开发差异化数字应用软件，以适应老年群体多样化的需求。这些举措有效实现了数据多跑路、社工少跑腿、设备多长眼、亲人少操心的目标，提升了社区治理的效率和居民的满意度。

第三阶段，自2023年以来，和睦街道迈入全域未来社区建设新征程，和睦街道华丰社区和化纤社区相继启动未来社区建设。和睦街道围绕高质量建设共同富裕示范区的宏伟目标，以打造和睦全域未来社区

为核心使命,全力推动共同富裕现代化基本单元建设。在这一关键时期,和睦街道将持续探索和创新,运用前沿科技手段提升社区智治能力和服务品质,为广大居民提供更加便捷、高效的生活体验。在和睦街道的不懈努力下,一个更加和谐、宜居的社区环境逐步呈现,为居民带来更加美好的生活体验。

一、有序建设,四横四纵体系方案规划

数字和睦以"1N93"为总体框架,遵循"共建共享共用"的核心理念,通过具象化的"和睦未来社区平台",构建一个坚实的数字底座(图6-2)。在此基础上,落地N个应用,打造九大场景,融合治理端、运营端和服务端三端,实现省、市、区、街道、社区、小区六级贯通,构建低本高效、可复制的全域未来社区数字化模式,为社区治理和居民服务提供全新的数字化解决方案,推动社区向智慧化、便捷化、高效化发展。

基础设施体系:充分利用拱墅区政务云的强大计算与存储资源,以及已建成的电子政务外网等网络资源,进一步补充建设视频监控、烟感等先进物联传感器,并新建智慧灯杆、水质监测等物联感知设备,完善前端感知系统,形成一套高效、智能的和睦数字化基础设施。

数据资源体系:全面汇聚街道城建、经济、民生、公共服务等各领域的数据,经过数据的归集、清洗与加工,形成社区人口库、法人库等基础数据库,以及治理事件信息、阳光小伢儿、阳光老人家等专题数据库,支撑各场景数据共享应用。

应用支撑体系:构建一套完善的应用支撑体系,包括统一消息、统一认证等公共组件,以及数字社会系统大脑等业务协同和数据共享服务网关。这些组件和网关作为系统开发中的重要工具与接口,不仅提高了应用开发效率,更节约了建设成本,为数字和睦的快速发展提供有力支撑。

业务应用体系:业务应用系统作为数字和睦的直观载体和呈现,以共同富裕为核心目标,聚焦于健康、教育、服务、治理、低碳、交通、邻里、创业、建筑等九大关键领域。通过构建数字和睦驾驶舱、小程序、智慧管理平台等一体化的治理和服务系统,成功落地了"开放和睦、花漾和睦、颐乐和睦、幸福和睦"四个和睦,全面展示和睦社区的运行情况,赋能基层治理提质增效。

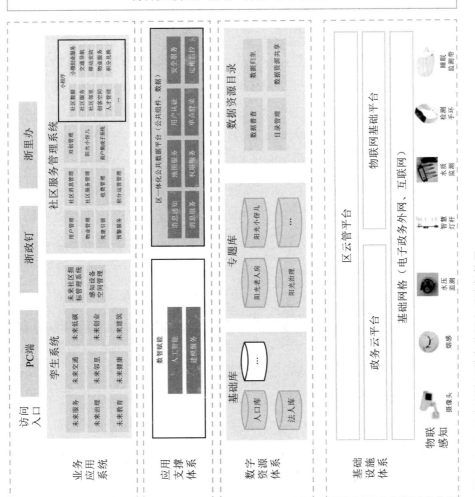

图6-2 和睦未来社区数字化平台系统架构图

二、数字底座，掌握技术支撑和数据依据

数字底座是社区数据汇聚和加工、模型生产以及应用开发的工厂，是社区大脑的核心动力来源。和睦街道打造的统一数字底座，为未来社区平台提供物联、数据、应用和空间等全方位的底层支撑能力，实现共性数字化基础能力在全域范围内的高效复用。数字底座由四大能力模块构成：物联引擎、数据仓、社区空间数据资产和应用能力中心。

1. 物联引擎

物联引擎作为社区数字基建的物联技术服务提供者，发挥着举足轻重的作用。和睦街道依托这一强大的引擎，成功整合并高效利用各类物联网传感设备，持续收集社区设施运行、社区环境状态等关键信息。通过对这些信息的深度分析与处理，为社区服务、基层治理等工作提供坚实的数据支撑和智能决策依据。

和睦未来社区物联引擎接入系统涵盖：数字安防系统（高清视频监控、高空鹰眼监控、巡更管理等），环境监测系统（噪声监测、水质监测、空气监测等），智慧消防系统（烟感报警、智慧消火栓等），智能楼宇系统（可视对讲设备、智能水表、智能电表等），智能出入口系统（人行道闸、车行道闸等），智慧运动健康系统（AI太极、智慧健康步道、健康小屋等）及共享图书柜等智能系统。

和睦未来社区物联引擎通过直连、边缘网关、云云对接等多种方式，与社区内各类智能化系统实现无缝对接。未来社区物联引擎不仅能够对设备进行统一的管理，更能对辖区内所有物联设备的业务数据、状态数据、分布情况、设备健康度等关键指标进行端到端的实时监测，确保社区运行的智能化、高效化和安全化。

2. 数据仓

社区数据仓是数字和睦建设的核心组成部分，其主要功能在于实现社区内人、房、企、事、物等数据的汇聚、管理与应用，为社区管理提供基础数据支持。和睦社区数据仓基于拱墅区一体化智能化公共数据平台建设，将社区数据进行分区分类管理，数据类型有：基础数据、治理类数据和运营数据等。

基础数据：包含人口信息、建筑信息、房屋信息及车辆信息等关键数据。

为社区管理提供人口画像和资源分布图。

治理类数据：包含事件信息、视频感知信息、门禁感知信息、车辆感知信息、水质监测信息以及噪声监测信息等。为社区治理提供实时、全面的感知和监控能力。

运营数据：包括活动信息、积分信息、社团信息、公共服务设施预约信息以及人流量信息等。反映社区活动活跃度和公共服务运营状况，为社区运营提供精准的数据分析和决策支持。

通过社区数据仓的建设，实现数据互联互通和高效利用，为数字和睦的深入发展注入强大动力。

3. 社区空间数据资产

空间数据资产作为社区建设与管理过程中累积的宝贵资源，为社区治理提供了坚实的基础。和睦未来社区平台通过强大的空间和数字孪生服务能力，成功实现社区空间全要素的数字化表达、全状态的可视化呈现以及管理的精细化运作（图6-3）。

和睦未来社区平台运用先进的三维建模技术，对社区内的建筑物、构筑物、地下管线以及城市部件等进行了精准的实景建模，将物理世界与虚拟世界无缝融合，从而构建出一个高度逼真的和睦数字孪生社区。和睦数字孪生社区按照社区、小区、网格、居民楼、单元、户六级精细划分，将空间颗粒度细分至每户，实现空间信息的精准定位与高效管理。

◆ 图6-3　和睦未来社区平台

◆ 图 6-3　和睦未来社区平台（续）

在和睦数字孪生社区中，空间信息与社区历史运行数据、实时的智能感知数据以及治理服务数据等紧密结合，形成"一户一档"的可视化、精细化管理新模式。同时，孪生社区还融合了城市交通、公共服务、商业配套以及感知设备等多元数据，实现社区全要素可视化管理。

4. 应用能力中心

（1）"浙里未来社区在线"贯通

和睦未来社区平台与"浙里未来社区在线"重大应用无缝对接。通过构建人、房、小区、社区关系数据库以及未来社区公共服务设施数据库，实现纵向数据上下贯通，横向打破数据壁垒，确保社区人防数据、监控数据、公共服务场所人流数据以及各项运营数据的实时上报，为社区治理提供了精准的数据支撑。

（2）数字社会公共服务落地

和睦未来社区平台围绕居民全生命周期，聚焦解决居民普惠共享问题，贯通浙江省数字社会公共服务应用。将"浙有善育""浙里健康"等"浙系列"应用，"邻礼通""邻里查"等"邻系列"应用，以及"享家政"等"享系列"应用接入和睦未来社区平台，并在浙里办"我的家园"、微信"阳光和睦"等平台投放，实现数字社会8大领域的公共服务和多跨协同服务在和睦未来社区平台落地见效，有效提升百姓对数字社会的获得感和幸福感。

（3）数字化改革成果赋能

充分发挥现有数字化成果的综合集成创新效应，围绕社区整体数治和民生小事，与拱墅区雪亮工程、智安小区平台、墅智养、养育照护一键通等平台深度联动。通过精准的数据互通和资源共享共用，成功构建集治安管理、养老托幼、智能报表等多项功能于一体的社区智慧管理服务平台，实现社区数字化覆盖的扩面和功能提升，推动社区数字化治理和服务向高水平迈进。

三、充分运用，激活数据资源要素价值

和睦街道统筹社区内的数字化资源，将其合理、高效、充分利用，在提升数字化水平的同时，也降低了成本，避免了资源浪费。

1. 数据充分共享，减负提质

社区作为行政管理的末端，长期以来数字化水平相对滞后，缺乏构建复杂应用系统的能力。目前，和睦社区所运用的系统多数源于省市区各级业务条线，经调研，社区在用应用系统竟高达52个，这种条块分割、数据分散的状况，导致数据分析利用方面面临巨大挑战，难以通过数字化为基层工作赋能。和睦未来社区平台在建设之初，便敏锐地捕捉到这一问题，并将其作为核心突破点。结合社区具体工作与业务系统所产生的数据，梳理出近千项社区高频使用数据项。为打破数据壁垒，依托省一体化智能化公共数据平台，积极申请将这些数据共享回流至社区。截至目前，已成功回流33张表，涵盖876项数据，涉及综治、民政、信访、就业等多个业务领域。通过对这些数据的综合分析应用，为社区管理和服务提供了有力的数据支撑。

目前，和睦未来社区驾驶舱已成功汇聚超过2000项数据，这些数据均实现了自动采集与实时更新，确保了数据的时效性和准确性。和睦未来社区驾驶舱数据主要源自三个渠道：首先是省市区各级业务系统产生的数据；其次是通过先进的感知设备实时采集社区内的各类数据；最后是通过居民小程序收集居民参与社区活动、讨论热点话题、预约服务等多方面的信息。

值得一提的是，和睦驾驶舱在高效汇集和分析数据的同时，并未给社工增加任何数据采集和录入的工作负担。通过一屏展示社区全面运行情况，不仅大幅提升了社区管理的精细化和服务的温度，还实现了基层工作的轻量化与高效

化，真正做到了指尖上的轻松管理。

2. 系统充分复用，降本增效

数字化平台建设中，秉持系统复用原则，对于上级部门已建的系统、应用、组件、功能模块等，一律不再建设，而是采取数据对接、功能复用、系统集成等方式，构建一个多系统集成的社区管理服务平台，最大限度避免重复建设。

（1）推动平台贯通，复用成熟应用平台功能

对于拱墅区已经建成的系统，筛选出可复用的成熟应用，主动与相关部门对接，推动平台贯通。例如，区公安分局的智慧安防小区平台，其小区物业管理与智慧安防管理功能成熟且完善。经过街道多次沟通，区公安分局同意与和睦未来社区平台对接，这不仅大幅减少了业务梳理和技术开发上的工作量，更避免了因重复建设而导致的资金浪费。

（2）匹配业务需求，协同部门优化平台功能

通过 IRS 平台，将拟建功能与拱墅区业务部门在建的应用系统进行匹配。对于功能相近或相似的平台，主动与主管部门沟通，请其根据基层需求进行功能扩展和增量开发，避免街道自行建设造成资源浪费。如，区民政局正在开发的社区智治在线平台，集成了多项业务功能，但在居民信息管理方面尚不能满足街道的精细管理需求。因此，和睦街道主动与区民政局沟通，请其扩展相关功能，增加居民类型、服务情况等标签，为后期平台对接做好充分准备。既降低了数字化平台的建设成本，也避免了区、街之间存在多个功能类似的平台，从而减轻了社区多头录入数据的负担。

（3）复用组件算法，强化社区管理效能

实施数字化改革以来，省、市、区各部门建成了很多优秀组件，街道依托数字化产品可以复用的特点，复用了一批优秀组件、算法。例如，拱墅区数据局建设的"一键指挥"组件，在突发情况下可根据预先配置的应急预案，一键下达指令。街道在了解情况后，向区数据局提出了调用该组件的申请，从而极大地减轻了功能开发的工作量。此外，和睦未来社区平台还调用了拱墅区已建的多个 AI 算法，如"占用消防通道""电瓶车进电梯"等，有效减少重复建设工作量，提高工作效率。

3. 场景充分创新，呈现特色

和睦未来社区聚焦"老年人"这个特殊人群，在充分利用数字化成果和资源的基础上，搭建数字化"最后一公里"应用，打造一键呼叫、需求分层管理、智慧护航健康等适老化特色应用。

（1）一键呼叫服务，银龄跨越数字鸿沟更省心

充分考虑老年人智能设备使用能力的差异，为不同层次的老年人量身定制个性化数字生活服务。对于能够熟练使用智能手机的老年人，提供功能全面、操作便捷的标准版小程序，满足他们多样化的生活需求。对于只能使用简单智能设备的老年人，打造图标更大、功能更直观、操作路径更短的适老化小程序，降低老年人使用数字产品的难度。对于不会使用智能手机的老年人，在家中安装一键呼叫服务按钮，让他们能够轻松实现一键求帮、求救，确保遇到问题时可以及时得到帮助，让每一位老年人都能享受到数字生活带来的便利，轻松跨越数字鸿沟。

（2）需求分层管理，让社区服务更贴心

运用数据建模技术和标签化管理手段，从生活、健康、文化、社交等多个维度，深入剖析老年人各类需求，精准描绘老年人需求画像。基于需求画像，精准策划活动、推送信息、提供服务，确保有限的社区服务资源能够高效、精准地投入到真正需要的人群中。对于那些有着较高自我价值实现需求的老年人，主动邀请他们参与社区矛盾调解、加装电梯等工作，激发居民参与社区自治的热情，共同提升社区治理的成效。让居民生活更加安心、放心，让社区服务更加贴心、温暖。

（3）智慧护航健康，让看病就医更舒心

为解决老年人日常就医的难题，特别引入了一站式智能健康设备，并依托先进的互联网医院平台，与北上广等地区的优质医疗资源紧密衔接，为社区老年人提供远程诊疗、报告解读、处方开具、药品配送等一站式服务。通过健康小屋和线上诊疗室设置的便捷就医陪护呼叫服务按钮，实现一键就医陪护的贴心服务，有效解决了老年人操作智能设备困难、与医护人员沟通不畅的难题，让他们能够轻松享受到便捷的医疗服务。

第四节 数字动力，小举措赋能社区大治理

和睦社区不遗余力地推动数字化改革，以数字化赋能社区治理，积极应对老龄化挑战，帮助银龄跨越数字鸿沟，激发年轻人生育意愿，打造未来社区典型场景，提供人人可享的全方位服务，为社区居民创造兼具科技感与归属感的美好生活。

一、技术呈现，数字化三端系统支撑

居民服务端、运营管理端、治理端三端共治，串联起整个社区的数字化运行。

1."阳光和睦"小程序——居民服务端

"阳光和睦"小程序是为和睦居民打造的专属小程序，通过"浙里办"或者微信进入小程序，了解并参与社区大事小情。"阳光和睦"小程序是一个集生活服务、政务办理、社区治理、教育活动、健康管理、创业支持等功能于一体的综合性服务平台，居民在线报名社区活动、预约设施、在线问诊、咨询爆料、报修缴费，通过小程序进行在线投诉反馈、呼叫帮助等。针对社区老年人老龄化严重等情况，针对性打造适老化"阳光和睦"小程序，供老年人使用，助力老年人跨越数字鸿沟，共享数字红利（图6-4）。

2.智慧管理服务系统——运营管理端

和睦社区智慧管理服务系统是社区人、事、物的综合管理平台，通过集成邻里、服务、治理、健康、教育等九大场景，为社工、运营公司、物业管理、其他生态服务企业等提供统一的运营管理服务，实现基础治理与服务一体化管理（图6-5）。该系统包括信息公开、社团管理、呼叫服务、居民议事、积分管理等功能，整合智慧安防小区平台的物业管理、治安管理等功能，打通社区智治在线、基层治理等平台，形

◆ 图 6-4 标准版小程序与适老化小程序对比图

◆ 图 6-5 运营管理端界面

成一个多元统一的社区管理服务平台，为基层治理赋能增效。

3."阳光和睦"驾驶舱——治理端

"阳光和睦"驾驶舱包括全域建筑三维建模和九大场景的指标项分析。通过和睦全域建筑三维建模，将人、房、企、事、物与建筑空间结合起来，打造数字孪生社区；依托视频监控、感知设备等物联设备和 AI 算法，实现社区治理事件自动识别、报警和快速处置，为基层治理提供更加精准高效的可视化管理。通过对九大场景各项关键指标的挖掘和分析，全面掌握辖区运行情况，为应急处理、资源调度、管理决策提供支撑。

二、全面构想，未来社区典型场景打造

和睦街道打造未来邻里、未来教育、未来服务、未来治理、未来健康、未来交通、未来建筑、未来低碳、未来创业九大场景，涉及居民生活的方方面面。

1. 未来邻里：和谐互助，美好生活新画卷

精心打造邻里互助、和睦红集市、设施预约、闲置交易、兴趣社团等一系列活动，营造和睦友善的邻里氛围，进一步拉近邻里关系。每月举办丰富多彩的社区活动，不仅增进邻里间的情谊，更丰富了居民的精神文化生活。居民只需通过小程序即可轻松预约各类活动场地，实现资源共享。此外，家中闲置的物品也可在"阳光和睦"小程序上发布，与邻居进行友好交换，实现资源的循环利用。当居民需要帮助时，更可发起邻里互助，让邻里间的温暖传递得更远。让居民走出家门，积极参与邻里生活圈，共同营造一个和谐美好的社区环境。

2. 未来教育：全龄段学，兴趣培养新平台

打造社区全龄段教育模式，0~3岁幼儿家长可通过幼儿在线平台便捷查看社区托幼中心相关信息，包括幼儿档案、教育活动及教学就餐表等数据。校社学堂则结合社区与学校资源，创新打造丰富多彩的第二课堂活动。常青课堂专为老年人设计，提供多样化的活动选择。根据居民的兴趣爱好设立各类兴趣社团，实现线上线下相结合的参与方式，让居民能够多渠道、便捷地参与各类活动。

3. 未来服务：便捷生活，智能守护新体验

搭建 15 分钟便民圈，集成访客登记、物业缴费、办事指南等功能，并与墅智养、1call 等平台实现无缝对接，为社区居民提供更加便捷、高效的优质服务。设立未来社区服务呼叫中心，居民可一键呼叫解决各类诉求。针对 60 岁以上的老人，安装门磁、烟感、呼叫器等感知设备，全天候守护老人的安全，满足他们的养老服务需求。打造便民工具超市，为居民提供梯子、推车等日常工具的借用服务。通过"阳光和睦"小程序，及时发布政策新闻、办事指南等信息，并提供周边便民服务点的查询功能，让居民的生活更加便捷、舒心。

4. 未来治理：党建引领，智慧治理新高度

充分发挥党建统领作用，推动社区治理能力实现跨越式提升。通过与基层治理平台、信访投诉平台的对接，新建矛盾调解功能，全面分析社区内发生的各类事件，精准识别治理的难点与痛点，辅助社区进行有效治理。通过在线问卷调查等方式，广泛征集居民意见，居民也能通过小程序便捷地反馈加梯等诉求，形成双向互动的治理新模式（图 6-6）。

5. 未来健康：智慧管理，医防融合新篇章

依托大数据分析与智能建模技术，对居民身体状况、心理情感及社交需求等多维度进行精细化标签及分层管理。与社区内的医疗、养老、护理等实体机构实现数据互联互通，集成先进的疾病风险评估模型，精准预测居民的高风险疾病情况。通过健康档案、健康画像的建立，结合远程诊疗、健康小屋及智能跑道等创新功能，全面助力社区医防融合工作的深化与提升，为居民打造更加健康、安全的生活环境。

6. 未来交通：智能导览，高效管理新模式

通过居民端小程序，为社区居民提供一系列便捷的交通服务，包括小区车位余量查看、停车位查询、车位导览以及周边公交信息查询等。在小区停车位饱和的情况下，引导车辆前往周边商场等公共停车场停放，有效缓解停车难题。依托未来社区数字驾驶舱，社区管理者能够迅速掌握小区内长期无人管理车辆的情况，及时清理以腾挪空间。通过各出入口的门禁管理系统，帮助社区精准掌握各时段人流车流情况，从而合理分配出入口执勤力量，实现交通管理的智能化与高效化。

236 | 现代社区治理：和睦实践

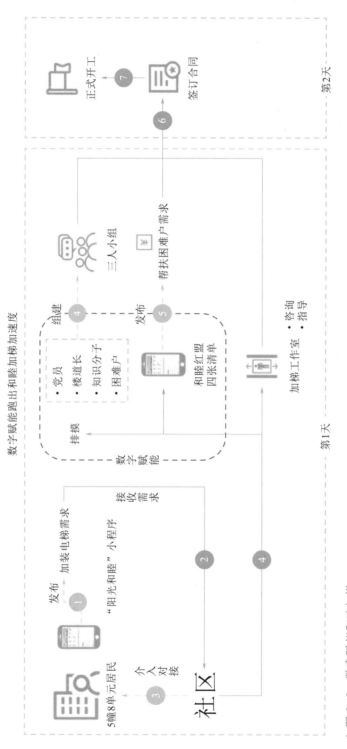

◆ 图6-6 数字赋能和睦加梯

7. 未来建筑：数字孪生，智绘社区新容貌

利用三维建模技术，对和睦社区全域 21 公顷范围内的建筑物、构筑物、地下管线、城市部件等进行实景三维建模（图 6-7），实现社区空间的数字化呈现。结合社区管理和服务需求，将社区历史运行数据、智能设备感知的实时数据与空间数据深度融合，打造数字孪生社区。当平台监测到相关事件发生时，三维地图将立即高亮预警，管理者可通过视频监控迅速了解现场实时画面，并查看事件周边情况及社区可用物资、可调配人员等信息，为社区管理和决策提供有力支撑。构建社区地下管网三维地图，对强弱电、雨污水等地下管线建模，清晰掌握雨污水管的位置、管径、流向，以及强弱电管线布局，在电梯基坑开挖施工时能准确避开，确保施工的安全与高效。

◆ 图 6-7 实景三维建模界面展示

8. 未来低碳：智能监测，智慧环保新举措

利用视频监控、智能垃圾箱、噪声监测、水质监测等感知设备，实时掌握社区环境状况，并通过智能化响应和决策支持，持续提升居民的生活环境质量。有效减少环境污染，提升居民的环保意识，共同构建绿色、低碳的社区生活环境。

9. 未来创业：创新引领，创业涌现新活力

为社区居民提供一站式创业就业服务，包括在线创客项目申报、企业服务、就业培训、人才申报、企业沙龙等。社区新建 330 平方米的双创中心，为

创业人员提供宽敞舒适的办公空间，以及人才、培训、金融、销售、法务等全方位的企业服务，助力创业梦想的实现。

三、特色情境，全方位服务人人可享

数字化是手段，不是目的。和睦街道坚持以人民为中心的发展思想，以数字化为刃，赋能民生、治理、城建、经济各个方面，创造颐乐和睦、幸福和睦、花漾和睦、开放和睦瑰丽图景。

1. 颐乐和睦：强化民生服务，关爱"一老一小"

构建智能看护模型，助力老有所养。通过和睦未来社区平台全面了解并精准掌握每一位老人的情况，结合老人居家情况、年龄、病史、健康小屋检测数据等关键要素，对社区老年人状况进行深度分析，建立智能看护模型，精确定位老人监护等级，并据此提供个性化的社区服务，实现"一老人一方案，一等级一预案"（图6-8）。

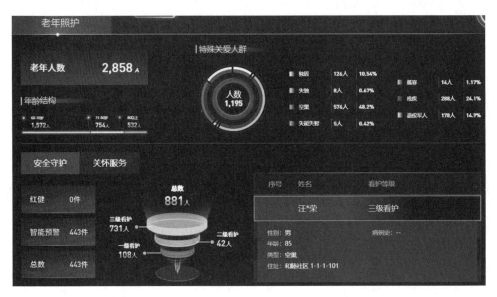

◆ 图6-8　老年人照护界面

以23幢某老人为例，其儿子因工作出差一个月，老人独自在家居住。儿子将该情况通过和睦未来社区平台向社区进行报备。社区立即响应，将老人的

监护状态调整为独居。经过系统综合分析和智能判断，将老人二级监护提升为一级监护。这一调整信息迅速同步至社工、楼道长、志愿者等人员，社工增加上门走访老人的频率，确保每天至少一次，深入了解老人身体状况和需求。同时，老人的身体监测服务频次也将提高，每周都能进行基础的身体检查，及时发现并应对可能出现的健康问题。此外，系统提高老人的安全预警等级后，若家中智能监测设备连续 4 个小时内未监测到老人的活动，系统将立即发出预警，提醒工作人员上门查看，确保老人安全。通过智能看护模型打造一个"家家有人管、户户有人查、栋栋有人看"的和睦养老新模式。

优化养育照护一站式服务，助推幼有所育。与卫健、民政等部门建立高效数据互通机制，实时、精准地掌握社区内婚龄、育龄、待育及幼儿等人群信息。基于深入的数据分析，提出生育、养育、教育个性化服务措施，满足不同居民需求。针对 0~3 岁幼儿，通过预测未来 3 年托幼人数及社区托幼机构托位数量，提前储备托育老师和托位数，满足社区居民的幼托需求。建立在线查询系统，方便居民随时了解社区及周边托育机构的配备情况、人员配置以及课程内容等信息，选择合适的托育机构。对于备孕和待育家庭，定期开展知识讲座和咨询服务，提供全方位的育儿支持。以科学、健康的方式迎接新生命的到来，为孩子的成长奠定坚实基础。针对未婚青年，精心策划相亲活动，拓宽交友渠道，助力早日找到心仪伴侣。让每一个家庭都能够在这里幼有所育、幸福起航。

经典案例10：银龄玩转数字化

未来社区要求人本化、生态化、数字化。对于和睦社区来说，人本化最充分，因为和睦社区就是同行同业同厂工人的宿舍区，完完全全的熟人社会，社区工作"以人为本"是天职，所以人本化在和睦社区能够得到最充分的体现。至于生态化，社区草木葱茏，绿树掩映，生态环境良好，垃圾分类，小区宁静，低碳环保理念得以贯彻和落地，生态化也能与时俱进。至于数字化，那就需要物的数字化与人的数字化同步推进才行。

经过未来社区数字化建设，和睦社区已经彻底"鸟枪换炮"，从手工操作时代，进入了数字赋能时代，数字化应用已经完全融入了未来教育、未来健康、未来邻里、未来服务、未来治理等九大场景的方方面面。

可是，物的数字化建设好了，如果人的数字化认知、数字化思维、数字化能力未跟上或者未适应，再好的数字化设备都等于零。因此，人的数字化是极其重要的。特别是对于60岁以上老年人占三分之一的老年型社区来说，适应数字化生活更是一项严峻的挑战。

不过，和睦社区未雨绸缪，早在2022年底就意识到这个问题。未来社区数字化建设验收后，马上开始对老年人进行数字化培训，每周至少培训一场，每场参加人数30人左右。截至目前，已经培训了70余场次，累计受训人数2100余人，不重复受训人数大约有300余人。

教育培训的内容，主要是如何玩转智能手机，例如教他们发微信、收发文件、摄影、录像、玩短视频等等，让他们初步掌握数字化能力。

接受培训的群体主要是刚退休5年内的活力老人，他们年富力强，对数字化本来就有简单的认知，培训效果较好。70岁以上的老人，有智能手机的占少数，大多数用老年手机，这些人的数字化认知和数字化能力就相当薄弱了。

对参训人员，还重点培训"阳光和睦"小程序正确使用、避免添加陌生人微信、禁止点击陌生人链接，防止电信诈骗。

培训的老师既包括业余学校老师、未来社区运营团队，也有专职职工。更巧妙的是，社区邀请了启航中学8位初中生来给爷爷奶奶上数字化课——黑发少年给白发苍苍的老人上课也是一道亮丽的风景。

经过一年半的培训，许多老人对数字化设备有了较高的认知，其中一半老人保持每天报到领积分的状态。2022年底，各类积分累计达到20万分，按照12积分=1元人民币来计算，有上万人得到了兑换的实物。

目前，和睦活力老人都乐于参加"银龄班"，这部分人培训完后，再由他们逐步传导给邻居，社区数字化使用水平明显提升，老年人可以充分享受到数字化带来的红利。

2. 幸福和睦：深化基层治理，服务触手可及

围绕基层治理与服务，构建集事件治理、呼叫服务及邻里活动等于一体的综合性分析模块。在事件治理方面，设立事件中心，汇集和睦社区内各类物联网设备的实时数据。事件类型包括居民爆料、信访投诉、基层治理四平台事件，以及感知设备自动触发的预警事件等。这些实时数据不仅为我们提供了丰富的感知信息，更通过可视化的方式，实时展示了治理事件的处置情况，为基层治理提供有力支持。

打造多元化的呼叫服务渠道，为居民提供全天候、无障碍呼叫服务。特别针对 60 岁以上老人，在其家中安装一键呼叫器，并配备具有一键呼叫功能的老年机，确保老人在需要时能够迅速获得帮助。为智能机用户开发"阳光和睦"小程序和适老化小程序，确保各类居民便捷享受社区服务。

邻里活动采取线上与线下相结合的方式，创新活动形式和内容。通过定期举办社区兴趣社团、邻里互助等活动，为居民搭建起沟通交流的桥梁，缩短邻里间的距离，消除陌生感。通过追溯和睦文化等特色活动，进一步加强社区精神文明建设，为居民提供更为便捷、高效的服务，推动基层治理的现代化进程，共同构建幸福和谐的社区生活。

3. 花漾和睦：优化社区环境，缔造花漾生活

围绕社区人居环境，通过物联感知监测设备，对社区空气环境、水环境、声环境等关键要素进行严密监测，构建一个覆盖全社区的环境监测网络。环境监测网络通过准确定位污染源，及时发现问题，并迅速处置整改，不断优化社区的生态环境。

和睦社区内设立有两个空气监测站，分别属于国家和省级监测体系。通过在和睦未来社区平台上建立空气质量污染预警，AQI 空气质量指数一旦低于标准，或氮氧化物等关键指标超过一定阈值，平台将立即触发报警机制，并自动截取预警前后 15 分钟的视频记录。通过对监测过程中产生的各类数据深入分析，判断污染源来源方向，制定针对性的处理方案。

4. 开放和睦：优化创业服务，激活区域经济

围绕区域经济发展，依托双创空间，为社区居民提供创业空间，增设就业培训和人才培训项目，以及政策咨询服务，全方位支持创业青年的成长与发展。创业青年通过"阳光和睦"小程序，即可轻松实现企业入驻、人才申报、创业活动预约以及相关政策申请服务，享受一站式便捷体验（图 6-9）。通过对居民的就业与失业情况综合分析，为人员提供就业、再就业培训服务。

◆ 图 6-9　开放和睦界面

通过平台深挖自身潜能，整合社区资源，构建全方位、多维度、立体式的企业服务网络，为企业提供主动、精准、高效的服务，助力企业快速发展。对于小微企业，将引育并重，强化跟踪服务，建立"动态培育库"，为企业嫁接政策、金融等各类保障要素，提供全方位的成长支持。打造开放包容、融合共生的和睦社区。

附 录

附录1 2019—2023年和睦街道各项经济指标情况

年份 指标名称	2019年 绝对值	2019年 同比(%)	2020年 绝对值	2020年 同比(%)	2021年 绝对值	2021年 同比(%)	2022年 绝对值	2022年 同比(%)	2023年 绝对值	2023年 同比(%)
限额以上社会消费品零售总额（亿元）	—	46.8	5.8	-4.7	7.6	32.0	7.3	9.9	6.3	-13.4
限额以上商贸销售额（亿元）	—	—	194.1	23.7	140.0	-34.2	66.7	-11.2	72.8	3.2
营利性服务业营业收入（亿元）	—	—	10.7	6.4	7.7	0.1	4.6	-13.6	27.4	70.3
规模以上工业增加值（亿元）	—	—	—	—	0.6	56.4	0.7	13.1	0.6	-16.7
规模以上数字经济核心产业增加值（万元）	—	—	5435.0	225.1	5810	57.8	7781.8	11.7	6488.5	-16.7
建筑业总产值（亿元）	—	—	6.6	10.0	7.4	12.1	7.3	-1.2	5.1	-7.9
地方一般公共预算收入（亿元）	1.12	7.1	1.2	-2.7	1.6	22.7	4.8	193.8	13.0	170.4
货物进出口总额（亿元）	—	—	3.0	-28.7	2.9	-2.2	5	81.7	4.6	-15.0
固定资产投资（万元）	—	—	—	—	1000	—	311862.3	—	780613.0	—
实际利用外资（万美元）	725	-43.5	4.0	0.6	650.0	100.0	—	—	10089.9	—

附录 2　和睦重点企业简介

浙江华丰纸业集团有限公司

浙江华丰纸业集团有限公司，前身系华丰造纸厂，始建于 1922 年，是浙江省第一家机械造纸企业，1948 年开始生产卷烟纸，一直是中国造纸重点骨干企业和全国卷烟纸行业龙头企业。2016 年 12 月 29 日，华丰造纸厂通过整体公司制改革，由杭实集团注资 2 亿元成立浙江华丰纸业集团有限公司。

◆ 浙江华丰纸业集团有限公司

利尔达科技集团股份有限公司

利尔达科技集团股份有限公司是国家物联网基础标准工作组成员和国家重点领域高新技术企业，2020—2021 年连续两年入围浙江省电子信息行业成长性特色企业 50 强，获评 2021 年度"专精特新"中小企业。2023 年 2 月 17 日正式发行股票，成功在北交所主板挂牌上市，是和睦街道第一家上市企业。

◆ 利尔达科技集团股份有限公司

鲜丰水果股份有限公司

鲜丰水果股份有限公司创始于1997年，从一辆二手三轮车摆摊经营发展到集新零售、智慧冷链物流和供应链B2B平台的全球化企业，先后荣获农业产业化国家重点龙头企业、浙江省农业龙头企业、浙江服务名牌、浙江省著名商标等荣誉称号。

◆ 鲜丰水果股份有限公司

浙江正和流体科技股份有限公司

浙江正和流体科技股份有限公司以中高档白油及衍生品的研发、生产、销售及为下游用户提供应用解决方案为主营业务,是"化妆品级白油""汽车减振器油"、浙江制造"品字标"团体标准主要起草单位,在高端白油细分市场占有率(PS、PE、化妆品级等)遥遥领先,已启动上市计划。

◆ 浙江正和流体科技股份有限公司

浙江中天智汇安装工程有限公司

浙江中天智汇安装工程有限公司是中国500强、中国民营企业100强、中国承包商10强企业中天控股集团专业子公司,拥有机电工程和石油化工工程双壹级总承包一级资质,在浙江省内安装行业位列前三,先后获得"中国建设工程鲁班奖"15项,"中国安装优质工程奖(中国安装之星)"16项,"国家优质工程奖"5项,"国家化学工业优质工程奖"2项,其他省部级工程奖项超百项。

◆ 浙江中天智汇安装工程有限公司

浙江诺迪福科技有限公司

浙江诺迪福科技有限公司主要从事家居品牌运营，旗下拥有 NORHOR（北欧表情）原创品牌，并拥有 NORHOR 天猫旗舰店。企业已经为全国超过 15 万个家庭提供个性化的家居用品，顾客遍布全国以及澳英法美俄日韩等地，并为 50 多家专业设计机构提供产品支持。

◆ 浙江诺迪福科技有限公司

丽尚国潮（浙江）控股有限公司

丽尚国潮（浙江）控股有限公司是上市公司兰州丽尚国潮实业集团股份有限公司在浙江的全资子公司，拥有多年线下零售经验和专业线上电商直播运营能力，发力新零售行业，致力于孵化一批新国潮品牌。

◆ 丽尚国潮（浙江）控股有限公司

华越设计集团股份有限公司

华越设计集团股份有限公司具有建筑工程甲级设计资质、风景园林甲级设计资质、城市规划资质，专业从事各类公建、住宅、综合体、EPC等项目的建筑、景观设计及相关工程咨询服务。

◆ 华越设计集团股份有限公司

华润电力(浙江)有限公司

华润电力(浙江)有限公司隶属于香港上市企业华润电力控股有限公司,是浙江区域综合能源服务商,包含浙江、福建两省的火电、风电、供热、光伏、售电、综合能源等业态。管理1家火电公司、13家新能源公司、2家售电公司、2家智慧能源公司。

◆ 华润电力(浙江)有限公司

浙江大瓷信息技术有限公司和超创数能科技有限公司

浙江大瓷信息技术有限公司和超创数能科技有限公司是上市企业大连电瓷集团股份有限公司在杭州的全资子公司,大瓷信息以电力信息为主要产业方向,立足大网络建设,主营业务范围包括信息技术开发、工程项目管理、电力设备、通信设备等技术开发及服务,超创数能主要研发物联网技术、电力行业高效节能技术,为客户提供园区微电网投资建设运营以及综合能源服务。

◆ 浙江大瓷信息技术有限公司和超创数能科技有限公司

浙江臻万科技有限公司

浙江臻万科技有限公司是集充电桩产品研发、生产、销售、运营于一体的"国家高新技术"和"浙江制造品质标"企业，业务范围涵盖二轮电动车智能充电桩、汽车充电桩、直流快速充电桩、无线充电桩及相关新能源充电产品综合解决方案等。企业先后获得国家高新技术企业、杭州市专利示范企业等多个荣誉称号。

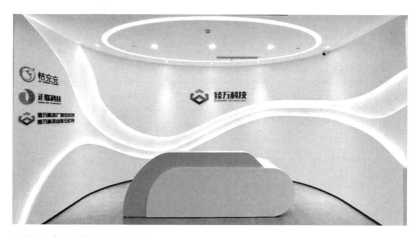

◆ 浙江臻万科技有限公司

北京兴华会计师事务所(特殊普通合伙)杭州分所

北京兴华会计师事务所(特殊普通合伙)杭州分所成立于1994年,北京兴华目前是中国前20强会计师事务所之一,自1992年成立以来,已有上市公司客户近40家。北京兴华及下属机构业务涉及审计、评估、工程造价、税务、咨询等各个领域,拥有证券期货审计资质、金融业务审计资质等各类资质。

◆ 北京兴华会计师事务所(特殊普通合伙)杭州分所

杭州江东电力建设有限公司

杭州江东电力建设有限公司成立于2010年10月,主要从事电力安装工程施工业务,曾服务多家业内知名电力设备安装企业,现有资质输变电工程专业承包三级,电力工程施工总承包三级,市政工程总承包三级,国家电力监管委员会承装、承修、承试各三级资质。

◆ 杭州江东电力建设有限公司

浙江运河基础工程有限公司

浙江运河基础工程有限公司是专业从事承插型盘扣式脚手架方案设计的服务商，经营业务包括地基与基础工程、市政工程、建筑工程、土石方工程的施工以及钢管、机械设备等的租赁。

◆ 浙江运河基础工程有限公司

附录3 "和睦红"党建联建名录

和睦街道党工委

浙江省司法厅（机关党委）

中铁一局集团

杭州城投商业发展有限公司

区委宣传部支部

团区委党组

区民政局党委

区住房和城乡建设局党委

区城管局党委

区统计局机关党支部

和睦小学党支部

启航中学党总支

运河学校党支部

和睦幼儿园（与蓓蕾幼儿园联建党支部）

和睦医院党支部

浙江华丰纸业集团有限公司党委

利尔达科技集团股份有限公司党委

鲜丰水果股份有限公司党支部

浙江华越设计股份有限公司党支部

创客蜂房（杭州蜂瑞投资管理有限公司）

杭州银行股份有限公司城北支行（杭州银行湖墅第五支部委员会）

浙江泰隆商业银行杭州祥符支行党支部

浙江蓝钻商业经营管理有限公司杭州蓝钻天成楼宇党支部

浙江宏昊律师事务所联合党支部

浙江省杭州创族科技有限公司

启迪数字天下（北京）科技文化有限公司

浙江大学教育学院教育领导与政策研究所党支部
杭州市军队离休退休干部第二服务管理中心党委
招商银行申花小微支行
上海证券登云路证券营业部党支部
浙江来益医药有限公司党支部
浙江中医药大学附属第二医院党委
浙江普星五星电器有限公司
农业银行半山石祥路支行党支部
杭州联合农村商业银行祥符支行党支部
浙江中天智慧安装有限公司党支部
浙江省医药工业有限公司党委
中国电信局股份有限公司杭州分公司拱墅分局
浙江树人大学人文与外国语学院党委
浙江慈继医院管理有限公司全日医康康复医疗中心
浙江公羊会公益救援促进会
中国建设银行文晖支行党总支
平安集团
中国银行股份有限公司杭州萍水街支行
江苏银行拱墅支行
区投资促进局
宁波银行城北支行
工行和睦支行
工行湖墅支行
渤海银行
中国移动
中国联合网络通信有限公司杭州市分公司拱墅区分公司
杭州市档案馆
拱墅区科技局
南京银行申花支行
浙江海阔建设集团股份有限公司

华润置地第二党支部

华附教育集团党总支部

浙江中医药大学附属第二医院急诊儿科联合党支部

中建四局杭州建设公司华润华丰项目党支部

浙江省纪委监委驻省住房和城乡建设厅纪检监察组

杭州市水务集团有限公司西区供水服务分公司城西客户服务中心

国网杭州城北供电分公司

杭州天然气有限公司管网输配分公司

浙江树人学院生物与环境工程学院

杭州市拱墅区市政养护所

拱墅区城市发展集团有限公司

大关消防救援站

杭州淳谷医药有限公司

附录 4　近年来街道重要考察来访

2019 年和睦街道接待考察、调研、参观交流等 147 批次，其中，重要考察来访情况如下。

2019 年街道重要考察来访　　　　　　　　　　　　　　　　　附表 4-1

1 月 4 日下午，时任市委常委、组织部长毛溪浩率队赴拱墅区开展"走亲连心三服务"活动，来和睦街道调研"颐乐和睦"养老服务综合街区，高度认可综合街区养老模式，并寄予厚望
2 月 21 日上午，时任市人大常委会党组书记、主任于跃敏一行来我街道调研"颐乐和睦"综合街区居家养老服务工作，充分肯定了综合街区养老模式
3 月 11 日，时任深圳市水务局党组书记、时任局长张礼卫一行在区城管局局长管建弟陪同下，来我街道学习考察"污水零直排"工作
3 月 14 日，时任经济日报驻记者站站长黄平、时任人民日报新闻采访部主任江南、时任新华社浙江分社采访部主任岳德亮来"颐乐和睦"综合养老服务街区考察采访
3 月 19 日上午，由省住房和城乡建设厅城市建设处方甫兵主任带队，市建委、市城管局、省城乡规划设计研究院有关领导和专家到和睦街道调研"污水零直排街道"建设工作
3 月 20 日晚，时任省治水办主任助理韩志福、时任市治水办主任助理陈天力受时任副省长彭佳学之托，带着治水热点、难点、疑点问题赴和睦街道调研老旧小区"污水零直排"工作，并在现场拍摄纪录片，在全省治水系统进行推广
3 月 21 日下午，时任杭州市人大常委会教科文卫工委姚坚主任一行调研和睦街道李家桥社区垃圾分类生活馆
3 月 29 日下午，时任福建省建宁县副县长陈龙率考察团一行 5 人来"颐乐和睦"综合养老服务街区参观
4 月 11 日，时任市残联巡视员易良成，时任维权部长管水平、时任副部长汪珺一行到化纤社区督查无障碍社区创建工作
4 月 24 日上午，时任市城乡建设委员会主任孔春浩一行赴和睦街道调研老旧小区综合提升改造
5 月 8 日下午，时任浙江日报杭州分社社长吴雅茗一行赴"颐乐和睦"综合服务街区考察采访
6 月 12 日下午，时任中共中央政治局常委、国务院总理李克强来和睦新村考察老旧小区改造，肯定了和睦老旧小区改造做法的同时，对养老、托幼等提出了期许。时任省委书记车俊，时任省长袁家军等省市领导陪同
7 月 11 日下午，时任住房和城乡建设部副部长黄艳一行来我街道调研老旧小区改造工作
8 月 13 日下午，时任市民政局副局长吴金富到和睦社区调研居家养老中心适老化改造，并到市首家适老化改造家庭舒梅娴处了解改造情况

续表

9月6日上午，时任杭州市卫健委副主任陈娜调研"颐乐和睦"养老街区
9月10日上午，时任国家卫健委健康司监察专员王谦一行赴和睦街道和睦社区调研宜居社区的建设工作
9月11日下午，时任中国计生协家庭服务部部长刘秀萍带队，组织有关专家赴和睦社区考察评估婴幼儿照护服务项目点
9月26日，杭州市举办2019"老年节"庆祝大会暨敬老爱老助老"最美"系列先进活动，和睦社区喜获"最美敬老爱老示范社区"荣誉称号，属全区唯一
10月9日，市委第五巡回指导组赴街道华丰社区、和睦社区调研主题教育工作
10月16日下午，时任浙江省民政厅副巡视员陈金伟一行调研康养体系建设试点工作开展情况
10月29日下午，时任国家卫生健康委员会老龄健康司副司长蔡菲、时任住房和城乡建设部标准定额司副司长韩爱兴赴和睦街道调研老年友好社区
11月6日下午，新华社浙江分社赴"颐乐和睦"养老服务综合街区采访老旧小区提升改造及居民参与情况
11月15日下午，时任杭州日报报业集团党委书记、社长董悦携华媒优培资产有限公司（杭州日报报业集团旗下上市公司浙江华媒控股股份有限公司旗下教育龙头企业）负责人赴和睦街道调研幼托项目，实地考察了幼托项目点

2020年和睦街道接待考察、调研、参观交流等84批次，其中，重要考察来访情况如附表4-2所示。

2020年街道重要考察来访　　　　　　　　　　　附表4-2

1月3日上午，在人民大会堂举行的2019智慧健康养老产业发展大会上，和睦街道荣获由工业和信息化部、民政部、国家卫生健康委员会共同授予的"全国智慧健康养老示范街道"荣誉称号
2月12日下午，时任市委副秘书长、市档案局局长范飞带队向和睦街道及所辖社区赠送防疫补给物资，表达对街道和社区的慰问。随后前往和睦街道华丰社区参观文化家园
3月11日下午，时任市委组织部组织处副处长赵吉一行赴和睦街道华丰社区实地考察调研华丰新村小区党建及网格治理等工作
3月16日下午，市档案馆馆务会议成员、巡视员柳伟铭一行赴和睦街道对接市直机关"走亲连心三服务"下基层开展"助万企，帮万户"活动
3月18日下午，市档案馆文化处三级调研员陈庆海一行赴和睦街道实地踏勘华丰社区党建阵地，并座谈交流华丰社区第三党支部打造最强支部验收评定事宜
4月22日下午，时任杭州市委组织部副部长、市委老干局局长应敏扬带队赴和睦街道华丰社区考察金秋驿站选培、打造工作

续表

5月9日上午，时任省人大常委会委员、财经委副主任委员吴桂英，时任市人大常委会财经工委主任骆寅，时任省人大财经委预算监督处处长王伟文，时任市人大常委会财经工委副主任毛文峰以及省、市人大财经委相关工作人员，前往和睦街道调研未来社区创建及街道人大代表联络站工作情况
5月18日，江西省南昌广播电视台《每日新闻》推出"杭州经验"系列报道，对和睦街道老旧小区提升改造进行深度解读，并予以"社区改造花小钱办大事"的高度肯定
5月22日上午，时任浙江省卫生健康委员会党委委员、副主任孙黎明一行赴和睦街道就3岁以下婴幼儿照护服务工作开展调研
5月22日上午，时任市政协城市建设和人口资源环境委员会主任何明俊一行到和睦街道华丰社区进行垃圾分类调研
5月26日下午，时任江西省南昌市青云谱区委书记孙毅、时任区长吴江辉带领党政考察团一行32人赴和睦街道实地调研和睦新村老旧小区改造提升改造工作
5月28日下午，时任中央文明办二局局长薛松岩率调研组一行赴我街道调研拱墅区新时代文明实践试点建设工作
7月18日，由新疆维吾尔自治区阿克苏市时任副市长常国宏带队的考察团赴我街道参观老旧小区改造工作
7月27日下午，时任省政协副主席陈铁雄一行赴和睦街道和睦新村调研老旧小区改造工作
7月27日下午，时任市委办公厅副主任杨雪强一行赴和睦街道华丰新村调研党组织领导三方协同小区微治理工作
8月5日上午，四川省成都市委组织部考察组一行赴和睦街道党群服务中心及养老服务综合街区参观考察
8月13日上午，时任湖北省恩施州来凤县妇联主席陈华一行赴和睦街道华丰社区参观交流妇联基层治理工作
8月13日下午，时任团市委基层工作部部长潘芳姗一行调研和睦街道"青春社区"工作
8月19日，时任市民政局副局长余岱一行4人赴和睦新村实地调研和睦街道养老和托幼工作开展情况
8月21日，时任广东省广州市政府副市长林道平带领广州市考察团一行23人赴和睦新村实地考察老旧小区改造情况
8月27日上午，时任市妇联副主席陈红美一行赴华丰社区现场验收儿童之家
9月1日下午，时任国务院办公厅秘书三局副局长王郑敏率国务院办公厅秘书三局、民政部养老服务司调研组一行5人赴拱墅区和睦街道，调研社区居家养老服务工作
9月7日下午，时任中央文明办三局志愿服务工作处长曹晶和中国社科院（中国志愿服务研究中心）时任副主任田丰一行，在时任省委宣传部志愿服务处长孙保胜、副处长王显治陪同下，赴和睦街道专题调研拱墅区新时代文明实践志愿服务街区
9月9日下午，时任江苏省徐州市副市长王先正一行6人赴颐乐和睦养老服务街区调研考察

续表

9月14日下午，四川省成都市双流区考察团一行50余人，到我街道考察老旧小区改造治理工作，并召开"党建引领小区治理"座谈会
9月15日下午，时任中国计生协会党组成员、专职副会长姚瑛一行赴和睦街道，就3岁以下婴幼儿照护服务工作开展专题调研
9月15日下午，和睦街道举行"阳光小伢儿"示范点启动仪式，时任中国计生协会专职副会长姚瑛，时任省计生协专职副会长潘祖光，时任省计生协基层工作部部长王建设，时任市十二届人大常委会副主任、市计生协会长徐苏宾，时任市计生协专职副会长崔威武，区领导章燕、韩峻、程晓东，区卫健局、区计生协主要负责人，时任杭州日报报业集团党委委员、副总编辑莫士安，时任街道党工委副书记、办事处主任魏威等参加
9月16日下午，江山市人大常委会一行，在时任区人大常委会副主任丁智明、区政府时任副区长方友青陪同下赴和睦街道专题考察"阳光老人家"项目
9月23日上午，时任杭州市党群服务中心主任张华兵一行赴和睦街道实地考察调研街道党群服务街区、党群服务中心
9月23日上午，时任广西壮族自治区民政厅党组副书记韦力行一行6人赴和睦街道调研参观养老街区
9月24日上午，时任辽宁省政协社会和法制委员会主任国长青一行8人赴和睦街道养老街区调研参观，时任省政协社会和法制委员会主任刘树枝一行4人、时任杭州市政协办公厅副主任牟剑一行3人、时任区政协党组书记周志辉一行5人共同参加调研
9月24日上午，时任杭州市退役军人事务局局长郑洪彪，时任拱墅区退役军人事务局局长贝建军一行赴和睦街道华丰社区调研指导社区退役军人服务站工作开展情况
10月10日上午，时任市财政局一级调研员郭顺华带队，时任江干区退役军人事务局副局长曹永胜，时任桐庐县退役军人事务局党组成员、副局长钟荣祥，时任区退役军人事务局局长贝建军及相关工作人员等一行人赴和睦街道华丰社区，督导检查"市级百家枫桥式"服务站创建工作
10月14日下午，北京市朝阳区委宣传部分管日常工作的时任副部长毕重伟一行19人赴和睦街道参观位于和睦新村内的新时代文明实践志愿服务街区
10月16日上午，时任中共陕西省榆林市委常委、常务副市长李博率领的考察团一行13人赴和睦街道和睦新村考察老旧小区提升改造情况
10月19日上午，时任宁夏回族自治区银川市委常委、宣传部部长李虹一行7人赴位于和睦街道和睦新村的拱墅区新时代文明实践志愿服务街区参观考察
10月22日上午，厦门市计生协会长一行11人赴和睦街道参观考察和睦养老服务综合街区及婴幼儿照护服务试点
10月29日下午，时任浙江省政府副秘书长蔡晓春一行来到和睦街道，就3岁以下婴幼儿照护服务开展调研指导
10月30日下午，时任江苏省张家港市老年协会副会长常士明一行13人赴和睦街道养老街区调研参观
11月2日下午，国家发展改革委有关领导及北京市、上海市、四川省成都市代表一行，来到和睦新村实地考察调研社区居家养老工作

续表

11月9日下午，时任湖北省恩施州来凤县旧司镇党委副书记、镇长李尚海率队来到东西部扶贫协作结对地区和睦街道，就城市建设、项目合作、产业发展等进行考察调研
12月1日下午，时任云南省昆明市党政代表团一行来到和睦新村考察老旧小区综合提升改造工作
12月8日上午，由时任山西省吕梁市兴县县委副书记、县长刘世庆率领的考察团一行27人来到和睦新村考察老旧小区改造工作
12月8日下午，时任建德市新安江街道党工委书记吕鹏云带队一行22人来到和睦街道考察和睦小区党建引领社区治理老旧小区改造工作
12月25日上午，时任浙江省建筑科学设计研究院总建筑师蒋纹带领设计师团队赴和睦新村参观老旧小区改造

2021年和睦街道接待考察、调研、参观交流等189批次，其中，重要考察来访情况如附表4-3所示。

2021年街道重要考察来访　　　　　　　　　　　　　　　　附表4-3

1月6日上午，时任诸暨市楼闯副市长一行参观和睦街道养老服务综合街区
4月1日上午，时任市发展改革委党组书记、主任孔春浩带领办公室、高技处、重点处等相关处室负责人，赴和睦街道调研未来社区建设情况
4月7日下午，时任安徽省合肥市长丰县委书记李命山带领党政代表团一行赴和睦街道考察调研老旧小区改造工作
4月16日上午，时任云南省昆明市官渡区副区长马建坤带队赴拱墅区和睦街道考察学习老旧小区改造工作
4月21日下午，时任省发展改革委基综办主任杨建根、副主任俞晓带领有关专家一行，赴和睦街道调研未来社区创建情况
4月23日上午，人社部中国就业培训技术指导中心基层就业指导处时任处长谈宇德一行赴和睦街道实地调研新就业形态稳就业工作
5月7日上午，全国市长研修学院副研究员张佳丽一行6人在杭州市城乡建管中心时任副主任陈美丽、区旧改办时任副主任陈海明等市区相关领导的陪同下，赴和睦新村调研老旧小区改造工作。时任街道党工委副书记、办事处主任魏崴，时任街道办事处副主任葛婷婷，时任和睦社区党委书记、居委会主任周呈参加调研
5月15日上午，中央媒体采访团赴和睦街道和睦社区就社区养老等民生事业发展情况进行专题采访报道。《人民日报》、新华社、《环球日报》、《经济日报》、《光明日报》、中新社等12家央媒的20余名记者参加，先后参观拍摄了和睦阳光老人家、志愿服务街区、阳光食堂、托幼机构二期等民生项目点位，并对街道社区负责人及辖区居民群众进行了现场采访
5月20日下午，时任湖北省民政厅党组书记、厅长柳望春一行11人赴和睦街道考察居家养老工作

续表

5月25日下午，省发展改革委委属单位省信用中心党支部赴和睦街道党群服务综合街区、党群服务中心考察调研，开展支部"学党史、悟思想"主题党日活动
5月26日下午，时任重庆市政府副市长陆克华率领的重庆市考察团一行20人来到和睦街道考察和睦新村老旧小区改造情况
6月2日上午，时任杭州青少年活动中心文学部部长、第一党支部书记董霞一行前来和睦街道考察调研，现场参观了街道党群服务综合街区、0~3岁托育中心等，并就党建共建工作开展座谈交流
6月2日上午，时任杭州市萧山区人民政府宁围街道党工委书记姚鉴一行赴和睦街道考察学习未来社区创建工作
6月3日下午，时任省妇联党组成员、副主席童丽君携省妇联权益部部长谢琦琦等一行赴和睦街道开展基层妇女走访慰问，访妇情、送关怀
6月8日上午，时任吉林省民政厅党组书记、厅长肖模文带队一行4人赴和睦街道考察养老服务工作
6月18日上午，时任杭州市萧山区人民政府盈丰街道办事处副主任徐军一行赴和睦街道考察交流未来社区创建工作
6月18日下午，时任省团校副校长、教授蔡宜旦带队走进和睦新村，调研"共青团如何助力高质量发展建设共同富裕示范区"相关课题
6月25日下午，国家、省、市级主流媒体记者组团赴和睦未来社区进行特色场景集中采风宣传
6月29日下午，省政协常委、社法委时任主任刘树枝带领办公室一行赴和睦街道调研社区及家庭适老化改造工作
7月9日下午，时任江苏省常州市钟楼区委书记沈东率领钟楼区党政代表团一行57人赴和睦街道考察和睦新村老旧小区改造
7月13日下午，时任杭州市数据资源局副局长伍洲一行赴和睦街道调研和睦未来社区数字化改革工作
7月15日上午，时任杭州市党史学习教育领导小组办公室副主任余梅芳、时任市委宣传部文改处处长艾晓静、时任市党史学习教育实践活动组副组长黄召一行和睦街道调研"民呼我为"典型亮点工作"阳光小伢儿"照护服务
7月20日，时任安徽省芜湖市政协副主席陈怡一行8人赴和睦街道考察老旧小区改造中完善养老服务配套设施建设的经验
8月6日上午，时任市发展改革委党组副书记、副主任、二级巡视员朱师钧一行人来到拱墅区和睦街道参观和睦社区的助老服务设施，参与了反诈教学活动，并开展了"桑榆金辉 数智生活 万名大学生伴你行"志愿服务活动现场会
8月19日上午，"和睦红"党建联建单位杭州市档案馆时任副馆长祝宇安一行赴和睦街道推进党建共建项目实施
8月24日上午，时任市建委潘凌捷总工一行赴和睦实地调研城乡风貌建设
8月30日，时任副省长徐文光在杭州市拱墅区调研未来社区建设工作

续表

9月2日上午，省委改革办改革研究和促进中心一行赴和睦街道调研未来社区创建情况
9月23日上午，浙江树人大学现代服务业研究院时任院长朱红缨带领七彩树人未来社区研究院、浙江树人大学现代服务业研究院一行，赴和睦社区调研未来社区标准化建设
9月24日，时任副省长高兴夫来杭调研未来社区建设工作，时任省政府副秘书长、一级巡视员董贵波，时任省建设厅党组成员、副厅长姚昭晖等参加调研
10月12日下午，时任山东省烟台市副市长李波一行赴和睦社区考察未来社区创建工作
10月15日，由中国勘察设计协会建筑分会会刊《建筑设计管理》杂志发起的"建筑考察&建筑畅谈Yeah"（第一站·杭州站）来到和睦社区，时任中国勘察设计协会建筑分会副会长兼秘书长陈轸带领考察团一行考察学习未来社区创建工作
10月29日上午，由新疆维吾尔自治区克拉玛依时任市委常委、宣传部部长周小三带队的考察团赴我街道参观考察未来社区创建工作
11月12日上午，时任金华市副市长赵秋立一行赴和睦社区考察未来社区创建工作
11月19日下午，时任杭州市建委组织人事处副处长、两新党委专职副书记朱宇捷，时任杭州市未来社区建设专班副处长李勇一行前来和睦街道调研未来社区党建工作
12月21日，时任浙江省委常委、杭州市委书记刘捷率队赴和睦街道和睦社区考察未来社区创建情况

2022年和睦街道接待考察、调研、参观交流等115批次，其中，重要考察来访情况如附表4-4所示。

2022年街道重要考察来访   附表4-4

1月5日下午，时任新华社浙江分社副总编辑商意盈带队赴和睦街道，就和睦未来社区建设情况进行专题采风
1月19日下午，浙江省妇联二级巡视员何元仙、时任权益部处长王露等一行人赴和睦街道李家桥社区参加浙江省妇女儿童基金会爱心单位授牌仪式
2月9日下午，时任市风貌办综合组组长徐升雁，时任风貌组组长邓震，时任督导组组长徐磊，时任市旧改办相关负责人、区城市风貌整治提升（未来社区建设）工作专班陈海明副主任等一行赴和睦社区调研未来社区建设
2月17日上午，时任财政部浙江监管局副局长王佳一行来到和睦街道走访调研和睦新村老旧小区改造工作
2月21日下午，时任住房和城乡建设部城市建设司副司长刘李峰带队，与中国城市规划设计研究院时任副院长郑德高、村镇规划研究所时任所长陈鹏等领导专家一同，就和睦新村老旧小区综合提升改造工作进行实地调研
3月3日上午，时任省发展改革委副主任谢晓波，时任市发展改革委党组成员、市社建委专职副主任应彩虹一行先后赴和睦社区一米国·托育园、"颐乐和睦"养老服务综合街区参观调研

续表

3月4日上午，时任金华市婺城区副区长徐镜跃一行赴和睦社区考察未来社区创建工作
3月9日上午，时任市委办公厅副主任顾江一行赴和睦新村实地调研，了解未来社区建设，特别是健全"一老一小阳光相伴"配套，打造共同富裕现代化基本单元的情况
3月15日，时任市委直属机关工委第二督导组市委编办务会议成员、二级巡视员费海平等一行前来和睦社区督导"无疫单元"创建工作，督导组巡查了和睦公园的核酸检测点位
3月29日下午，时任省社建委专职副主任孙哲君，时任市发展改革委党组成员、市委社建委专职副主任应彩虹等一行赴和睦街道"一米国·托育园"考察调研普惠托育服务
4月1日上午，时任省政协周国辉副主席一行赴和睦街道"一米国·托育园"考察调研"构建育儿友好型社会"工作，调研组一行实地考察了托育园、和睦剧场、和睦书阁等未来社区建设线下应用场景
4月1日下午，时任市发展改革委党组成员、副主任马骏率领市发展改革委高技处、市经济信息中心和市建委等一行，赴拱墅区调研未来社区数字化改革工作
5月18日下午，湖北省武汉市江汉区副区长何旭东一行赴和睦街道调研考察和睦新村老旧小区改造及未来社区建设工作
5月19日上午，舟山市岱山县蓬莱未来社区考察学习团赴和睦街道考察老旧小区改造及未来社区建设工作
6月1日上午，时任省委组织部副部长、老干部局局长龚和艳一行赴和睦社区调研，考察和睦街道养老服务综合街区，调研离退休干部居家养老服务、适老化改造等
6月13日上午，海宁市住房和城乡建设局带队，海宁市海州街道、马桥街道、硖石街道等未来社区建设工作试点单位赴和睦街道调研学习
6月15日上午，时任市政协副主席冯仁强带队，赴街道华丰社区开展"法律服务进社区"活动
6月17日下午，市安委会消防安全督查组对和睦街道备查点进行消防安全督查
6月24日下午，时任宁波镇海区招宝山街道副书记周亚萍一行21人赴和睦街道和睦社区学习考察未来社区建设工作
7月5日下午，时任国家卫生健康委党组成员、全国老龄办常务副主任、中国老龄协会会长王建军一行赴和睦街道调研老龄工作，调研组先后参观了乐养中心、幸福和睦家·未来生活体验屋、助浴室、休养中心、康养中心、托育中心等阵地设施及高德打车、蓝马甲行动等便民服务项目
8月11日上午，时任清华大学新闻与传播学院副院长张莉率2021级国际新闻传播硕士班20余名学生一行，赴街道调研走访和睦社区"一老一小"工作开展情况
9月1日下午，时任和睦社区党建共建单位省住房和城乡建设厅万岩丰副组长、时任省风貌办未来社区技术与标准组组员唐金达、时任省风貌办数字化推进组组员高正一行，赴和睦社区开展党建共建活动
9月3日上午，县域共青团基层组织改革全省现场推进会"开"进和睦社区，共有2批县（市、区）团委书记在时任团省委副书记周苏红和时任副书记（挂职）徐梦周带领下赴和睦新村考察调研社区团支部工作

续表

9月6日下午，时任萧山团区委副书记（主持工作）汤旸带镇街、部门团组织负责人一行前来和睦社区调研社区团支部工作
9月28日上午，时任丽水市云和县住房和城乡建设局局长邢决功带队考察和睦社区旧改工作，时任街道党工委书记饶文玖陪同
10月10日下午，时任浙江省副省长王文序一行来拱墅区调研适老化改造工作
10月12日下午，杭州市基层单元评估小组一行来街道人大代表联络中心站进行检查，就联络站点的建设成果、功能拓展提升、基层单元应用、场景推广应用等情况进行评估
10月20日下午，时任杭州市妇女活动中心主任裘璋群一行赴华丰社区调研参观马水园工作室
10月28日上午，国家发展改革委就业司司长应雄一行赴和睦街道调研高质量发展建设共同富裕示范区
11月7日下午，时任云南省昆明市官渡区太和街道党工委书记邹彪一行赴和睦街道开展调研考察
11月10日下午，时任省纪委常委、省监委委员梁雪冬带队赴和睦街道调研，开展省纪委第十片组主题党日活动
11月10日下午，时任湖州市南浔区委组织部副部长、区委两新工委专职副书记周海淇带队前来和睦社区学习考察党建引领现代社区建设工作

2023年和睦街道接待考察、调研、参观交流等201批次，其中，重要考察来访情况如附表4-5所示。

2023年街道重要考察来访　　　　　　　　　　　　　附表4-5

2月23日，山东省济南市民政局一行前往和睦街道和睦社区考察养老、托幼等工作
2月25日，浙江省健康委员会一行前往和睦街道和睦社区参观考察养老、托幼工作
2月28日，广东省阳江市人大常委会委员一行前往和睦街道和睦社区参观考察养老、托幼工作
3月1日，河南省洛阳市住房和城乡建设局一行赴和睦街道和睦社区调研养老、托幼相关工作
3月3日，黑龙江省民政厅一行赴和睦街道和睦社区调研养老、托幼相关工作
3月10日，河北省发展改革委一行来和睦街道和睦社区调研养老、托幼相关工作
3月24日，广西壮族自治区北海市组织部一行前往和睦街道和睦社区调研养老、托幼相关工作
4月10日，时任湖南省计生协陈文浩会长带队前往和睦街道和睦社区调研养老、托幼工作
4月12日，国家发展改革委一行前往和睦街道和睦社区调研养老、托幼等工作
4月24日，安徽省民政厅一行前往和睦街道和睦社区调研社区养老工作
5月8日，杭州市民政局一行前往和睦街道和睦社区调研社区养老工作
5月10日，中国计生协家庭服务部时任王丽娟部长一行前往和睦街道和睦社区实地调研养老工作

续表

日期与事件
5月23日，湖北省住房和城乡建设厅一行前往和睦街道和睦社区实地调研养老、托幼、老旧小区改造等工作
5月30日，浙江省住房和城乡建设厅一行前往和睦街道和睦社区实地调研加梯工作
6月6日，甘肃住房和城乡建设厅一行前往和睦街道和睦社区实地调研加梯工作
7月11日，江苏省委老干部局一行前往和睦街道和睦社区实地调研养老托幼工作
7月26日，北京市建委调研组一行前往和睦街道和睦社区实地调研养老托幼工作
8月17日，国家卫生健康委员会一行前往和睦街道和睦社区实地调研养老托幼工作
8月18日，中央教育部一行前往和睦街道社区调研，参观考察养老街道、和睦社区书阁等地，就社区养老、托幼工作进行实地调研
9月22日下午，时任国家发展改革委社会发展司司长刘明带队赴和睦街道和睦社区调研嵌入式公共服务
9月27日，中央组织部一行赴和睦街道和睦社区调研养老、托育、大运河幸福家园建设等工作
10月3日下午，央媒和各省媒体采访团一行37人来和睦街道和睦社区参观采风
10月11日，中共第十四、十五届中央委员彭珮云实地调研和睦街道3岁以下婴幼儿照护服务工作，对街道托幼工作给予了充分肯定
10月12日，时任杭州市图书馆副馆长丁晓芳、时任区文广旅体局副局长汪小含一行来到和睦书阁，对和睦书阁争创拱墅区邻里阅读空间进行了实地验收
10月17日，时任湖南省湘潭市雨湖区委组织部部长罗庆坤一行4人前来和睦社区调研基层党建、养老、幼托等工作
10月29日上午，时任杭州市应急管理局副局长宋立新、时任区应急管理局局长管建弟，时任副局长许建勋一行，赴和睦街道调研应急消防管理站建设基本情况
11月9日，全国市长研修学院（住房和城乡建设部干部学院）来到和睦新村加装电梯项目进行现场考察学习
11月10日，中共中央党校一级教授、中国人民政治协商会议第十四届全国委员会人口资源环境委员会委员、社会和生态文明教研部副主任、博士生导师吴忠民一行前来和睦街道调研党建引领三方协同小区治理工作
11月24日，湖北省枣阳市妇联党组书记、主席付红霞一行赴和睦街道考察调研党建带妇建工作
11月27日，时任诸暨市委组织部副部长何浩明带队，前来和睦社区实地调研
11月29日，杭州市党群服务提能升级示范培训班一行120余人赴和睦街道开展现场教学活动
12月7日，时任浙江省民政厅党组成员、副厅长项薇一行来和睦街道调研养老服务工作
12月26日，时任杭州市委老干部局局务会议成员、二级巡视员梁如良一行来和睦街道华丰社区金秋驿站实地调研复评

附录 5　和睦街道荣誉清单

国家级荣誉：

全国老旧小区改造示范案例

全国智慧健康养老应用示范街道

全国示范性老年友好型社区

中国计生协婴幼儿照护服务示范

全国适老化改造优秀案例（全国仅 10 例）

省级荣誉：

浙江省未来社区

浙江省现代社区

浙江省红色根脉强基示范社区

浙江省文明社区

浙江省民主法治社区

浙江省最美志愿服务社区

浙江省最美新时代文明实践志愿服务基层站

浙江省五星级社区服务综合体

浙江省党群服务中心示范

浙江省高质量就业社区（华丰社区）

浙江省无障碍社区

浙江省省节水型社区

垃圾分类省级先进社区

五水共治治水省级先进（拱墅区第一个零直排街道）

三改一拆省级先进（拱墅区第一个无违建街道）

市级荣誉：

杭州市和谐（文明、平安）示范社区

杭州市最美敬老爱老示范社区

杭州市五星示范社区

杭州市高质量就业社区（和睦、化纤、李家桥）

和睦新村成片加梯项目获评市级"最美加梯项目"

华丰社区和丰金秋驿站入选 2023 年度市级金秋驿站"银领"项目库

杭州市儿童友好社区（和睦、李家桥）

街道级老年大学获评 2023 年杭州市共学养老优质基地

全日医康康复中心获评杭州市街道级康养示范点

李家桥社区阳光小伢儿驿站获评杭州市示范型驿站

其他荣誉：

第四次国家卫生城市创建中和睦居民区为拱墅区的第一名

综合养老服务街区休养中心获评浙江省首批五星级居家养老服务照料中心

党建驿站获评全区运河城市驿站样板

附录6　和睦近年重要新闻报道

2020年　　　　　　　　　　　　　　　　　　　　　　附表6-1

序号	媒体名称	日期	标题
1	中国政府网	1月1日	李克强：加快推进保险市场对外开放
2	浙江新闻客户端	1月4日	探索街区式智慧健康养老体系　杭州和睦街道成了全国示范
3	浙江新闻客户端	1月24日	挨家挨户排摸宣传　拱墅华丰社区社工两天访遍千余户
4	新华网	1月25日	扫楼扫店、排摸宣传，杭州社区工作者除夕坚守岗位
5	浙江新闻	1月25日	扫楼扫店、排摸宣传，杭州社区工作者除夕坚守岗位
6	浙江新闻客户端	1月27日	"这声问候好温暖！"杭州和睦街道给居家隔离人员视频拜年
7	杭+新闻	2月1日	疫情期间不出家门即可免费问诊　和睦街道对接"平安智慧城市智慧医疗"提供智慧诊疗
8	杭+新闻	2月1日	"放心，有我在！"和睦街道有位抗疫一线的"放心书记"
9	杭州网	2月5日	拱墅和声艺术团声援抗"疫"
10	《每日商报》	2月7日	风雨遮不住的"阳光"，和睦送菜小分队在行动
11	浙青网	2月7日	一份特殊的压岁包，解了这户居家隔离家庭的心头事
12	杭州网	2月7日	杭州这一家三口全是社工　他们齐上阵抗击疫情
13	浙青网	2月8日	菜价"不涨反降"　杭州和睦农贸市场经营户用点滴行动抗击疫情
14	杭州电视台	2月8日	汤圆送到家门口　视频连线道祝福
15	《杭州日报》	2月8日	菜价"不涨反降"　杭州和睦农贸市场经营户用点滴行动抗击疫情
16	《都市快报》	2月8日	和睦农贸市场里的菜价，为什么这么便宜
17	杭州网	2月8日	菜价"不涨反降"　拱墅和睦居民安心"宅"家
18	钱江晚报小时新闻客户端	2月8日	"我们的菜低于市场价卖"，杭州和睦农贸市场两位卖菜大姐赞
19	1818黄金眼	2月10日	和睦农贸市场复工及菜价平稳相关正面报道
20	我和你说	2月10日	和睦农贸市场复工及菜价平稳相关正面报道
21	西湖先锋	2月10日	杭州市"疫"线最美"领头雁"

续表

序号	媒体名称	日期	标题
22	浙青网	2月13日	全民战"疫"｜"哪户人家今天要解除隔离，看一下这张图全知道！"
23	浙青网	2月14日	"爱你，罩着你"，杭州和睦街道对隔离居民的特殊关爱
24	1818黄金眼	2月15日	华丰社区杜先生14天的居家隔离生活
25	杭州电视台	2月15日	送温暖也要"男女有别" 毛领时尚羽绒服送到志愿者心坎里
26	《都市快报》	2月15日	今夜很冷，大家做的这些事，很暖！
27	西湖先锋	2月16日	寒夜来袭！这里很温暖
28	天目新闻	2月17日	小岗位有大担当 退伍军人每天至少站岗8小时
29	西子女性	2月17日	最美家庭在奋战 家人，就是要一起战疫！
30	天目新闻	2月18日	居家观察人员满意度百分之百 杭州这个街道是怎么做到的？
31	《法治日报》	2月19日	杭州精密智控全力打赢社区防疫战
32	杭州文明网	2月21日	大疫当前，拱墅新时代文明实践聚焦"五大需求"，让"互联网＋志愿服务"更精准
33	钱江晚报客户端	2月21日	健康码有问题不能复工？拱墅"码"上复核，助力复产复工
34	杭州网	2月21日	杭州市档案馆慰问街道社区战"疫"一线工作者
35	光明日报客户端	2月22日	杭州市拱墅区："互联网＋志愿服务"满足市民群众"五大需求"
36	杭州电视台影视频道《亲民尚和图》	2月24日	和睦街道疫情走过的日子
37	《杭州日报》	3月4日	不管是在抗疫一线 还是为复工复产保驾护航的后方 夫妻携手、老少上阵、人人尽己所能……他们是杭州"最美"家庭的生动注解
38	杭州网	3月4日	不管是在抗疫一线 还是为复工复产保驾护航的后方 夫妻携手、老少上阵、人人尽己所能……他们是杭州"最美"家庭的生动注解
39	杭州文明网	3月4日	他们是杭州"最美"家庭的生动注解
40	西湖之声	3月6日	和睦一家人
41	杭州电视台影视频道	3月8日	爱，在举国抗疫时 巾帼英姿别样红
42	西湖之声	3月8日	街道社区三八节妇女在抗疫一线的采访
43	《每日商报》	3月9日	"你们辛苦了！"疫情面前化纤女战士身影都英姿飒爽

续表

序号	媒体名称	日期	标题
44	西湖之声	3月11日	岳父岳母从武汉出发,傍晚时分抵达杭州我家!此后——
45	钱报小时新闻	3月18日	杭州和睦新村:桃樱芬 杨柳青,家门口的春 无限生机
46	《杭州日报》	3月27日	杭州市老旧小区提升改造项目加快高质量推进
47	《杭州日报》	3月27日	新创市级示范小区1300个生活垃圾回收率45%以上
48	杭+新闻	4月8日	和睦新村二期改造有序复工,打造老有所依幼有所养新家园
49	《都市快报》	4月8日	在水杉林里做一条"迹忆秀带",和睦新村迎来二期改造
50	浙青网	4月8日	老有所依、幼有所养,和睦新村婴幼儿照护中心预计6月对外招生
51	杭州生活频道	4月9日	和睦新村老旧小区提升改造工程正面报道
52	杭州公共频道	4月9日	和睦新村老旧小区提升改造工程正面报道
53	中新网浙江	4月10日	杭州"老破小"化身人文家园:在变迁中镌刻时代记忆
54	《都市快报》	4月15日	不好意思,这次要让年轻人羡慕爷爷奶奶了!在杭州,智能数据养老
55	《每日商报》	4月22日	化纤社区开展爱护地球从垃圾分类开始宣传活动
56	浙江新闻客户端	4月23日	走近"最熟悉的陌生人"杭州2.48万社工如何成为居民的"定心丸"
57	新蓝网	4月28日	智慧养老是怎么样的
58	杭+新闻	5月7日	老物件旧照片,你有一段"想当年"的回忆吗?和睦街道向你发起"和睦迹忆"征集!
59	杭+新闻	5月7日	和睦街道优胜街道小区垃圾分类工作经验
60	杭+新闻	5月8日	和睦街道华丰新村现场培训垃圾分类和再生资源回收
61	杭州电视台生活频道	5月9日	对和睦街道、和睦社区开展的"和睦迹忆"征集活动进行报道
62	《每日商报》	5月11日	母亲节前夕,她们收到了社区送来的花
63	《杭州日报》	5月13日	留住老工业住宅区里的城市文脉 和睦街道发出征集令 邀你一起"想当年"
64	杭州一套	5月17日	垃圾分类二十年,你打几分
65	南昌新闻综合频道	5月17日	杭州:社区改造花小钱办大事
66	杭州一套	5月26日	上下同心 小区旧貌换新颜
67	浙江之声	6月1日	书香浙江共享空间

续表

序号	媒体名称	日期	标题
68	杭+新闻	6月5日	拱墅全力打造的"全国样板"托育中心来了！
69	《浙江日报》	1月3日	加快高质量建设运河沿岸名区 杭州拱墅扛起大城北崛起"大旗"
70	杭+新闻客户端	1月26日	见屏如面，这一声问候温暖了春节 和睦街道对疫区来杭居家隔离人员进行视频拜年
71	《都市快报》	2月4日	小区里，有一群随叫随到的买菜人
72	浙江卫视	4月8日	和睦新村老旧小区改造情况报道
73	《杭州日报》	4月9日	和睦新村打造国家级婴幼儿照护中心
74	《都市快报》	4月15日	今年杭州要改造300个老旧小区，惠及15万户居民 拱墅区变化最大
75	《每日商报》	4月15日	杭州计划改造300个老旧小区 惠及15万住户 13个项目已开工 165个完成方案审查
76	杭+新闻客户端	5月1日	化纤社区开展爱护地球从垃圾分类开始宣传活动
77	杭+新闻客户端	5月4日	这个小区自带垃圾分类宣教馆，和睦街道李家桥社区和睦院小区
78	杭州一套	5月14日	小区垃圾房 亟待"合情合理"
79	杭+新闻客户端	5月17日	和睦街道"五导共推"践行垃圾分类"杭州模式"
80	杭+新闻客户端	5月19日	和睦街道环境提升大整治，联动联勤提质效
81	《浙江日报》	6月10日	适老化改造，于细微处暖人心
82	浙江新闻客户端	6月10日	适老化改造暖人心 浙江这项民生实事今年惠及六千户
83	杭+新闻客户端	6月22日	和睦街道开展第二季度垃圾分类入户宣传
84	杭+新闻客户端	6月22日	市分类办赴拱墅区和睦街道李家桥社区督查垃圾分类工作
85	《浙江日报》	6月28日	老小区换新颜 杭州老旧小区综合改造提升加速推进
86	《杭州日报》	6月29日	老旧小区改造，得"面子"更得"里子"
87	浙江新闻客户端	7月13日	省委宣传部联合浙江老年报邀你参加"乐龄阅读会"
88	《住宅产业》杂志	2020第5期	颐养和睦，开启和睦"变身记"
89	《青年时报》	7月29日	91岁骆爷爷讲述当兵岁月，89岁顾爷爷想搬进养老院，时报"敲门行动"来到拱墅区和睦街道和睦社区
90	商报客户端每满	8月1日	化纤社区卫生服务站开业啦！
91	《浙江老年报》	8月4日	不出社区享健康服务

续表

序号	媒体名称	日期	标题
92	《贵州日报》	8月12日	黄平县翁坪乡：东西部协作搭台 土特产出山俏市
93	《每日商报》	8月17日	"毛娘"骆荣弟坚持17载 为邻里免费理发
94	中波954	8月18日	"学习强国"照亮退休生活 68岁"学霸"一口气答对1060道题
95	杭州之声	8月19日	和睦街道举办"退休人员心向党"主题活动之"学习强国"达人秀
96	《潇湘晨报》	8月19日	人大监督助推老旧小区改造提升 代表盯得牢 居民更舒心
97	《钱江晚报》	8月21日	杭州这个社区的垃圾分类生活馆"网红了"，来打卡的孩子一批接一批
98	《每日商报》	8月22日	和睦街道举办"学习强国"达人秀 退休人员比学赶超做"达人"
99	杭州网	8月22日	和睦街道举办"学习强国"达人秀 退休人员比学赶超做"达人"
100	明珠电视台	8月29日	我眼中的小康
101	浙江电视台	9月2日	杭州拱墅区推出"阳光小伢儿" 打造15分钟婴幼儿照护服务圈
102	浙江之声	9月3日	杭州市拱墅区实施"阳光小伢儿"等特色社区服务项目，积极打造15分钟婴幼儿照护服务圈
103	杭州一套	9月5日	聚焦工会：茶艺展现生活美 技艺情感融茶中
104	《浙江日报》	9月6日	杭州市拱墅区推进0岁至3岁婴幼儿照护工作 阳光洒向"小伢儿"
105	《钱江晚报》	9月15日	房子车子都归老婆！杭州夫妻离婚，却为孩子同住3年！失控一幕发生了
106	杭州网	9月21日	小区专员当上了"大管家" 租房纠纷照样"管"得好
107	杭+新闻	9月21日	深化基层自治，拱墅"小区专员"当上了"大管家"
108	中央统战部网站	9月23日	杭州拱墅区发挥统战人士力量助推基层治理
109	《每日商报》	9月27日	月饼寄巧思 这里的中秋"色香味"俱全
110	《每日商报》	9月28日	防范打击非法集资宣传走进和睦新村
111	平安浙江网	9月30日	一身"正气"过"双节"
112	浙江新闻客户端	10月27日	杭州老旧小区改造经验落地 天山南麓见"祥和"

续表

序号	媒体名称	日期	标题
113	《浙江日报》	10月27日	大运河畔出"和睦" 天山南麓见"祥和" 杭州老旧小区改造经验落地阿克苏
114	《钱江晚报》	10月29日	省政协民生协商论坛聚焦城镇老旧小区改造和未来社区建设——在老小区的螺蛳壳里做出未来社区的新道场
115	浙江新闻客户端	10月30日	每分钱都用在刀刃上 拱墅和睦街道巧解旧改"算术题"
116	新华社	10月31日	既要"面子",又要"里子"——闽浙两地老旧小区改造见闻
117	《青年时报》浙青网	11月2日	社区无障碍环境建设增强居民归属感
118	杭州电视台	11月19日	时间银行:探索志愿服务新模式
119	浙江之声	12月14日	遇见运河沿岸名区,见证杭州大城北崛起(上)
120	《杭州日报》	12月21日	这个老小区藏着拱墅品质生活的秘诀
121	《每日商报》	12月23日	和睦街道各社区新班子走马上任,热腾腾的饺子送出祝福与承诺
122	浙江新闻客户端	12月24日	和睦"康养家"赵建华:幸福就是为老服务、服务到老
123	《每日商报》	12月31日	寒潮滚滚来,社区有温度,李家桥社区开展送暖行动

2021年　　　　　　　　　　　　　　　　　　　附表6-2

序号	媒体名称	日期	标题
1	《中国建设报》	1月6日	老旧小区改造进行时 杭州:老旧小区以"心"焕新 老房子"改"出新生活
2	浙江新闻客户端	1月11日	一幢"样板楼"撬动小区提升 拱墅和睦街道旧改有思路
3	都市快报杭州新闻APP	1月12日	雨棚晾衣架空调架保笼,墙上的"四件套"变好看了
4	都市快报杭州新闻APP	1月14日	60跟飞线不见了
5	《浙江日报》	1月20日	杭州公共自行车便民服务一路升级,跟着体验官看看——12岁"小红车"如何行稳致远
6	《每日商报》	1月21日	一碗腊八粥,体现了大家庭的温暖
7	学习强国	1月22日	杭州拱墅:把幸福的阳光照进托幼服务"最后一公里"
8	浙江新闻客户端	1月28日	温暖又智能 想体验这样的老人助浴车 速度留言吧

续表

序号	媒体名称	日期	标题
9	杭+新闻	1月28日	让老人"澡"回幸福 拱墅区引入"流动助浴车",为老服务"跑起来"
10	读城杭州	1月28日	杭州有辆车不载客,但去过的老人直呼"舒服",咋回事?
11	《都市快报》杭州新闻	1月28日	车子开到楼下,为老人更衣、洗澡、剪指甲一条龙
12	《每日商报》	1月28日	老人行动不便也能轻松洗澡,还可享受一站式护理
13	杭州一套	1月28日	流动助浴车开进社区 老人清爽迎新年
14	《杭州日报》	1月29日	为老人"澡"回幸福 和睦街道引入"流动助浴车"让为老服务"跑起来"
15	《每日商报》	1月29日	行动不便的老人也能轻松洗个澡 还可享受一站式护理 和睦街道引入浙江省首辆定制版"流动助浴车"
16	钱报小时新闻	1月29日	新玩意!浙江首辆"流动助浴车"来了
17	明珠频道	2月1日	"流动助浴车"
18	生活频道	2月1日	"流动助浴车"
19	天目新闻	2月1日	真当舒服惬意!杭州和睦街道引入省内首辆移动助浴车
20	《浙江日报》	2月2日	用细节放大养老品质
21	杭+新闻	2月5日	"和"你一起,留在"浙"里!和睦街道网红街区"暖心开放日"为留杭务工人员送上一封"家书"
22	生活频道	2月6日	留在"浙"里 和睦2月5日办"暖心开放日"
23	天目新闻	2月6日	"浙"里也温暖 理发、缝补、理疗 留杭务工人员享受从头到脚的暖心服务
24	浙江新闻客户端	2月8日	拱墅区和睦街道为留杭务工人员免费寄"家书年礼"
25	浙江经视	2月8日	流动助浴车、家庭养老床位
26	新华社浙江频道	2月13日	"流动助浴车"让为老服务"跑起来"
27	杭州生活频道	2月13日	和睦街道助老员:留杭过年 为老人做好服务
28	日本Livedoor新闻网站	2月14日	流动助浴车
29	人民日报客户端浙江频道	2月18日	杭州拱墅:老旧小区怎么改?"和睦"经验有绝活
30	《杭州日报》	2月18日	全省首辆流动助浴车启用,让老人想起儿时沐浴的感觉

续表

序号	媒体名称	日期	标题
31	《人民日报》	2月19日	改造内容更综合，居民参与更主动，改造资金更多元——老旧小区改造迎来"升级版"
32	杭州生活频道	2月19日	样板楼撬动和睦新村提升
33	浙江经视新闻	2月19日	助浴车开进社区
34	浙江新闻频道	2月19日	老年人专用共享浴室开到家门口
35	中国新闻网	2月24日	浙江杭州：流动助浴车上门为老人洗澡
36	《每日商报》	2月26日	防诈骗、守信用，杭州化纤社区在行动
37	《每日商报》	2月26日	防诈骗、守信用，杭州化纤社区在行动
38	每日商报—乐活老年—新风	2月27日	和睦社区开展"爱心园"助老爱老行动 让仪表"开口说话"精准守护辖区老人
39	《每日商报》	3月8日	助老跨越鸿沟，乐享数字时代
40	浙江新闻客户端	3月11日	加入巧媳妇"时间银行"开启邻里互助幸福生活
41	中国蓝新闻频道	3月11日	一本特殊的"存折"让这个社区的志愿服务真正"活"了起来
42	新华社客户端	3月14日	浙江杭州："时间银行"探索邻里互助幸福生活
43	杭州新闻（都快）	3月18日	订餐、助浴、托养……和睦街道将养老服务搬上电视 用遥控器就能一键预约！
44	杭+新闻	3月18日	电视机遥控器点一点，订餐、助浴、家政……老人需要的服务，这里都能预约！
45	浙江新闻	3月19日	改革体验官 遥控器上约约约 极简版数字养老啥体验
46	《杭州日报》	3月19日	和睦街道开启智慧居家养老新实践 电视遥控器一按，订餐、助浴、家政都能预约！
47	浙江新闻	3月24日	改革体验官｜"一站式"养老 体验杭州"银发街区"
48	新华社瞭望东方周刊	3月29日	照护好"最柔软人群"
49	浙江电视台新闻频道	4月19日	解决"一老一小"难题 老旧小区改造融入未来社区
50	都市快报APP	5月13日	96岁老人"暴改"房子50多处 只为居家养老！
51	中国新闻网	5月16日	探访杭州养老服务综合街区
52	CHINA DAILY	5月18日	Efforts to Improve Elderly Care in Village Pay Off

续表

序号	媒体名称	日期	标题
53	杭州日报APP	5月18日	离家近，玩的东西还多！今年杭州要帮你照顾好"最柔软的人群"
54	《人民画报》	5月19日	家门口的养老乐园
55	《杭州日报》	5月19日	让幸福阳光照进托幼服务"最后一公里"
56	天目新闻	5月20日	#天目街采·我心中的共同富裕#觉得自己没老的陈阿姨"忙到不行"希望体验适老化改造
57	浙江新闻客户端	5月20日	改革体验官｜杭州要建"老年友好型社区"什么样子去看看
58	《光明日报》	5月22日	书写人民幸福生活的浙江画卷
59	《半月谈》	5月23日	半月谈｜银龄互助：夕阳路上有了搀扶者
60	新华社浙江频道	5月23日	浙江：让养老健康服务触手可及
61	GLOBAL TIMES	5月28日	New Services to Care for the Elderly become a Trend as China's Ageing Population Grows
62	杭州明珠电视台	6月13日	关注和睦街道打造旧改样板
63	新华社	6月28日	瞭望｜为一老一小筑起温情港湾
64	《杭州日报》专版	7月1日	和睦：奏响"幸福和睦"华美乐章
65	杭州电视台	7月13日	未来已来，和睦社区未来社区专题视频
66	《都市快报》	7月13日	"民呼我为·橙柿互动直通车"第二趟：聚焦3岁以下婴幼儿照护服务 昨天开进上城和拱墅两家托育园
67	《都市快报》	7月24日	跳舞、打牌，今晚这里是他们在杭州共同的"家"
68	中新网	8月9日	共同富裕在浙江
69	小时新闻	11月23日	暖心设备、专属补给、智租换电……这里的小哥幸福感满溢
70	浙江建设公众号	12月10日	以"精耕之力"塑造老旧小区新风貌 以"细作之心"绘就和睦社区新图景
71	《杭州日报》	12月22日	刘捷调研数字化改革工作：服从服务全省大局 注重解决实际问题

2022年　　　　　　　　　　　　　　　　　　　　附表6-3

序号	媒体名称	日期	标题
1	浙江新闻客户端	1月17日	我"盟"·一线声音｜饶文玖：数字化擦亮养老幸福底色

续表

序号	媒体名称	日期	标题
2	每满新闻	1月18日	和睦街道借力"非遗",推动"护苗行动"
3	杭+新闻	1月27日	新春走基层｜她连续3年春节坚守岗位,只为照顾好"留守"老人
4	每满新闻	2月2日	脱下军装穿上"大白服"的她,一样的飒!
5	每满新闻	2月2日	一家三口齐上阵 并肩战疫显担当
6	浙江新闻客户端	2月7日	一场特殊的生日会 拱墅为这群默默无闻的抗疫"战士"庆生
7	每满新闻	2月16日	当"绿书签"遇上元宵节,和睦街道让传统文化浸润儿童心间
8	《每日商报》A03版	3月2日	一键呼叫 五色预警 AI算法 和睦社区"未来场景"最快下月亮相
9	浙江新闻客户端	3月27日	改革体验官跑两会｜着力解决养老服务"供需差"
10	光明日报客户端	4月18日	杭州拱墅:"特殊考场"让一考生完成人生重要"战役"
11	浙江卫视中国蓝新闻	4月22日	我省组织开展漠视侵害群众利益问题专项治理
12	浙江卫视中国蓝新闻	4月22日	全力防控·在现场 疫情期间看病难? 一人求助……
13	中国蓝新闻	4月24日	在现场｜杭州拱墅区启动二级响应后第一个工作日
14	中国蓝新闻	4月24日	疫情防控 杭州多地启动二级响应 多措并举保……
15	浙江新闻客户端	4月24日	二级响应后 拱墅区"田螺姐姐"连夜自制了保供手写清单
16	新华社瞭望	4月25日	瞭望｜遇见未来社区
17	人民日报客户端	4月25日	杭州拱墅:防疫不松懈 助老不停歇
18	《杭州日报》要闻版	4月26日	成立保供小分队 开启绿色通道 疫情之下,拱墅助老关爱不停歇
19	《浙江日报》4版	4月26日	杭州市直机关2682名党员干部下沉拱墅支援 结亲互助 携手战"疫"
20	人民日报客户端	5月11日	运河边的"民生议事堂",群众都说好!
21	《杭州日报》	5月15日	全国第一个楼道党支部成立20周年
22	浙江卫视新闻	5月18日	系列综述 探索共同富裕一年间 浙有善育
23	中国新闻网	5月19日	今年杭州再建50个老年友好型社区 提升服务便利可及性

续表

序号	媒体名称	日期	标题
24	浙江卫视中国蓝新闻	5月23日	"浙风十礼 艺路同行"文艺志愿服务走进街头巷尾
25	《浙江日报》	5月23日	拱墅区奋力开创运河南端跨越式发展新局面
26	浙江新闻客户端	5月26日	未来育儿日记丨老小区里的"一米国",让"困难班"的孩子不困难
27	浙江新闻客户端	6月6日	杭州拱墅区打造15分钟婴幼儿照护服务圈,既要"托得起",还要"托得舒心"
28	《人民日报》	6月7日	杭州拱墅区多措并举补齐"幼有所育"短板 服务更精心 家长更放心
29	浙江新闻客户端	6月21日	周呈:在"一老一小"服务上做深做细
30	《每日商报》	6月28日	拱墅 全力构筑人民群众近悦远来的"大运河幸福家园"
31	《都市快报》橙柿	7月11日	遍布城市角落的"夏日么么茶",给了我们清凉,我们能给它什么?我们做了一批爱心流转桶,大家如果有茶叶、一次性杯子、口罩……都可以放进去
32	杭+	7月13日	成立临时党支部、统筹各方资源 和睦街道"梯"升居民幸福感
33	《人民日报》头版头条	7月20日	持续改善民生 增进人民福祉(稳字当头 稳中求进)
34	《浙江日报》	7月21日	共富路上 浙有善育
35	《杭州日报》	7月28日	养老问题当何解?"时间银行"指新路
36	杭+新闻	8月18日	杭州9地最新入选,先睹为快
37	XINHUA NEWS	8月19日	Mobile Bath Service Helps Seniors Freshen Up
38	CHINA DAILY	8月22日	Mobile Bathing Means Better Care for China's Elderly
39	CHINA DAILY	8月23日	Younger Children Get Care, Parents Get Relief
40	钱报小时新闻	8月23日	水花飞溅,拱墅区第一届职工运动会皮划艇比赛在西塘河上演,团体桨板嗨翻天
41	杭州1套综合新闻	9月5日	情暖中秋 方回春堂走进拱墅为百岁老人送上祝福
42	《杭州日报》城市新闻版	10月14日	老旧小区蝶变"看得见"未来社区创出"新生活"
43	《杭州日报》专版	10月14日	和睦:让生活有温度、幸福有质感

续表

序号	媒体名称	日期	标题
44	明珠阿六头说新闻	10月20日	上榜的"一老一小"服务场景 各有独到之处
45	钱报小时新闻	10月25日	"我现在可以大方说去给老人洗澡了"杭州这份难为情的职业和我们要面对的"老去"
46	《钱江晚报》	10月27日	不只是洗浴，更是一份体面与尊严
47	杭州新闻60分栏目	10月29日	聚焦工会：炫茶艺展茶技 赛出匠心风采
48	《人民日报》	11月23日	浙江拱墅：三方协同做优共同富裕现代化基本单元

2023年　　　　　附表6-4

序号	媒体名称	日期	标题
1	《每日商报》每满	1月12日	和睦街道开展节前农贸市场及周边食品安全、消防安全专项检查行动
2	《每日商报》每满	1月13日	拱墅区和睦街道组织开展辖区工地周边餐饮食品安全专项整治行动
3	《每日商报》每满	2月17日	12台齐开！和睦加梯工程起步即冲刺
4	明珠频道阿六头	2月19日	阿六头问民生 老小区加装电梯，靠牵头人单枪匹马实在力量单薄，有没有什么解决办法？
5	《半月谈》杂志	2023年第5期	即时感知民意，凝聚治理合力
6	浙江卫视新闻栏目	3月31日	亚运来了 共享亚运红利 杭州今年新建未来社区……
7	浙江经济生活新闻栏目	3月31日	AI示范健身动作 杭州老旧小区变身"未来社区……"
8	生活频道-我和你说栏目	4月2日	科技感满满 和睦老旧小区改造有了升级版
9	新华社-瞭望东方周刊	4月4日	杭州：街区养老新模式
10	新华社	5月10日	推进"一老一小"工作 绘就"朝夕美好"温暖画卷
11	《中国改革报》	5月12日	创建未来社区"和睦方式"
12	每日商报每满APP	6月3日	真情相助，和职家职业指导站铺就美丽和睦"共富路"
13	每日商报每满APP	6月6日	和睦街道活力迎亚运，全民健身运动会"燃"动夏日

续表

序号	媒体名称	日期	标题
14	中国蓝新闻	6月8日	限时抢单丨拱墅养老服务"爱心街区"升级新"玩"法
15	每日商报每满APP	6月16日	和睦街道：打好排查整治攻坚战 全力以赴护航亚运
16	《人民日报》要闻版	6月26日	浙江杭州拱墅区和睦街道创新社区老年大学办学模式——整合资源补短板 丰富内容提质效（办实事 解民忧）
17	央视财经频道	7月11日	［第一时间］关注人口高质量发展 "文化养老"市场化运营让老年人"夕阳"更红
18	《杭州日报》	7月14日	和睦：老旧小区新"未来"丨八八战略 红色领"杭"·拱墅实践
19	人民网	7月16日	老房添新喜 杭州拱墅区和睦新村再添10台电梯
20	人民政协网	7月24日	上上下下的便捷——杭州拱墅区聚焦老旧小区加装电梯推进开展专题协商议事
21	中新网浙江	7月17日	开启幸福"加速度" 杭州和睦引导"新乡贤"参与基层治理
22	每日商报每满APP	7月18日	跑出新速度！和睦街道"红茶议事会·民生议事堂"助力老楼加梯更快更好
23	人民网浙江频道	8月7日	支部共建聚合力 党建引领促提升 南京银行杭州申花支行与杭州和睦街道签署党建联建协议
24	人民网	8月8日	为幸福生活"加码"，杭州探路先行书写高质量民生答卷
25	《中国建设报》	8月8日	浙江杭州和睦新村小区：统筹多重资源 优化工艺技术
26	《杭州日报》	8月8日	为幸福生活"加码"，探路先行书写高质量民生答卷
27	杭州之声	8月	杭州市第二批对外交流人文体验点（和睦篇）
28	《人民日报》体育版	8月24日	树文明新风 铸精彩亚运（杭州准备好了）
29	人民网	9月1日	杭州和睦新村：微改造精提升 老旧小区焕新生
30	杭州电视台	9月21日	聚焦工会：一场茶艺"匠心之赛"感受茶道之美
31	《中国改革报》	9月22日	找对路径加装电梯按下"快捷键"
32	《人民日报》	10月5日	做好保障为亚运——给家门口的盛会出份力（点赞新时代）
33	《浙江日报》专版	10月11日	杭州拱墅：打造"家门口的幸福养老"大社区照护样板
34	中国建设新闻	10月16日	改出满满"文化味"（华丰社区案例）
35	潮新闻	10月21日	这个街道的重阳节活动上演不一样的"达人秀"
36	杭州新闻	10月30日	告别"老破小"谱出"全龄友好型"未来社区新篇章

续表

序号	媒体名称	日期	标题
37	人民网	11月1日	杭州和睦街道现代社区党群服务生活圈启用
38	《杭州日报》头版	11月16日	告别"老破小"谱出"全龄友好型"未来社区新篇章
39	人民网	11月14日	杭州和睦街道：党建引领聚贤达 共绘发展新图景
40	《浙江日报》	12月11日	"新联"服务民生 共绘和睦新图景
41	人民网	12月14日	齐"新"协力作贡献 服务民生促发展
42	杭州新闻	12月30日	拓思路、减压力、赛技能、展风采，和睦街道社工周系列活动精彩纷呈

附录 7　和睦社区大事记

2001 年

2 月 19 日撤销和睦、李家桥、樟树、乡邻、和新 5 个居民区，新建和睦社区。3 月 31 日成立社区党总支，5 月社区居委会选举，同年 7 月社区党总支升格为社区党委。提出"和睦人家"口号。

2002 年

1. 杭州第一批市级文明社区。
2. 《和睦人家》简报。
3. "星光之家"老年活动室。
4. "五联"党建共建雏形。

2003 年

1. 杭州市首家社区广播站。
2. 抗击非典。
3. "党员奉献日""党员责任区"活动机制。

2004 年

1. 2212 名企业退休人员纳入社会化管理，其中党员 325 名。
2. "平改坡"立面整治。

2005 年

背街小巷改善工程、截污纳管。

2006 年

党员"奉献积分卡"（党委落实企业退休党员教育管理六项机制）。

2007 年

1. 庭院改造。
2. 社区助老服务，一岗解两难。

2008 年

1. 支部建在楼道上。
2. 爱心驿站。

2009 年

1. 社区党员服务中心。
2. 支部书记固定活动日。
3. 支部建在退休人员社会化管理中。

2010 年

1. "五区十岗"。
2. "推行党员亮牌子"。

2011 年

1. "五区十岗""积分换宝"。
2. 生态实践园，首届远洋社区环保公益奖金银花社区环保二等奖，第二届远洋社区环保公益奖示范社区。
3. 探索准物业管理模式，全区率先实施车辆单向通行。

2012 年

1. 叶诗文伦敦奥运金牌。
2. "党建共建联搞"。
3. "十佳和睦之星"。

2013 年

1. 居家养老日间照料中心。
2. 庭改回头看。
3. 和睦人家"姻缘对对碰"。

2014 年

1. 居家养老日间照料中心运行。
2. "无违建"攻坚战。
3. "五水共治"。

2015 年

和睦人家"4152"居民自治管理模式。

2016 年

1. "三改一拆"攻坚战。
2. 公建民营,建成休养中心,杭州首家注册型微型养老院,浙江省首批"五星级居家养老服务照料中心"。

2017 年

1. 社区大党委机制。
2. 建成健养中心。
3. 旧改一期,建成乐养中心。
4. 全域指纹门禁系统。

2018 年

1. 养老服务综合街区,打造没有围墙的养老院。
2. "网格+党建"。
3. 垃圾分类。

2019 年

1. 2019 年 6 月 12 日，时任中共中央政治局常委、国务院总理李克强莅临视察。

2. 建成康养中心。

3. 旧改二期之"五不"法：顶层不漏、底层不堵、管线不乱、楼道不暗、上楼不难。

2020 年

1. 旧改二期之"五先五后"法：先改地下、后改地上，先改里子、后改面子，先做减法、后做加法，先改硬件、后改软件，先雪中送炭、后锦上添花。

2. 抗击新冠肺炎疫情，创新疫情防控 1+3+N 网格"平战转换机制"。

3. 旧改三期，成立和睦议事港、旧改工程督导团。

4. 0～3 岁幼托项目，中国计生协婴幼儿照护服务示范创建项目点。

2021 年

1. 入选全国示范性老年友好型社区、浙江省幸福街区、杭州示范性老年友好型社区。

2. 从准物业变为专业物业。

3. 2021 年 6 月 18 日第一台电梯，成立加装电梯工作室临时党支部。

2022 年

1. 党建统领网格智治，优化调整 5 个网格、158 个微网格。

2. "数智和睦"。成为浙江省 2022 年度第二批未来社区。

未来社区 139 体系：

一个中心：党建统领以人民对美好生活的向往为中心；

三化：人本化、生态化、数字化；

九大场景：未来邻里场景、未来健康场景、未来教育场景、未来服务场景、未来治理场景、未来创业场景、未来交通场景、未来低碳场景、未来建筑场景。

2023 年

5月，入选首批浙江省现代社区；6月，入选全省首批"红色根脉"强基（基层党建）示范社区。

现代社区 564 体系：

五大内涵：高质量发展、高标准服务、高品质生活、高效能治理、高水平安全

六大体系：

"活力十足、全面融合"的发展体系

"智慧便捷、优质共享"的服务体系

"高效协同、整体智治"的治理体系

"平战一体、实战实效"的应急体系

"提质增效、充满活力"的社会组织发展体系

"引领有力、覆盖全面"的党建统领体系

四大机制：组织领导机制、争先创优机制、政策保障机制、队伍成长机制

标志性成果（123456789 体系）：

一个中心：党建统领，以人民为中心

两大品牌：阳光老人家、阳光小伢儿

三感兼具：归属感、舒适感、未来感

四维价值：健康、安全、便利、快乐

五位一体：经济发展、城市更新、民生改善、治理有序、生态美丽

六和文化：家庭和顺、邻里和睦、环境和美、民风和善、百姓和合、社会和谐

七优享：幼有善育、学有优教、劳有所得、住有宜居、老有康养、病有良医、弱有众扶

八应用：

跨越鸿沟（一键呼叫+适老化小程序）

互助养老（时间银行+阳光积分）

空间治理（三维建模+物联感知）

安居守护（线上感知+线下服务）

智慧停车（停车诱导＋车位腾挪）

运动健身（趣味运动＋智慧医疗）

环境监测（临界预警＋立体控制）

安全监护（自动报警＋快速处置）

九件事：医、养、护、吃、住、行、文、教、娱

后记

悠悠大运河，守护沿途千年秀美风景，见证两岸人间烟火气息。作为京杭大运河的最南端，拱墅区因河而建，因河而兴。在浙江省奋力推进中国特色社会主义共同富裕先行和省域现代化先行背景下，拱墅区深入贯彻落实浙江省委、省政府关于现代社区建设的相关要求，诠释了"大运河幸福家园"新内涵。

和睦位于新拱墅区西翼，是杭州城北工业区产业工人集聚地，老旧小区集中，空间狭窄，设施陈旧，老龄化程度高，在治理上面临许多困难。和睦立足当前、着眼长远、立足实际、因地制宜，找到了一条适宜的发展之路，以"花漾、颐乐、幸福、开放、数字"为主题，从经济、城建、民生、治理、数字化几个方面制定了有针对性的发展战略。2021年底，和睦克服万难，完成老旧小区改造；2022年11月，完成省级未来社区验收；2023年6月，入选浙江省首批现代社区；10月，现代社区标志性成果正式启用。和睦在发展与实践中，逐步形成一套具有代表性和普适性的治理理念，全国各地前来和睦社区的考察团络绎不绝。

和睦深入贯彻习近平新时代中国特色社会主义思想，践行"八八战略"，在推进基层治理现代化中"走前列、当先锋、作示范"，未来将立足人本化、生态化、数字化建设，构建未来"九大场景"，打造社区未来感，提升社区居民归属感、舒适感，让"我们的和睦我们的家"更加深入人心，让"大运河幸福家园"不断焕新升级。

参与本书编写的同志有：苏方声、卢琰、徐斌、汪井付、詹丽萍、赵秉、应玉兰、来明俊、杨建钢、徐海燕等。

感谢杭州市拱墅区城改办副主任、拱墅区建管中心正高工陈旭伟老师为本书的立意、取材、体例、架构等编撰工作提供了大量的专业性指导和热忱帮助。

感谢马冬萍、张锐凯、宋月明为本书编写所作出的努力。

感谢韩丹、郑沁兰、蔡军、潘艳芬、杜青、蔡婧竞、洪佳、应佳丽、朱志强、汪国平、周焱、杨瑾、童美，以及和睦社区党委书记周呈等同志为本书编写提供了文字图片素材和必要的辅助工作。

感谢浙江省长三角标准技术研究院团队成员为本书的编辑付出的辛勤劳动。

感谢各位领导、各位专家、各位朋友对和睦发展提供的帮助，感谢社会各界对和睦发展成果的认可，感谢社区工作者在和睦发展中的无私奉献，感谢各类工作人员在和睦发展中闪现的灵感、滴落的汗水，也感谢和睦居民在社区发展中体现的责任担当、发挥的聪明才智、付出的艰辛努力。我们将勠力同心，不骄不躁，不断前进，在基层治理现代化这一课题上交出更加优异的答卷！